Die Anfänge der Genochir

Geleitwort von Volkmar Sigus

Allein die Fotografien und Dokumente, die der Sexualwissenschaftler Ramer Herrn in dieser Monografie nach vielen Jahren des Recherchierens und Sammelns präsentiert, hätten die Herausgabe des Bandes gerechtfertigt. Denn etwas Vergleichbares gibt es bisher nicht. Herrn gibt sich aber damit nicht zufrieden. Er rekonstruiert im Detail den Weg, den die deutsche Sexuologie, namentlich Magnus Hirschfeld und sein Institut, in der ersten Hälfte des 20. Jahrhunderts zurückgelegt hat – vom Transvestitismus hin zur Transsexualität. Dabei können die, die heute über sog. Geschlechtsidentitätsstörungen nachdenken, viel lernen.

Zum Beispiel: Wie die NS-Zeit den zivilen Umgang mit dem Transvestitismus als einer sexuellen Abweichung und die Entpathologisierung der Transsexualität als eines unerträglichen Unbehagens am angeborenen Geschlecht um mehr als zwei Generationen in Deutschland zurückgeworfen hat. Oder: Wie vergänglich Standards der medizinisch-psychologischen Behandlung und der forensischen Begutachtung sind, die einmal als der Wissenschaft letzter Schluss galten.

Und die Frage, wie Individuen im Verlauf des 20. Jahrhunderts dazu gekommen sind, ein angeborenes Körpergeschlecht nach einem medizintechnischen »Schnittmuster« umzuwandeln oder umwandeln zu lassen, sprengt auf einmal den üblichen individualhistorischen Rahmen. Allein mit Krankheitslehren, Behandlungsrichtlinien, psychologischen Theorien und realhistorischen Fakten einer einzelnen Disziplin scheint eine wenigstens einigermaßen plausible Antwort nicht möglich zu sein.

Ich denke, das Phänomen der Geschlechtsumwandlung ist ohne einen theoretischen Blick in Gesellschaft und Kultur nicht zu begreifen. Fur mich ist dabei ganz besonders eindrucksvoll: dass sich in transsexuellen Menschen allgemeine Tendenzen der Autodestruktion und der Autopoiesis, also der Selbstzerstörung und der Selbstschöpfung, niederzuschlagen scheinen, die als ein Prozess des ineinandergreifenden Ver- und Entstofflichens begriffen werden könnten, den ich als Hylomatie (Sigusch 1997) andernorts beschrieben habe.

Ich denke also nicht, dass es sich bei den geschlechtsverändernden Eingriffen, die Herrn erörtert, um Manifestationen eines individuellen Furors, eines »Größenwahns« von Sexuologen oder Chirurgen handelt, um Entgleisungen oder gar Entartungen der modernen Medizin. Für mich sind sie vielmehr prototypische Konsequenzen ihrer inneren Logik, die auf der Hand liegen. In ihnen kommt der Charakter der modernen Medizin als Tief- wie als Höhepunkt zu sich. Sie sind ein Inbegriff der herrschenden Diskurse, Strategien und Imperative: Medizin als Experiment, Wissen und Wissenschaft als Fetisch, Krankheit samt Therapie und Operation als Objektiv. Denn zu genochirurgischen Eingriffen konnte es nur kommen, weil die moderne Medizin ihrem epistemologischen Selbstverständnis nach ein naturwissenschaftlich begründbares Experiment ist, weil sie in ihrem Hauptstrom einem somatiformen Denken unterliegt und weil die Topoi Krankheit, Therapie und Operation die Wirkmächtigkeit einer gesellschaftlichen Installation erlangt haben, die ich »Objektiv« nenne.

Gemeint ist damit eine gesellschaftliche Installation, in der sich materiell-diskursive Kulturtechniken, Symbole, Lebenspraktiken, Wirtschafts- und Wissensformen auf eine Weise vernetzen, die eine historisch neuartige Konstruktion von Wirklichkeit entstehen lässt. Da sich diese Installationen, einmal etabliert, aus sich selbst heraus generieren, imponieren sie in eher alltagssoziologischer Betrachtung als Sachzwänge, denen nichts Wirksames entgegengesetzt werden kann, und in eher alltagspsychologischer und ethisch-rechtlicher Betrachtung erscheinen sie als Normalität und Normativität, die einzig in der Lage sind, Ordnung, Ruhe und Sicherheit zu garantieren.

Als Genochirurgie bezeichne ich jene Eingriffe, die am morphologisch *gesunden* Geschlechtskörper mit dem Ziel vorgenommen werden, eine mit anhaltenden seelischen Schmerzen einhergehende Diskrepanz zwischen der als eigen erlebten Geschlechtsidentität (»Ich bin eine Frau« oder »Ich bin ein Mann«) einerseits und dem als fremd erlebten Geschlechtskörper andererseits zu beseitigen oder abzuschwächen.

Vorläufer jener Entwicklungen, die heute unter der Bezeichnung Transsexualität oder Transsexualismus scheinbar eindeutig umrissen und medizinisch eingeordnet sind, wurden seit der ersten Hälfte des 19. Jahrhunderts von der modernen Medizin unter verschiedenen Bezeichnungen kasuistisch erfasst, nosologisch zugeordnet und mit großkalibrigen therapeutischen Waffen »behandelt«. In der älteren Literatur wurden sie beispielsweise Metamorphosis sexualis paranoica, Interversion des habillements sexuels, erotischer Verkleidungstrieb, sexo-ästhetische Inversion, Geschlechtsumwandlungstrieb oder Eonismus genannt. Nosologisch eingeordnet wurden sie beispielsweise als Monomanie, periodisches Irresein, sexuelle Paranoia oder sexuelle Zwischenstufe. Als »Therapie« galten beispielsweise die Unterbringung in einer psychiatrischen Anstalt, Insulinschocks, Elektroschocks, Hirnoperationen oder Zwangspsychotherapie. In den letzten Jahrzehnten wurden transsexuelle Entwicklungen je nach der fachlichen Orientierung der Forscher und den

Rainer Herrn
Schnittmuster des Geschlechts

Folgende Titel sind bisher im Psychosozial-Verlag
in der Reihe »Beiträge zur Sexualforschung« erschienen:

Band 85
Reihe »Beiträge zur Sexualforschung«
Organ der Deutschen Gesellschaft für Sexualforschung
Herausgegeben von Martin Dannecker,
Gunter Schmidt und Volkmar Sigusch

Rainer Herrn

Schnittmuster des Geschlechts

Transvestitismus und Transsexualität in der frühen Sexualwissenschaft

Mit einem Geleitwort von Volkmar Sigusch

Psychosozial-Verlag

Bibliografische Information der Deutschen Nationalbibliothek
Die Deutsche Nationalbibliothek verzeichnet diese Publikation in der Deutschen
Nationalbibliografie; detaillierte bibliografische Daten sind im Internet über
<http://dnb.d-nb.de> abrufbar.

Originalausgabe
© 2005 Psychosozial-Verlag
E-Mail: info@psychosozial-verlag.de
www.psychosozial-verlag.de
Umschlagabbildung: Projektionsmalerei einer männlich veranlagten
Künstlerin mit der Unterschrift: »Selbstbildnis als Joseph«
Herrn Dr. Magnus Hirschfeld zugeeignet von Mark V., Januar 1927.
© Magnus-Hirschfeld-Gesellschaft.
Umschlaggestaltung: Christof Röhl
nach Entwürfen des Ateliers Warminski, Büdingen.
Satz: Katharina Appel
Printed in Germany
ISBN 978-3-89806-463-7

Inhalt

Umständen der Zeit vielen differenten ätiopathogenetischen »Entitäten« mehr oder weniger bündig zugeordnet: Neurosen, Borderline-Strukturen, Psychosen, Fetischismus, Masochismus, negative Perversion, Homosexualität, homosexuelle Panikreaktion (Kempfsche Krankheit), Intersexualismus, dienzephale Neuroendokrinopathie, H-Y-Antigen-Diskordanz usw., wobei alle Versuche, eine morphologisch fixierbare »Ursache« nachzuweisen, nach wenigen Jahren in sich zusammenbrachen (Sigusch 1991). Das zeigt dreierlei: die anhaltende Ratlosigkeit der Untersucher, die Abhängigkeit der Diagnose vom professionellen Blick des jeweiligen Experten und die Mannigfaltigkeit des sog. Transsexualismus.

Plastisch-chirurgische Operationen am Genitale und an den sekundären Geschlechtsmerkmalen werden von der westlichen Medizin spätestens seit 1761 vorgenommen (Balfour Marshall 1913; Augstein 1983), und zwar bemerkenswerterweise immer dann ohne jede Diskussion von Notwendigkeit und Berechtigung, wenn organische Befunde erhoben werden konnten, und seien sie noch so marginal oder zweifelhaft gewesen. Die ersten genochirurgischen Eingriffe im Sinne unserer Definition, die publiziert worden sind, erfolgten – wie Herrn im Einzelnen darlegt – in den Jahrzehnten zwischen 1910 und 1930. Dabei ist von besonderem Interesse, dass die europäische und nordamerikanische Chirurgie ihr Anwendungsfeld in der ersten Hälfte des 20. Jahrhunderts, zwischen den beiden Weltkriegen, erheblich ausweitete. Immer mehr Chirurgen waren davon überzeugt, sie könnten mit ihren Mitteln seelische, soziale, ja sogar gesellschaftliche Probleme beseitigen. Das war nur möglich, weil allgemeine Strategien auf einen Furor sanandi und speziell auf einen Furor operativus hinausliefen. Die sog. Materialschlachten des Ersten Weltkrieges bescherten der Chirurgie ein exzeptionelles technisches Experimentierfeld, beispielsweise auf dem Gebiet der Hirn- und Genitalverletzungen. Wissenschaftliche Entdeckungen wie die der sog. Sexualhormone zogen neuartige operative Eingriffe nach sich, beispielsweise im Bereich der Keimdrüsen. Gesellschaftsbiologische, eugenische und sozialdarwinistische Ideologien hatten sich schon vorher, bis weit hinein in die politische Linke, als Ton angebend durchgesetzt. Vor allem aber stimmte das, was die Chirurgie jetzt tat, sachlogisch mit den allgemeinen Vorstellungen von rationalem Wissen, moderner Technik und kausaler Therapie überein, kurz: mit der Episteme, das heißt jener Ordnung des Wissens, die sich in unserer Kultur zwischen dem Ende des 17. und der Mitte des 18. Jahrhunderts etabliert hat.

Nach meiner Überzeugung sind chirurgische Operationen (und nichtprofessionelle, aber einschneidende Manipulationen am eigenen Leib, die Herrn auch beschreibt) in unserer Kultur im Verlauf des Jahrhunderts zu einem psychisch ebenso bedeutsamen wie kulturell etablierten Modus geworden, die Not des Lebens, von der Freud gesprochen hat, wenigstens vorübergehend zu bannen. Dabei stellt die herrschende Logik der modernen Medizin, die mit einer Neutralisierung ethischer Wertvorstellungen einhergeht, keine Kriterien bereit, die es erlaubten, operative Eingriffe von der Art der Psycho- oder Genochirurgie als kontraindiziert weil sittenwidrig anzusehen. Werden folglich in kritischer Absicht außermedizinische Kriterien angelegt, zeigt sich, dass die Logik der Medizin im Wesentlichen ein Reflex auf gesellschaftliche Imperative und Strategien ist. Deren Widersprüche und Paradoxien bestimmen auch die medizinische Praxis. So verschränken sich insbesondere im Operationsobjektiv produktive und unproduktive, verlebendigende und totstellende allgemeine Tendenzen untrennbar miteinander. Folglich ist eine psychosomatische oder sexuologische Krankheitslehre ohne eine Gesellschafts- und Kulturtheorie nicht zu denken, die deren Prämissen, Gegenstände und Praktiken immer wieder als heteronom abgeleitete reflektiert.

Obgleich bereits Anfang der 30er Jahre »komplette Geschlechtsumwandlungen« veröffentlicht worden sind, wurde erst Anfang der 50er Jahre die chirurgisch-endokrinologische Transformation eines US-Amerikaners vom Mann zur Frau zur Sensation. Die westliche Welt genoss das Spektakel um den Ex-GI und Fotografen, der sich im »liberalen« Dänemark hatte operieren lassen und jetzt Christine Jørgensen hieß (Hamburger et al. 1953). Ein Jahrzehnt später wurden in den USA spezielle Therapiezentren, sog. Gender Identity Clinics, eingerichtet. Seit den 60er Jahren unterscheidet die westliche Medizin transsexuelle Entwicklungen von anderen sexogenerischen Entwicklungen systematisch und behandelt sie in angesehenen Kliniken auch im Sinne einer körperlichen Geschlechtsumwandlung. Seit den 80er Jahren sind Chirurgen, Urologen und Gynäkologen vor allem damit befasst, einen Neo-Penis und eine Neo-Klitoris (z. B. Szalay 1992) zu konstruieren, wobei sie sich an frühe Erfolge der klassischen Wiederherstellungs-Chirurgen erinnern (z. B. Bogoras 1936; Frumkin 1944; Sung 1954, 1979).

Diskussionswürdig scheint mir in diesem Zusammenhang die Frage zu sein, ob ohne die von der Chirurgie gewagten Manipulationen am Geschlechtskörper aus der buntscheckigen Schar der Geschlechtszweifler eine neuartige Spezies herausgefiltert worden wäre: die Transsexuellen. Wiederholt ist behauptet worden, die heutigen Transsexuellen wären immer noch Transvestiten, Female Impersonators oder Stage Queens, wenn nicht die Geschlechtsumwandlung der Christine Jørgensen Anfang der 50er Jahre weltweit publiziert worden wäre. Erst die in einer Informationsgesellschaft bis in die letzte Berghütte eindringende Nachricht habe die Konträrsexuellen, Invertierten, Metamorphotiker, Eonisten, Transvestiten, Herren- und Damenimitatoren zu Transsexuellen gemacht. Merkwürdig ist nur, dass Jørgensen sofort mit Briefen von »Schicksalsgenossen« überschüttet wurde und dass sich auch an den behandelnden Arzt sogleich Hunderte von Männern und Frauen wandten, die ihr Geschlecht wechseln wollten (Hamburger 1953). Und vergessen wird, dass Menschen, die an ihrem Körpergeschlecht litten, lange vor der publizierten Möglichkeit des operativen Eingriffs versuchten, die gehassten Geschlechtsmerkmale zu beseitigen und die erwünschten selbst zu fabrizieren – wie Herrn belegt.

Es wird also wohl so gewesen sein: Eine bestimmte Mentalität und eine bestimmte Technik haben sich gleichzeitig-ungleichzeitig entwickelt, das eine muss mit dem anderen zusammengedacht werden. Das symbolisch signifikante Kriterium, das die »Spreu« der Geschlechtszweifler vom »Weizen« der Geschlechtswechsler trennte, haben aber nicht Psychiatrie und Sexuologie gesetzt, sondern operative Disziplinen. Denn zu Springpunkt und Signum der neuen Gattung wurde, bis heute unübersehbar und geradezu magisch beschworen: »die Operation«. An ihr entzündeten sich die Debatten der »Experten« ebenso wie die Phantasien der neuartig »Betroffenen«. Untauglich sind jedoch jene Bewältigungsversuche, die »der Technik« die Schuld zuschieben. Sie kann ihr gar nicht zugerechnet werden, bleibt ihr logischerweise äußerlich, weil Technik schuld-los ist wie Natur.

Heute sollten auch nicht die allgemeinen Zeichen übersehen werden, die für einen signifikanten Zerfall des Krankheits- und Therapieobjektivs sprechen. Die scheinbar selbstmächtige Deutungs-, Beschwichtigungs- und Reparaturmacht Medizin scheint an die Grenze ihrer historisch spezifischen Gültigkeit zu gelangen, wie sich jeden Tag auch an ihrer politischen Demontage ablesen lässt. Tatsächlich wird der Therapiegesellschaft der 70er und frühen 80er Jahre gegenwärtig nicht nur aus politischem Grund der Kampf angesagt, sondern aus allgemeinem — unter dem Generalmotto der neoliberal individualistischen Marktgesellschaft mit ihrer Lean Production, das lautet: Selbstdisziplinierung und Selbstoptimierung. Das heißt, alle sollen sich gefälligst selbst gesund, flexibel, mobil und leistungsbereit halten. Dass Medizin und Psychologie auch in Zukunft scheinbar in der Lage sein werden, Millionen Gesellschaftsindividuen, die an den Verhältnissen und an sich leiden, zu beschwichtigen, ruhig zu stellen, als angeblich somatisch Kranke zu verkörpern, ist fraglich geworden, weil die Deutungsmacht Medizin im Grunde spätestens seit den sog. Materialschlachten des Ersten Weltkrieges keine irgendwie überzeugenden Deutungen mehr geben kann, beispielsweise solche der sog. Gesellschaftsbiologie, und weil die Disziplinarmächte, wenngleich mit Überhängern und Überlappungen, immer dem Gang der Dinge angepasst worden sind: vom Beichtstuhl zu den Asylen, vom Gefängnis zum Krankenhaus. Heute sind Ärzte, Psychologen und Psychotherapeuten unübersehbar und massenhaft mit sozialen und psychischen Problemen und Störungen konfrontiert (in der Kinder- und Jugendpsychiatrie nach meinem Einblick in etwa zwei Dritteln der »Fälle«), die nur dämpfend und zudeckend »behandelt« werden können, nicht aber »als solche«, weil zwischen Gesellschaft und Therapie ein Hiatus klafft, weil eine

Gesellschaft keine Krankheit ist, logischerweise also auch nicht behandelt werden kann.

Immer mehr Phänomene der Anempathie, der Destruktivität und der offenen Gewalt entziehen sich den Rastern der Deutungs- und Reparaturmächte Medizin und Psychologie. Offenbar lassen sich diese Phänomene nicht mehr medizinisch-psychiatrisch klassifizieren. Sie scheinen nichtklinischer Natur zu sein. Wenn sich zum Beispiel herausstellt, dass die Täter nur ein äußerst lakunäres und überdies disperses Über-Ich haben und kaum Gefühle wahrnehmen oder ausdrücken können (Psychoanalytiker sprechen inzwischen vom Antianalysanden), sind die Humanitären und Humanwissenschaftler, allen voran die Psychoanalytiker, der letzten Verstehens- und Zugriffsraster beraubt. Ohne diese Raster aber können sie das, was geschieht, nicht begreifen.

Verliert das in den 70er Jahren weit gefasste Krankheits- und Therapieobjektiv an Wirkmächtigkeit, liegt es in unserer Kultur auf der Hand, dass zunächst jene Diskurse, Modelle und Praktiken zurückgedrängt werden, die mit der herrschenden Episteme und den Generalobjektiven nicht so reibungslos übereinstimmen wie naturwissenschaftlich begründete Konzepte, somatologische Therapien und vor allem operative Eingriffe. Das Verblassen jener Konzepte und Strategien, die so etwas wie eine Psycho- und Soziotherapiegesellschaft konstituierten, dürfte zu einer Stärkung des Operationsobjektivs führen. Denn in ihm schießen seit langem wirkmächtige Tendenzen und Strukturimperative unanstößig zusammen. Inbegriff des Therapieobjektivs – selbstredend bis hinein in die Psycho-Analyse – war in unserer Kultur des Zerlegens, Absonderns und Verzehrens, der Prothetisierung und der Plastizität durchgehend der experimentell-operative Eingriff. Folglich war der Chirurg auch immer der Inbegriff des »richtigen« Arztes. Indem er den Patienten und sich selbst notwendigerweise und zielgerichtet fragmentiert, zwingt er den Homo materia, der zu Stoff macht und totstellt, mit dem Homo extinctor, der auslöscht, in eine Synthese mit dem Homo creator, der allmächtig schöpft, und dem Homo patiens, der ohnmächtig leidet. Davon aber träumen alle Ärzte und Patienten und damit alle Gesellschaftsindividuen. Vielleicht sind aus diesem Grund in diesem Jahrhundert operative Eingriffe und zum Teil drastische Manipulationen am eigenen Leib, auf die in einem psychoanalytischen Zusammenhang beispielsweise Louise J. Kaplan (1991) hingewiesen hat, bei uns, wie bereits gesagt, zu einem psychisch ebenso bedeutsamen wie mittlerweile kulturell etablierten Modus geworden, die Not des Lebens wenigstens vorübergehend zu bannen.

Doch alle Welt redet nur von den Transsexuellen. Ganz offensichtlich gibt es Millionen Menschen, für die chirurgische Eingriffe nicht in erster Hinsicht lebensbedrohend, sondern lebenserhaltend sind, für die Operationen nicht die Bedeutung einer Verstümmelung, sondern einer Restitution haben, ob sie nun seelentheoretisch den Resultaten einer enormen Abwehrformation zugerechnet werden oder nicht, wie es beim Transsexualismus diskutiert wird. Wenn das aber so ist, dient auch das psychoanalytische Theorem der psychischen Abwehr, das speziell auf den transsexuellen Wunsch angewandt wird, entweder der diskreditierenden Totalisierung einer besonders hervorstechenden Menschengruppe oder müsste, um dem zu entgehen, auf kulturell-gesellschaftliche Prozesse angewandt werden, was ein Rückfall in das falsche Psychologisieren von Nichtpsychischem wäre.

Sind viele Menschen, nicht nur Transsexuelle, von »Behandlungen« abhängig, geht es nicht zuletzt auch um operative Eingriffe. Schließlich ist das Operationsobjektiv eine allgemeine Installation, unter der und mit der nicht nur die zahllosen »Selbstbeschädiger« und die, denen die Medizin seit den 30er Jahren allerlei Seltsames bescheinigt (Polysurgical addiction, Dysmorphophobie, Münchhausen-Syndrom, artefizielle Erkrankung, Koryphäen-Killer-Syndrom, Munchausen syndrome in proxy usw.), ihr Leben diskursiv-operativ ein- und ausrichten, sondern wir alle. Ich denke dabei nicht in erster Linie an die sich selbst als »Zivilisierungstechnik« anpreisende stereotaktische und sonstige Psychochirurgie, sondern an Allerweltseingriffe: an die zahllosen Leistenbruchoperationen bei Männern oder Gebärmutteroperationen bei Frauen, die ärztlich nicht indiziert sind; an die Appendektomien bei jungen Mädchen, die nur psychoanalytisch zu verstehen sind; an die in die Hunderttausende gehenden Schönheitsoperationen, denen sich zunehmend auch Männer unterziehen; an die Eingriffe der Wiederherstellungs-Chirurgie, die auf der Grenze zwischen individueller Intention und medizinischer Indikation liegen; an die operative Rekonstruktion von Präputien bei Männern, die beschnitten worden waren, von Hymen bei Frauen, die wieder Jungfrauen sein wollen, und von Labien bei alten Frauen, deren alte Männer »pralle« Venuslippen wünschen; an die gynäkologischen Gewalteingriffe beim Vaginismus; an die Penisimplantationsoperationen und die Schwellkörper-Autoinjektions-Therapien bei Männern mit Erektionsstörungen; und so weiter.

Im Operationsobjektiv verschränken sich untrennbar kreative und verstofflichende, verlebendigende und totstellende, produktive und unproduktive allgemeine Tendenzen – wie in den meisten medizinischen Verstofflichungen und Experimenten. Am deutlichsten zeigt wohl die Wiederherstellungs-Chirurgie beide Züge, wenn sie beispielsweise Patienten mit einem Down-Syndrom ein »menschliches Antlitz« konstruieren will. Irritiert sind wir, wenn wir hören, wie viele Menschen sich die Lippen, die Nase, die Zunge, den Bauchnabel, den Penis oder die Schamlippen durchstechen lassen, um Schmuckstücke zu tragen. »Piercing« heißt diese Leibestechnik. Entsetzt sind wir, wenn ein Mann den Frauenarzt ersucht, die Vagina »seiner« Frau nach den gleich mitgebrachten Maßen seines Penis zurechtzuschneidern, wie mir »aus der ärztlichen Praxis« berichtet wurde. Befremdet sind wir, wenn ein plastischer Chirurg im Beisein seiner im Wortsinn eigenen Frau ohne jede emotionale Bewegung in einer Talkshow schildert, wie er deren Gesicht nach seinen Vorstellungen von Schönheit geformt hat. Wir denken dann an Pygmalion, den legendären König von Kypros. Doch die Legende ist längst zur technologischen Wirklichkeit geworden.

Wenn Operationalisierung, Somatisierung, Fragmentierung, Kalkulation, Fanatisierung und Verstofflichung allgemein sind, ist niemand durch eine kritische Haltung davor gefeit, sich selbst und andere experimentell zu behandeln. Selbstgerechtigkeit ist also ebenso naiv wie blind. Unter hiesigen Gesellschaftsbedingungen ist es eine Bedingung der Möglichkeit des Überlebens, diesen Objektiven und Mechanismen Genüge zu tun. Ohne Ver- und Entstofflichung zerflösse alles, und die Menschen würden auf klassische Weise verrückt. Denn die Gesellschaft hält sich nicht trotz Hylomatie am »Leben«, sondern durch sie. So wie sich das alte Subjekt und das alte Objekt, wie sich Menschen und Dinge untrennbar ineinandergeschoben haben, so wie die Dinge jetzt vorgängig sind und die alten Objekte erst so richtig zur Objektivität gemacht haben, wäre den Individuen eine Gesellschaft ohne Verstofflichung wahrscheinlich noch unerträglicher als eine mit Verstofflichung. Folglich ist Kritik in der Gefahr, nicht nur unnachsichtig, sondern auch borniert und roh zu sein.

Am chirurgischen Eingriff, in dem sich, wie wir hörten, typische Generalstrategien wie unter einem Brennglas bündeln, kann das allgemeine Paradoxon besonders eindrücklich evident gemacht werden. Denn so sehr die Reifikation, die Versachlichung und Verstofflichung jedes Patienten, der operiert wird, zu beklagen ist, so notwendig ist sie zugleich. Eine andere Paradoxie ist, dass es offenbar keinen anderen Weg gibt, als in der Theorie radikal und konsequent zu sein, sollen die menschenverachtenden Imperative nicht unwidersprochen bleiben, in der Praxis aber inkonsequent und pragmatisch vorzugehen, soll die Kritik nicht auf dem Rücken von Patienten ausgetragen werden. Denn schließlich gibt es nicht nur unproduktive, totstellende Experimente und Verstofflichungen, zu denen z. B. die Psychochirurgie gehört, sondern auch produktive, verlebendigende, zu denen die Genochirurgie gezählt werden kann.

So notwendig eine Kritik medizinischer Experimente ist, die die Mechanismen der Menschenflucht und Menschenvernichtung nicht nur in der psychosozialen Sphäre des Experimentators oder in der institutionellen Sphäre der Medizin sucht, so falsch ist ein Rigorismus, der die für uns, die globalen Nutznießer, erweiternde Seite der Prozesse der Ver- und Entstofflichung verschweigt. Es ist nicht nur eine verstofflichende Monstrosität, durch das Züchten körpereigener Knorpel als Unfallopfer wieder ein vorzeigbares Gesicht zu bekommen oder dank transplantierter Leichenteile, gentechnisch produzierter Medikamente und operativ implantierter Mikrochips am wie auch immer hylomatisch umkodierten Leben zu bleiben. Und es ist mehr als eine stoffliche Virtualität, in Internet-Zeiten sein Geschlecht, seinen Körper, seine Rasse oder andere Stigmata zumindest vorübergehend hinter sich lassen zu können. Es ist autodestruktive Autopoiesis, vor allem aber autopoietische Autodestruktion, wobei das »Auto« nicht mehr auf selbstmächtige Subjekte bezogen werden kann, die darüber entscheiden würden, ob sie lieber der zerstörerischen Kreativität oder lieber der kreativen Zerstörung nachgeben.

Weil Eingriffe wie die Geschlechtsumwandlungsoperationen zu den Realitäten gehören, mit denen wir uns auseinandersetzen müssen, weil sie nun einmal in die Welt des Machens gesetzt sind, darf die Kritik des herrschenden OP-Geistes nicht an Patienten exekutiert werden, die den Objektiven vielleicht bedingungsloser erliegen als andere, die mit ihnen unspektakulärer überleben. Während das bei Frauen mit einem an Besessenheit grenzenden Kinderwunsch kaum getan wurde (um nur ein weiteres Beispiel aus der heute »normalen« medizinischen Praxis zu wählen), selbst dann nicht, wenn Reproduktionsmedizin und Genmanipulation als »Errungenschaften« der Moderne kritisiert wurden, die die ganze Menschheit bedrohen, taten einige Experten immer wieder so, als könnten ausgerechnet Transsexuelle den allgemeinen Mystifikationen widerstehen, als könnten ausgerechnet sie dem Bannstrahl der gesellschaftlichen Strategie des Operationsobjektivs entkommen. Da ist es schon menschenfreundlicher, über den Schatten der eigenen Profession zu springen, das eigene Denken und die eigene Kritik pragmatisch zu relativieren. Wer das tut, muss allerdings auf Illusionen verzichten, was niemandem leicht fällt. Der Chirurg kann dann nicht mehr, dem magisch verstofflichenden Denken erliegend wie der Transsexuelle, Operationen als das total Gute phantasieren und der Psychotherapeut nicht mehr als das total Schlechte.

Die Probleme und Widersprüche sind damit natürlich nicht beseitigt. Denn schließlich müssen wir körperliche Eingriffe dann ablehnen, wenn wir den Eindruck haben, dass sie auf unbewusste, also undurchschaute Motive zurückgehen, beispielsweise auf Selbstbestrafungstendenzen beim intensiven Wunsch eines sexuell perversen Mannes nach Kastration, Tendenzen, die der Patient nicht reflektieren kann. Wir hätten, folgten wir den Forderungen des Patienten, den Verdacht, einer doppelten Unfreiheit Tribut zu zollen: der individuellen des Mannes und der allgemeinen der Kultur, die die Perversion liquidieren will. Weil solche Verstrickungen gerade bei irreversiblen Eingriffen eine wesentliche Rolle spielen, muss die Grenze zwischen professioneller Entscheidung und Selbstbestimmung ständig neu und in jedem Einzelfall zusammen mit dem Patienten bestimmt werden. Das ist aber nur in einer psychotherapeutischen Beziehung möglich.

Dem Verhältnis von Selbstbestimmung und Professionalität kommt in der Praxis ein besonderes Gewicht zu. Einerseits sollte sich kein Arzt oder Therapeut das Recht herausnehmen, existenzielle Entscheidungen für seinen Patienten zu treffen. Das gilt für das Heiraten oder Sichtrennen, das Kinderkriegen oder Abtreiben ebenso wie für irreversible Operationen. Andererseits kann kein Arzt oder Therapeut gegen sein Gewissen, seine Berufspflichten und seine Vorstellungen von Gott und der Welt dazu gebracht werden, Eingriffe zu befürworten oder vorzunehmen, die er nicht verantworten will. Ein Arzt oder Therapeut, der irrationalen Wünschen von Patienten unreflektiert zur Manifestation verhilft, hat versagt. Wenn zum Beispiel der Wunsch nach Geschlechtswechsel mit Konflikten und Krankheiten verknüpft ist, die das übliche Maß seelischer »Unfreiheit« nach meinem Eindruck übersteigen, habe ich als Professioneller, der konsultiert wird, das Recht und auch die Pflicht, irreversible Eingriffe zu verhindern, jedenfalls nicht zu befürworten. Wird aber in der Psychotherapie ein Punkt erreicht, an dem der Patient das, was er wünscht, zu überblicken scheint einschließlich der existenziellen Konsequenzen, also nicht »unfreier« ist als wir alle, kann er nur noch selbst entscheiden.

An diesen Punkt gelangt, sollte sich der Therapeut auf die Relativität und Subjektivität seiner Urteile besinnen und jene von den Generalobjektiven abgezogene Totalisierung in sich relativieren, die genau zu wissen meint, wer gesund und wer krank ist, wer »frei« genug ist, über sein Leben zu entscheiden, und wer nicht. Im Umgang mit dem Transsexualismus gibt es jedenfalls kein widerspruchs- und konfliktfreies Richtig oder Falsch. Die allgemeinen Widersprüche müssen ebenso ausgehalten werden wie die besonderen Konflikte. *Praktisch* wäre der transsexuelle Wunsch als eine kreative Ich-Leistung zu verstehen, die eine äußerst bedrohliche Lücke in der psychischen Selbstregulation kompensieren soll, was oft erst mit Hilfe einer Therapie gelingt. *Theoretisch* wäre der transsexuelle Wunsch als transintelligibel zu begreifen und das individuelle Leiden der sog. Transsexuellen als ein Niederschlag allgemeiner Objektive, einer überindividuellen, transsubjektiven Negativität, die jeder Therapie entzogen ist.

Vielleicht aber ist die Hoffnung nicht ganz irreal, dass die Maßnahmen, von denen die Betroffenen ebenso ergriffen werden, wie sie sie selbst ergreifen, dass diese Maßnahmen um so maßvoller sein werden, desto »freier« sie getroffen werden können. Diese »Freiheit« ist das Ziel jeder analytischen Psychotherapie, die zwar nicht gesellschaftliche und kulturelle, sehr wohl aber individuelle Unfreiheiten beseitigen kann. Solange jedoch der Realisator Medizin Transsexuelle generell als besonders »unfreie« Kranke betrachtet, so lange wird die paramedizinische Minderheit der Geschlechtswechsler generell unfrei sein. Deshalb bin ich dafür, dass sich die indizierende und operierende Medizin zurückhält, soweit das überhaupt möglich ist. Denn so sehr Medizin und Politik, Therapie und soziale Bewegung, Professionalität und Nichtprofessionalität theoretisch zusammengedacht werden müssen, so sehr fallen sie praktisch auseinander.

Das klinische Bild der sog. Geschlechtsidentitätsstörungen hat sich in den letzten Jahrzehnten erheblich gewandelt. Wesentlich ist gewiss ein allgemeiner

Strukturwandel der Sexualität und der Geschlechtlichkeit (Sigusch 2005). Lebens-, Geschlechts- und Sexualformen wurden auf eine vordem ungeahnte Art und Weise diversifiziert und flexibilisiert. Sexogenerische Fragmente unterliegen heute einer exzessiven medialen Zerstreuung. Alte Perversionen treten als gesunde Neo-Sexualitäten auf, alte Geschlechtsidentitätsstörungen inserieren sich als Neo-Geschlechter.

Besonders eindrucksvoll hat sich bei uns die soziale, psychosoziale und rechtliche Situation Transsexueller verändert. Mittlerweile sind sie in der Öffentlichkeit als Gruppe besonderer Menschen weitgehend bekannt und vom Staat als solche anerkannt. Wie in unserer Kultur nicht anders zu erwarten war, wurde »die Operation« recht zügig vom Odium der Sittenwidrigkeit befreit, per Gesetz zum Maßstab des Geschlechtsstandes der Geschlechtswechsler erhoben sowie höchstrichterlich als eine medizinische Leistung anerkannt, die die Krankenkassen grundsätzlich zu bezahlen haben. Anders als noch vor einer Generation müssen Transsexuelle nicht nach Casablanca oder Singapur fahren, wenn sie sich operieren lassen wollen. Deutsche Chirurgen und Gynäkologen sind bereit, geschlechtsverändernde Eingriffe vorzunehmen. Geschlechtsumwandlungsoperationen sind als Möglichkeit nicht nur für immer da, sondern mittlerweile als ein schulmedizinisch und versicherungsrechtlich anerkanntes Behandlungsverfahren etabliert. Angesichts dieser Entwicklung mochten die Gesetzgeber mehrerer westlicher Länder den Geschlechtswechslern die letzte zivilisatorische Weihe in Gestalt einer Lex specialis, eines Sondergesetzes, nicht versagen. Bei uns ist das »Gesetz über die Änderung der Vornamen und die Feststellung der Geschlechtszugehörigkeit in besonderen Fällen«, kurz Transsexuellen-Gesetz (TSG) genannt, seit 1981 in Kraft.

Indem Transsexuelle eigene Zeitschriften herausbringen, Tagungen abhalten, Beratungsstellen unterhalten, Ausstellungen inszenieren und Verbände gründen, konstituieren sie sich, soziologisch und nicht medizinisch gesehen, zumindest als so etwas wie eine transitorische Minderheit, die, wenngleich durch ihre Eigenart an die Medizin gefesselt, den Anspruch erhebt, selbst zu entscheiden, wann ein Mensch »transsexuell« ist. Literarische und dokumentarische Berichte von Betroffenen und über Betroffene (z. B. Schiffels 1992; Fuchs und Fuchs 1995) sowie *nichtmedizinische* wissenschaftliche Abhandlungen, die das Phänomen leibanalytisch-mikrosoziologisch (Lindemann 1993), ethnographisch-konstruktivistisch (Hirschauer 1993) oder literaturwissenschaftlich-diskurstheoretisch (Runte 1996) analysieren, belegen, wie sehr Medizin und Psychologie das, was als transsexuell angesehen wird, bisher epistemisch und diskursiv mitbestimmten. Sie eröffnen Horizonte, die Medizin und Pychologie aus Ignoranz, Dummheit oder unvermeidlicher professioneller Einengung verschlossen sind.

Dass die medizinischen und psychologischen »Experten« endlich ihren nosomorphen Blick, der immer nur Pathologisches sehen kann, von den

Transvestiten, Geschlechtszweiflern, Transgenderisten und Gender Blenders und auch von den eine Operation wünschenden Transsexuellen abzieht – das steht gegenwärtig auf der *kulturellen* Tagesordnung. Leicht wird ihnen das gewiss nicht fallen. Vielleicht aber könnte ihnen Magnus Hirschfeld Mut machen. Rainer Herrns Abhandlung legt das jedenfalls nach meinem Eindruck unwillkürlich nahe.

Literatur

Augstein, M. S.: TS-Operationen kein medizinischer Sonderfall. Sexualmedizin12, 307–308, 1983

Balfour Marshall, G.: Artificial vagina: A review of the various operative procedures for correcting atresia vagina. J. Obstet. Gynecol. 23, 193–212, 1913

Bogoras, N.: Über die volle plastische Wiederherstellung eines zum Koitus fähigen Penis (Peniplastica totalis). Zentralbl. Chir. 63, 1271–1276, 1936

Frumkin, A. P.: Reconstruction of the male genitalia. Am.Rev. Soviet. Med. 2, 14–21, 1944

Fuchs, D. und Fuchs, G.: Transsexuelle Menschen in Deutschland. Wiesbaden: Rueger 1995

Hamburger, C.: Desire for change of sex as shown by personal letters from 465 men and women. Acta Endocrinol. 14, 361–375, 1953

Hamburger, C., Stürup, G. K., and Dahl-Iversen, E.: Transvestism: Hormonal, psychiatric, and surgical treatment. JAMA 152, 391–396, 1953

Hirschauer, S.: Die soziale Konstruktion der Transsexualität. Frankfurt/M: Suhrkamp 1993

Kaplan, L. J.: Weibliche Perversionen. Hamburg: Hoffmann und Campe 1991

Lindemann, G.: Das paradoxe Geschlecht. Frankfurt/M: Fischer Taschenbuch 1993

Runte, A.: Biographische Operationen. Diskurse der Transsexualität. München: Fink 1996

Schiffels, W.: Frau werden. Von Walter zu Waltraud. Authentischer Bericht einer Transsexuellen. Zürich, Dortmund: Edition Ebersbach im eFeF-Verlag 1992

Sigusch, V.: Die Transsexuellen und unser nosomorpher Blick. I. Zur Enttotalisierung des Transsexualismus. II. Zur Entpathologisierung des Transsexualismus. Z. Sexualforsch. 4: 225–256, 309–343, 1991

Sigusch, V.: Metamorphosen von Leben und Tod. Ausblick auf eine Theorie der Hylomatie. Psyche 51: 835–874, 1997

Sigusch, V.: Neosexualitäten. Frankfurt/Main, New York: Campus 2005

Sung, R. Y.: Reconstruction of the male genitalia. Chin. Med. J. 72, 446–452, 1954

Sung, R. Y.: One-stage total reconstruction of the male genitalia. Chin. Med. J. 92, 181–184, 1979

Szalay, L. V.: Construction of a neoclitoris in the surgery of male transsexuals. Eur. J. Plast. Surg. 15: 192–193, 1992

Vorwort

Magnus Hirschfeld (1868–1935) zählt zu den Gründern der Sexualwissenschaft und Sexualreformbewegung zu Beginn des 20. Jahrhunderts.[1] Die Entstehung des Wissenschaftlich-humanitären Komitees (WhK), der ersten Homosexuellenorganisation, unter seiner Mitwirkung 1897 markiert den Beginn des bis heute andauernden Emanzipationskampfes sexueller Minderheiten. In der Homosexualität sah Hirschfeld eine Mischung der Geschlechter, weshalb er sie neben der Androgynie und Hermaphrodisie zu den so genannten »sexuellen Zwischenstufen« zählte. Als weitere, eigenständige Zwischenstufenkategorie entwarf er 1910 den »Transvestitismus«; 1923 gebrauchte er das Wort »Transsexualismus« erstmals. Es sind die einzigen von vielen auf ihn zurückgehenden Bezeichnungen und Kategorien, die heute noch verwendet werden.

Über den Prozess der theoretischen Ablösung der Transvestiten von den Zuordnungen der Sexualpathologen, über Hirschfelds sexualwissenschaftliche Konzeption und über deren Rezeption – bei den »Transvestiten« wie in der zeitgenössischen Sexualwissenschaft – liegt bisher keine systematische Darstellung vor. Es ist Aufgabe dieser Studie, diese Lücke zu füllen. Dieses Projekt ist um so aufschlussreicher, als die Transsexuellen aus dem transvestitischen Personenkreis hervorgingen, so dass das Aufkommen des Wunsches nach körperlicher Geschlechtsumwandlung eine weitere Perspektive eröffnet, der hier nachgegangen werden kann.[2]

Hirschfeld war auch jener Sexualwissenschaftler, der sehr früh (1900) begann, seine wissenschaftlichen Veröffentlichungen zu bebildern. Er führte die Illustration – teils als den Text bekräftigende, teils als eigenständige Argumentation – in die sexualwissenschaftliche Literatur ein. Dabei arbeitete er sowohl mit bereits verfügbarem oder ihm von seinen Patienten zur Verfügung gestellten Bildmaterial wie auch mit eigens für seine Schriften angefertigten Fotos. Seine spezifische Bildverwendung kann anhand einiger

---

[1] Zur Biografie Hirschfelds vgl. Wolff 1986; Herzer 2001.

[2] Ein kurzer geschlechtergeschichtlicher Abriss zum »medizinischen Projekt der Transsexualität« findet sich bei Hirschauer 1993, S. 91ff. Auch die aus medizinischer Perspektive verfasste Arbeit von Vern L. Bullough & Bonnie Bullough (1997) widmet sich diesem Thema. Da sich beide Arbeiten im Hinblick auf die verwendeten Quellen und deren Interpretation vom hier gewählten Ansatz unterscheiden, soll auf sie nur verwiesen werden.

zentraler Veröffentlichung herausgearbeitet und der Praxis anderer Autoren gegenübergestellt werden.

In einer kurzen Einführung (Kapitel 1) soll es im Folgenden zunächst um die Integration der Cross-Dresser in die sexualpathologische Diskussion des späten 19. Jahrhunderts gehen, die den Ausgangspunkt von Hirschfelds Konzept des Transvestitismus darstellt. Danach werde ich einige Beweggründe nennen, die für die Prägung der eigenständigen Kategorie »Transvestiten« von Bedeutung gewesen sein dürften (Kapitel 2), um schließlich Hirschfelds konkreten Entwurf des Transvestitismus (Kapitel 3) vorzustellen. Die Rezeption seines Konzeptes, sein Engagement für die juristische Anerkennung dieser Passion und die damit verbundene Gutachterpraxis wird im Folgenden dargestellt (Kapitel 4). Im Anschluss daran soll die Rolle seines Instituts für Sexualwissenschaft für die Transvestiten in wissenschaftlicher, politischer und therapeutischer Hinsicht aufgezeigt werden (Kapitel 5). Obwohl bereits die ersten Kapitel auf den Körperdiskurs eingehen, ist dem Wunsch nach Geschlechtsumwandlung und dessen Realisierung im Wechselspiel von Medizinern und Transvestiten ein eigenes Kapitel (6) gewidmet. Die Studie schließt mit einem Blick auf die Kontinuitäten und Brüche der Transsexuellendiskussion vor 1933 auf die nach 1945 (Kapitel 7).

Hinzuweisen ist vorab auf eine terminologische Schwierigkeit: Der von Hirschfeld 1910 eingeführte Begriff »Transvestitismus« bedeutet weit mehr als das Phänomen, die Kleidung des »anderen« Geschlechts zu tragen. Er stellt einerseits eine medizinische Diagnose dar, andererseits umfasst er spezifische Identitätskonzepte und Lebensstile. Daher ist es problematisch, den Terminus für Personen anderer Epochen oder kultureller Kontexte zu verwenden (vgl. Dekker und Van de Pol 1990, S. 67ff).

Frauen und Männer mit dieser Neigung in der Zeit vor 1910 mit den zeitgenössischen sexualpathologischen Begriffen »Effeminierte« für »weibliche« Männer und »Viragines« für »männliche« Frauen zu versehen, ist zu unpräzise. Denn diese Bezeichnungen können sich auf das Verhalten, auf den Körper, die Psyche, die Kleidung oder auf alles zusammen beziehen. Auch der Begriff des »Verkleidens« oder »Verkleiders«, der in der Literatur gelegentlich Verwendung fand, erfasst nur einen Teil des Phänomens; er deutet eher aufs Karnevaleske oder die Maskerade, weshalb er bereits von den betroffenen Zeitgenossen abgelehnt wurde. Sie argumentierten, dass sie sich gerade nicht »ver«-kleiden, sondern ihrer Neigung entsprechend, also adäquat kleiden würden (Weis 1931a). Der gelegentlich verwendete, moderne amerikanische Begriff »Passing Women« bezeichnet Frauen, die nicht nur Männerkleidung tragen, sondern ganz als Männer leben und auch als solche durchgehen; ein Äquivalent, »Passing Men« für als Frauen lebende Männer – Hirschfeld zählt einige Beispiele dafür auf –, gibt es nicht. Schon aus diesem Grund erscheint der Ausdruck für den vorliegenden

Zusammenhang ungeeignet. Der Einfachheit halber wird im Folgenden der bereits um 1900 gebrauchte Anglizismus »Cross-Dressing« für das Verhalten und »Cross-Dresser« für entsprechende Personen vor 1910 verwendet, danach der des »Transvestitismus«. Erst in den 60er Jahren löste die heute gebräuchliche Verkürzung »Transvestismus« den Hirschfeldschen Terminus ab. An dieser Wortverwendung orientiert sich die Studie.

Eine ähnliche terminologische Schwierigkeit betrifft den Begriff »Transsexualismus«, der zwar 1923 geprägt wurde (Hirschfeld 1923, S. 14), aber erst in den 50er Jahren eine klar abgegrenzte medizinische Festlegung erfuhr und seither häufig auch der Selbstdefinition dient. Personen, die sich dem anderen Geschlecht zugehörig fühlten, darunter jene mit dem Wunsch, ihr biologisches Geschlecht zu ändern, werden daher im Folgenden – entsprechend zeitgenössischer Begrifflichkeit – auch als »Transvestiten« bezeichnet, obwohl man sie heute als Transsexuelle von dieser Gruppe abgrenzen würde.

Danksagung

Die vorliegende Studie entstand als Teil einer Monografie über Magnus Hirschfelds Institut für Sexualwissenschaft, an der ich gemeinsam mit Ralf Dose arbeite. Da es bisher keine Quellenarbeit über die Geschichte der Transvestiten und Transsexuellen gibt, wurde ich von Sophinette Becker und Friedemann Pfäfflin angeregt, die vorliegende, zunächst als Buchkapitel angelegte Studie als selbstständigen Text zu veröffentlichen.

Ausgangspunkt dieser Studie ist ein kleiner Aufsatz zur Geschichte der Transsexualität, um den mich Inge Nordhoff 1995 für das *Pro familia Magazin* bat. Seither hat mich das Thema ständig begleitet. Bei der Materialrecherche haben mich Ursula Barthel und Waltraud Schade, beide Mitarbeiterinnen der Magnus-Hirschfeld-Gesellschaft, unterstützt; sie haben die Rezensionen zu den einschlägigen Werken zusammengetragen und die relevanten Quellen im *Jahrbuch für sexuelle Zwischenstufen* aufbereitet. Andreas Pretzel gab mir die entscheidenden Hinweise auf Archivmaterial zum Umgang mit Transvestiten in der NS-Zeit, Ralf Dose überließ mir seine Recherchen zu den Mitarbeitern des Hirschfeld-Instituts, und Jens Dobler beriet mich in subkulturellen Fragen. Für die Hilfe bei der Bildauswahl und -interpretation danke ich Ada Raev und Katharina Sykora. Danken möchte ich weiterhin dem Landesarchiv Berlin, dem Geheimen Staatsarchiv Preußischer Kulturbesitz, der Rara-Abteilung der Universitätsbibliothek der Humboldt-Universität zu Berlin sowie dem Lesbenarchiv Spinnboden für die Zusammenarbeit. Für Druckgenehmigungen von Fotos danke ich der Agentur für Bilder zur Zeitgeschichte, der kriminalhistorischen Sammlung des Berliner Polizei Museums und dem Landesarchiv Berlin. Für die vielen Diskussionen der Manuskriptfassungen danke ich allen Mitarbeiterinnen und Mitarbeitern der Magnus-Hirschfeld-Gesellschaft. Mein besonderer Dank gilt Christine Noll Brinckmann für ihre beharrliche Ermutigung zum Schreiben und die Geduld bei der Korrektur der Textfassungen.

Finanziert wurde dieser Band aus Mitteln der Stiftung Homosexuelle Selbsthilfe und der Hannchen-Mehrzweck-Stiftung sowie der Deutschen Gesellschaft für Sexualforschung.

Ihnen und allen anderen, die unbürokratisch Zuschüsse gewährt haben, danke ich herzlich.

1. Kapitel
Die Cross-Dresser in der Sexualpathologie

Das Phänomen des Kleiderwechsels war kulturgeschichtlich seit langem bekannt. Entsprechend umfangreich ist die Literatur über die ethnischen und nationalen Verschiedenheiten des Cross-Dressing in Europa, seine kulturellen Bedeutungen und sozialen Funktionen. Sie kann hier jedoch nicht einmal ansatzweise referiert werden.[1] In dieser Studie geht es nur um den medizinischen Diskurs. Der begann in der Mitte des 19. Jahrhunderts im Kontext der Ausweitung der Geschlechterdebatte auf die Sexualität. Im aufkommenden psychiatrisch-sexualpathologischen Diskurs dieser Zeit – wie auch in der sich nach 1900 etablierenden Sexualwissenschaft – spielte die Kategorie ›Geschlecht‹ eine zentrale Rolle (Schmersahl 1998, S. 39ff). Gegenstand des Diskurses war die Naturalisierung und geschlechtsspezifische Kodierung von sexuellem und sozialem Verhalten. Weil Kleidung eine der signifikanten Geschlechterkodierungen darstellt, wurde geschlechtsgemäße und -ungemäße Kleidung bereits seit Beginn der sexualpathologischen Debatte thematisiert. Insofern darf es nicht überraschen, dass man die Cross-Dresser sogleich in direkte Beziehung zu den »Päderasten«, wie Homosexuelle seinerzeit genannt wurden, setzte; man sah in beiden Phänomenen, dem Cross-Dressing wie dem gleichgeschlechtlichen Begehren, eine Umkehrung der Geschlechterrollen. Das mag unter anderem auf die Rezeption von Karl Heinrich Ulrichs' Schriften durch die Sexualpathologen zurückgehen, in denen er als bekennender »Urning«[2] selbstbewusst für die Rechte männerbegehrender Männer eintrat. Ulrichs beschrieb Cross-Dressing als ein Kennzeichen der Urninge, allerdings nur der so genannten »Weiblinge« unter ihnen:

---

[1] Eine Zusammenstellung von Primär- und Sekundärliteratur findet sich bei Fachverband Homosexualität und Geschichte e. V. (2001), McLaren 1997, insbesondere das Kapitel »Transvestites« (S. 207–238) und Dekker & Van de Pol 1990. Für die amerikanische Literatur vgl. Garber, 1993.

[2] Karl Heinrich Ulrichs (1825-1895) wählte als Bezeichnung für das sexuelle Männerbegehren den Ausdruck »Uranismus«, abgeleitet vom Gott Uranos aus Platons »Gastmahl«. Männerbegehrende Männer nannte er »Urninge«, die er in feminine, die »Weiblinge«, und maskuline, die »Mannlinge«, unterteilte. Frauenbegehrende Frauen, zwischen denen er nicht weiter unterschied, bezeichnete er als »Urnin«, »Urningin« oder »weiblicher Urning«. Diese Ausdrücke wurden später durch den 1869 von Karl Maria Kertbeny (Pseudonym Benkert) geprägten Begriff »Homosexualität« abgelöst.

Weiblich sind ihre Lieblingsbeschäftigungen, z. B. stricken, nähen, sticken, Kränze winden, sogar kochen; ferner die Wahl der Tracht und des Namens. Kleiden würden sie sich am liebsten ganz und gar und stets wie ein Frauenzimmer. Da ihnen dies nicht möglich [ist], so nehmen sie dazu nun einzelne Gelegenheiten wahr, z. B. Maskenbälle und heimliche Zusammenkünfte ›entre nous‹. (Ulrichs 1868, S. 10–11; vgl. auch: Ulrichs 1864, S. 13ff.)

Ulrichs begriff Cross-Dressing als Charakteristikum femininer Urninge, was er anhand einiger Beispiele zu belegen suchte. So erwähnt er unter anderen den Gardinenaufstecker Blank[3], der, als er einmal »ganz als Dame gekleidet auf den Wallpromenaden von Torgau« spazieren ging, von der Polizei verhaftet wurde. »Jener Blank war sogar so kühn, bei der Obrigkeit förmlich um die Erlaubnis einzukommen, sich weiblich nennen und kleiden zu dürfen. Die Bitte ward abgeschlagen« (Ulrichs 1868, S. 10–11).

Wahrscheinlich infolge der Rezeption von Ulrichs' Schriften, so durch den Berliner Psychiater Carl Westphal[4] (Westphal 1870, S. 92 und 97), fand eine Verschmelzung von Cross-Dressing und gleichgeschlechtlichem Begehren (Uranismus) zu einem Gesamtphänomen statt, der »conträren Sexualempfindung«. Die zwei Fälle von »conträrer Sexualempfindung« in Westphals Schlüsselveröffentlichung von 1870 betreffen zum einen eine Frau, die »gern ein Mann sein« wolle, »eine männliche Beschäftigung« suche, sich »überhaupt als Mann« fühle und als solcher sexuell Frauen begehre (ebd., S. 80). Der zweite Fall ist ein 1868 »auf einem hiesigen [Berliner] Bahnhofe unter verdächtigen Umständen« verhafteter »Mann in Frauenkleidern« (ebd., S. 82). Dieser Mann, der von sich sagt: »Ich habe eine große Neigung, Damenkleider anzuziehen,« gibt gleichzeitig dem zweifelnden Westphal zu verstehen, dass er sich sexuell zu Frauen hingezogen fühle – Grund für Hirschfeld, ihn 50 Jahre später in die Genealogie der Transvestiten einzureihen (Hirschfeld 1918, S.181–182). »Von Männern habe er sich nie brauchen lassen und sich nie mit ihnen geschlechtlich zu schaffen gemacht, obwohl viele Anerbietungen nach dieser Richtung hin an ihn gelangt seien [...]« (Westphal 1870, S. 84). Westphal kommt dennoch zu dem Schluss, dass es »bei der geschilderten Neigung zum Anlegen von Frauenkleidern wirklich um ein Symptom eines pathologischen Zustandes«

---

[3] Die Originalarbeit, auf die sich Ulrichs bezieht, ist: Fränkel 1853, S. 102–103. Blanks »kühnes« Ersuchen an die Behörden, in der Öffentlichkeit Frauenkleider tragen und einen Frauennamen führen zu dürfen, bildet das Leitmotiv bei der juristischen Anerkennung der Cross-Dresser, um die sie sich später gemeinsam mit Ärzten und Juristen bemühten.

[4] Auf S. 104f. geht Westphal ausführlich auf Ulrichs' Erwähnung und die Zuordnung Blanks ein.

(ebd., S. 91) gehe, der eine Stufe der angeborenen conträren Sexualempfindung sei: »Hier handelt es sich wohl eben nur um Gradunterschiede« (ebd., S. 105). Bezeichnete man jene Personen in der Vermutung, sie verfolgten unlautere Absichten, bis dahin als »Schwindler, Betrüger oder Dieb« (ebd., S. 100), wurden sie bei Westphal zu Kranken. Bereits bei ihm wird deutlich, dass die verschiedenen Überschreitungen der Geschlechternormen zueinander in Beziehung gesetzt wurden. Cross-Dressing war als sichtbares Zeichen deutliches Indiz für die conträre Sexualempfindung (vgl. Abb. 1-3), die etwas weiter gefasst war als das spätere Konzept der Homosexualität. Albert Moll, der 1891 die erste Monografie zum Thema vorlegte[5] und Westphals Sicht teilte, beschreibt dessen Konzept 1898 wie folgt:

Westphal [...] hat den Ausdruck conträre Sexualempfindung nicht identisch mit dem heutigen Ausdruck Homosexualität angewendet. Er wollte mit seinem Ausdruck andeuten, dass es sich beim conträr Sexuellen nicht immer gleichzeitig um den Geschlechtstrieb handle, sondern auch bloss um die Empfindung, dem ganzen inneren Wesen nach dem eigenen Geschlecht entfremdet zu sein. So gehört die Neigung des Mannes zu weiblicher Toilette, weiblichen Beschäftigungen u.s.w. zur conträren Sexualempfindung, wenn auch ein solcher Mann heterosexuell ist, d. h. geschlechtliche Neigung zu Frauen hat. (Moll 1898, S. 808, Fußnote 1)

Die so genannte conträre Sexualempfindung umfasst demnach all jene Verhaltensweisen, die »conträr« zu den kulturellen Konnotationen von Männlichkeit und Weiblichkeit standen. Die in der Kategorie vorgenommenen Aus- und Einschließungen waren auf die Stabilisierung der Geschlechternormen ausgelegt und lagerten damit nonkonformes Verhalten als pathologisch aus. Doch bereits die Moll notwendig erscheinende Richtigstellung von Westphals Definition deutet darauf, dass das Konzept der conträren Sexualempfindung in Teilen der Fach- und Laienöffentlichkeit identisch mit dem der Homosexualität gesetzt wurde.

---

5 Dort beschreibt Moll erstmals die Neigung conträr sexueller Männer, Frauenkleider zu tragen (Moll 1891, S. 62ff.).

Abb. 1: Undatierte Fotos eines Mannes in Männer- und Frauenkleidung aus dem 1876 angelegten Berliner Verbrecheralbum – die frühesten Aufnahmen stammen von 1860. Der Entstehungskontext der Aufnahmen ist unbekannt. Das Interieur deutet auf Atelieraufnahmen, die sich von späteren, für die Kriminalpolizei typischen erkennungsdienstlichen Fotografien unterscheiden. Dieser Mann wurde im Verbrecheralbum in der Rubrik »Fälscher, Hochstapler und Schwindler« geführt, jener Kategorie, der nach Westphal Cross-Dresser zugeordnet wurden. Es spricht einiges dafür, dass es sich bei dem Abgebildeten um den von ihm beschriebenen Mann handelt.

Maschio Pederasta Tedesco

Abb. 2: Der Turiner Kriminalanthropologe Cesare Lombroso verwendete bezeichnenderweise das Foto dieses Mannes in Frauenkleidern als Vorlage für eine typologisierende Kohlezeichnung. Entsprechend seiner Physiognomielehre konzentrierte er sich auf Kopf und Gesicht des »Delinquenten«, das nun härter und männlicher scheint als auf der Vorlage. Es wurde – zur Objektivierung – vor einen weißen Hintergrund gestellt und mit der Bildlegende »Maschio Pederasta Tedesco« (deutscher männlicher Päderast) versehen. Als Herkunftsort vermerkt Lombroso »Album Criminale Germanico« (deutsches Kriminalalbum). Insofern war der deutsche »Päderast« – eine weitere gängige Bezeichnung Homosexueller jener Zeit – für den einflussreichen Kriminalanthropologen ein Mann in Frauenkleidung.

Krafft-Ebing, der sich auf Westphal bezieht, entwickelt dessen Idee der »Gradunterschiede« zu einer hierarchischen Ordnung, in deren aufsteigender Folge die Zeichen der Geschlechtermischung immer deutlicher hervortreten. Die Neigung, Kleider des jeweils anderen Geschlechts zu tragen, wird, neben weiteren psychischen und körperlichen Eigenschaften, zum signifikanten Symptom eines degenerativen Krankheitsprozesses (Wettley 1959). Weil Krafft-Ebing zwischen erworbener und angeborener conträrer Sexualempfindung unterscheidet, schlägt er zwei analoge Reihen dieser Stufenleiter vor.[6] Ausgangspunkt, also die mildeste Form, bildet bei der *erworbenen* conträren

---

[6] Zur Entwicklung dieser Stufenleiter vgl. Sigusch 1992, S. 61-69.

Sexualempfindung die »einfache Verkehrung der Geschlechtsempfindung«; ihre letzte und höchste Stufe stellt die »Metamorphosis sexualis paranoica (der Wahn der Geschlechtsumwandlung)«[7] dar. Ausgangspunkt der *angeborenen* conträren Sexualempfindung ist die »psychische Hermaphrodisie« (Bisexualität), die sich über Homosexualität zur »Effemination« der Männer oder zur »Viraginität« der Frauen bis zur »schwerste[n] Stufe degenerativer Homosexualität« (Krafft-Ebing 1894, S. 282) fortentwickelt, der »Androgynie« respektive »Gynandrie«. Das seien Krankheitsbilder, bei denen nur noch die Genitalien auf das biologische Geschlecht verweisen, ansonsten aber die psychischen und körperlichen Charakteristika des »anderen« Geschlechts, wie etwa die Form des Beckens, dominieren. Bereits für die Viraginität sei der große »Drang« charakteristisch, »auch Haar und Zuschnitt der Kleidung männlich zu tragen, unter günstigen Umständen sogar in der Kleidung des Mannes aufzutreten und als solcher zu imponieren. Nicht selten sind die Fälle, wo Weiber in Männerkleidern aufgegriffen werden« (ebd., S. 282). Und über das von ihm als »Effemination der Männer« bezeichnete Phänomen schreibt Krafft-Ebing: »Vielfach zeigen sich auch Bestrebungen, in Gang, Haltung und Zuschnitt der Kleider sich der weiblichen Erscheinung zu nähern« (ebd., S. 269).

Cross-Dressing wurde im ausgehenden 19. und frühen 20. Jahrhundert nicht als singuläre Erscheinung verstanden. Vielmehr sah man darin einen sichtbaren und damit essenziellen Bestandteil der als fortschreitender Prozess der Geschlechterdegeneration gedeuteten conträren Sexualempfindung. Mit dieser Zuordnung wurde die Kleidung ein Symptom zu deren Diagnose. Hirschfeld kommentiert diese von allen Sexualpathologen geteilte Ansicht später mit dem Satz:

> Selbst Krafft-Ebing, der in seiner umfangreichen Kasuistik gelegentlich Fälle erwähnt, in die der Verkleidungstrieb mit hineinspielt, war das eigentliche Wesen der Erscheinung fremd geblieben. Er sah in ihr, wie die meisten Autoren vor und nach ihm, nur eine Abart der Homosexualität. (Hirschfeld 1918, S. 141)

---

[7] Mit der Metamorphosis beschreibt Krafft-Ebing nicht den Wunsch, dem »anderen« Geschlecht angehören zu wollen, sondern die Überzeugung, dem anderen Geschlecht körperlich und psychisch tatsächlich anzugehören. Krafft-Ebing bezeichnete sie als Wahn der Geschlechtsumwandlung, weil die Männer glaubten, eine Metamorphose zur Frau vollzogen zu haben, und Frauen eine zum Mann (Krafft-Ebing 1894, S. 224–230).

2. Kapitel

Die ungleichen Schwestern: Abspaltung der Cross-Dresser

Die Gründe, weshalb die Transvestiten erstmals gerade 1910 von Hirschfeld beschrieben werden, liegen auf verschiedenen Ebenen.[1] Es dürften selbstdefinitorische, strategisch-sexualpolitische und nicht zuletzt analytisch-empirische, also wissenschaftliche Aspekte gewesen sein, die ihn zur Abspaltung der Cross-Dresser von den Homosexuellen und zu ihrer Überführung in eine eigene Kategorie, die der Transvestiten, veranlassten.[2] Dabei stellt diese Ablösung keine plötzliche theoretische Wendung, sondern einen allmählichen, fast zehn Jahre währenden Prozess dar.

2.1 Die Cross-Dresser melden sich zu Wort

Vor 1910 hatten die Cross-Dresser im wissenschaftlichen Diskurs keine eigenständige Kategorie gebildet, ihr Charakteristikum, die Kleider des »anderen« Geschlechts zu bevorzugen, wurde, wie beschrieben, vielmehr als Zeichen der konträren Sexualempfindung gedeutet. Aus den Selbstzeugnissen einiger Cross-Dresser geht jedoch überdeutlich hervor, dass ihnen die zugeschriebene Nähe zur Homosexualität oft sehr unangenehm war. Während sich einige an

---

[1] Als nicht unmaßgebliches Motiv für seine Forschungen beschreibt Charlotte Wolff (1986, S. 107) Hirschfelds besondere Vorliebe für Transvestiten. Auch wird sein diesbezügliches wissenschaftliches Interesse gelegentlich mit der Behauptung begründet, Hirschfeld »was both homosexual and a transvestite«, wie zuletzt in der Kinsey-Biografie von Gathorne-Hardy (2004, S. 153). Diese Behauptung lässt sich zumindest bis 1971 zurückverfolgen. Damals schrieb Arno Karlen sogar: »[...] Hirschfeld's theories are discounted because he was himself a homosexual and occasional transvestite, known affectionately in Berlin's gay world as ›Auntie Magnesia‹« (Karlen 1971, S. 213). Dass Hirschfelds Spitzname »Tante Magnesia« war, ist überliefert, überprüfbare Belege dafür, dass er Transvestit gewesen ist, gibt es allerdings nicht. Hubert Kennedy bezeichnet die durch die englischsprachige Literatur geisternde Behauptung deshalb als »canard«, als Zeitungsente (Kennedy 2000). Ich danke James Steakley für den Hinweis.

[2] Erste Gedanken zur Abspaltung der Transvestiten von den Homosexuellen finden sich bei Herrn 1995.

der nahen »Verwandtschaft« zu den Homosexuellen nicht weiter störten, so dass sie sie sogar in ihre Selbstbeschreibung übernahmen, fühlten sich andere in dieser Frage von der Wissenschaft missverstanden und versuchten sich deutlich abzugrenzen. In diesem Zusammenhang ist darauf hinzuweisen, dass sich Ulrichs' Begriff und Konzept vom Urning als männerbegehrendem Mann gegenüber der weiter gefassten Westphalschen conträren Sexualempfindung in der Öffentlichkeit durchgesetzt hatte. In den schriftlichen Selbstzeugnissen der Cross-Dresser finden sich sowohl die Bezeichnung »Urning« wie auch neue Begriffsbildungen, mit denen sich die Autoren von dieser Einordnung ausdrücklich zu distanzieren suchen.

Der Autor des ersten Aufsatzes im *Jahrbuch für sexuelle Zwischenstufen*, der ausschließlich dem Thema Cross-Dressing gewidmet ist, gibt sich – aus einem noch darzulegenden Grund – zunächst nur mit seinem Beruf (Lehrer) und den Initialen seines Namens (J. G. F.) zu erkennen. In Anlehnung an Westphals Definition der conträren Sexualempfindung beschreibt er »das Bild eines mir nahestehenden Urnings [...], welcher zu der Gruppe der ausgeprägtesten Effeminierten gehört« (J. G. F. 1900, S. 325). Die Bezeichnung »Urning« findet sich dort noch häufig (vgl. auch Abb. 4). Obwohl die Eigenart des Mannes auf die Neigung, Frauenkleider zu tragen, begrenzt ist und er von einer »Liebesbeziehung« zu einer Frau berichtet, schreibt der Autor weiter: »Es kann nicht mehr festgestellt werden, ob sich in frühester Jugend schon Erscheinungen von Homosexualität bemerkbar machten« (ebd., S. 325).

Bei dem Aufsatz des »Lehrers« handelt es sich um eine autobiografische Skizze, wie sich erst Jahre später herausstellte. Hirschfeld hatte diesen, wie auch andere in der Literatur bereits beschriebene Fälle, in die Kasuistik seiner Monografie *Die Transvestiten* aufgenommen. Er kommentiert nun – zehn Jahre später – die damalige Selbsteinordnung des Lehrers mit der Bemerkung: »Er bezeichnet sich dort irrtümlicherweise als Urning, während er selbst ausdrücklich angibt, *sein Geschlechtstrieb sei stets auf das Weib gerichtet gewesen*« (Hirschfeld 1910, S. 74, H. i. O.). 1910 gibt jener Mann dann auch an: »*Homosexuell bin ich nicht*, im Gegenteil, ich kann sagen, ich bin ein echter Don Juan gewesen« (ebd., S. 76, H. i. O.). In diesem Falle setzte der Wandel in der Selbstzuordnung also erst ein, als ein alternatives, offenbar adäquateres Konzept vorlag, das die Differenz zu den Homosexuellen betonte.

Auch in der allgemeinen Öffentlichkeit scheint die Zuordnung der Cross-Dresser zu den Urningen verbreitet gewesen zu sein. Ein von Iwan Bloch beschriebener Mann berichtete davon, dass er vergeblich versuchte, bei seiner Frau Verständnis für seine ungewöhnliche Neigung zu wecken. Sie schenkte ihm keinen Glauben und forschte nach Informationen über die ihr ebenso unangenehme wie unheimliche Eigenart ihres Gatten: »Sie versuchte, bei anderen Frauen etwas darüber zu erfahren. Diese wußten ihr über Männer, die so veranlagt wären wie ich, nur Schlechtes und Gemeines zu berichten, ich sollte unbedingt ein Urning sein [...]« (Bloch 1907, S. 595–596). Ein anderer Mann, über den Paul Näcke 1912, nach Erscheinen von *Die Transvestiten* berichtet, teilt Ähnliches mit. Auch er hatte Streit mit seiner Frau, »weil sie ihm sagte, er sei homosexuell, bis er eines Tages ihr Hirschfelds Buch über die Transvestiten zu lesen gab, woraus sie erkannte, daß die Verkleidungssucht auch bei Heterosexuellen vorkomme. Jetzt hält sie ihn für heterosexuell – was er auch ist – und sie leben wieder glücklich zusammen« (Näcke 1912, S. 240).

In diesen Äußerungen deutet sich bereits an, dass das Image des Urnings und späteren Homosexuellen weder unter den Cross-Dressern noch in der Öffentlichkeit positiv besetzt war, so dass die Bezeichnungen auch als Schimpfworte gebraucht wurden. Die Cross-Dresser empfanden sie deshalb als Herabsetzung und Verkennung. In Anbetracht dessen beschreibt einer der von Hirschfeld nun als Transvestit porträtierten Männer sein Verhältnis zu den Urningen wie folgt: »*Von sonstiger Homosexualität aber ist keine Spur vorhanden. Urninge und effeminierte Männer verachte ich tief*« (Hirschfeld 1910, S. 73, H. i. O.). Auch in den Passagen der anderen sechzehn von Hirschfeld in seiner Kasuistik vorgestellten Transvestiten finden sich derartige, wenn auch weniger drastische Äußerungen, wie auch in vielen medizinischen Veröffentlichungen und Biografien späterer Jahre.

In den USA existierte um die Wende vom 19. zum 20. Jahrhundert ein Netzwerk sich auch so bezeichnender Cross-Dresser. Sie tauschten sich schriftlich über ihr Leben, ihre Neigungen wie auch ihr Selbstverständnis aus. In einem vom Dezember 1907 datierten Brief geht es unter anderem um die (Selbst-)Zuordnung zu den Homosexuellen:

As far as I can judge from your letter, it looks as if you consider man's love for dressing in female clothing equal to homosexualism. [...] I can tell you that homosexualism has always been an abhorrence to me, and that the sole reason for my desire to wear gowns is purely a feminine love for what is beautiful and picturesque. In my relation to the other sex, I am just as normal as any other man. (Talmey 1914, S. 367)[3]

Maßgebend war für diese Personen das Bewusstsein, sich sexuell nicht zu Männern hingezogen zu fühlen und somit nicht zu den Urningen/Homosexuellen/Päderasten zu gehören. So schreibt ein anderer von Hirschfeld porträtierter amerikanischer Transvestit: »Ich kann es nicht begreifen, daß sich die Wissenschaft nicht mit den Effeminierten abgibt, wo es doch etwas Alltägliches und Natürliches ist; und leider werden wir fälschlich auch noch oft für Päderasten gehalten«

---

[3] Zu Talmeys Beitrag vgl. Katz 1983, S. 344–348.

(Hirschfeld 1910, S. 115). Aus all diesen Äußerungen ist zu entnehmen, dass die Mehrzahl der heterosexuellen Transvestiten mit der von den Sexualpathologen getroffenen Zuordnung des Cross-Dressing zur conträren Sexualempfindung nicht einverstanden war, weil sie in der Öffentlichkeit als männerbegehrende Urninge wahrgenommen wurden. Daher bemühten sie sich um begriffliche und definitorische Abgrenzung.

Im letzten Zitat deutet sich bereits an, dass Cross-Dresser die Sexualpathologen ihrerseits aufforderten, sich mit ihnen wissenschaftlich zu beschäftigen. Dazu wendeten sich einige an Herausgeber einschlägiger Zeitschriften und an Autoren von Büchern, bei denen sie ihre Neigung, wenn auch falsch, so doch wenigstens beschrieben fanden; andere griffen selbst zur Feder und verfassten Aufsätze. Hier zunächst einige Aufforderungen an die Wissenschaft. Die erste stammt von einem 1862 in Vorarlberg, geborenen in die USA ausgewanderten Mann (Abb. 9), der in San Francisco lebte und von Hirschfeld John O. genannt wurde:

> Ueber die Homosexuellen ist doch soviel geschrieben, ueber uns Effeminierte aber fast garnichts. Schenkt doch diesem Thema, werte Frauen, etwas Aufmerksamkeit, damit die nächste Generation glücklicher werde als wir es sind. (ebd., S. 104)

Das Schreiben war zunächst an Helene Stöcker, eine Protagonistin des radikalen Flügels der Frauenbewegung und Herausgeberin der Zeitschrift *Die Neue Generation* gerichtet. Daher die Aufforderung an die »lieben Frauen« und die Anspielung auf »die nächste Generation«. Auch ein weiterer von Hirschfeld in der Kasuistik beschriebener Mann, der »Fall XVII«, der sich wahrscheinlich aufgrund der zwei von Iwan Bloch in *Das Sexualleben unserer Zeit* veröffentlichten Fallbeschreibungen an ihn wandte, schrieb:

> Ich wäre zu hohem Dank verbunden, wenn Ihnen diese confessio [...] nicht nur als mehr oder weniger interessantes Material Ihrer Studien, sondern als Anregung zu einer geistigen Meinungsäußerung dienen würde, durch die Sie die Existenz meiner Person nach mehr als nur nach der sexuellen Seite hin sichern würden. (ebd., S. 139)

Andere Cross-Dresser schrieben, wie Ulrichs über sich und die Urninge, eigene Abhandlungen. So stammt der erste im *Jahrbuch für sexuelle Zwischenstufen* verfasste Aufsatz nachweislich von einem Cross-Dresser (J. G. F. 1900).[4] Der bereits zitierte, in die USA ausgewanderte Vorarlberger wandte sich an Helene Stöcker, weil er hoffte, ihre Zeitschrift als Forum für die Cross-Dresser zu gewinnen:

---

[4] Vom zweiten Aufsatz (W. S. 1900) kann das nur vermutet, aber nicht belegt werden.

Ihre Zeitschrift *Mutterschutz* interessiert mich so sehr, daß ich sie halten muss: ich bin körperlich männlich, geistig weiblich, deshalb habe ich für alles, was weiblich ist, sehr viel Sympathie. Da Sie für die sexuelle Freiheit kämpfen, möchte ich ein Wort sprechen über die Verfolgung der Effeminierten.[5] (Hirschfeld 1910, S. 100)

Weil der Beitrag nicht in *Die Neue Generation* aufgenommen wurde, suchte der Schreiber enttäuscht bei Hirschfeld mit seinem Ansinnen Beachtung zu finden. Von einigen Cross-Dressern sind auch eigene, leider nicht überlieferte Abhandlungen geschrieben worden, in denen sie sich selbst oder ihrem Umfeld ihre besondere Neigung erklären wollten (Bloch, 1907 S. 592; Hirschfeld 1910, S. 95). Und schließlich entstand im Zusammenhang der Selbsterklärung auch der erste Roman eines Cross-Dressers (Fraumann 1906)[6], aus dem Hirschfeld nicht nur eine lange Passage abdruckt, sondern auch den Autor als »Fall« in seine Kasuistik aufnimmt.[7] Dieser hatte zunächst das bezeichnende Pseudonym »Luz Fraumann« gewählt, später nannte er/sie sich »Emi von Wolters« und wurde eine bekannte Kolumnistin in Transvestitenzeitschriften der 20er Jahre. Über die Anfangszeit berichtet sie:

Liebe Schwester Ilse P.! Ich bin eine der ältesten und ersten Fälle des Sanitätsrates Dr. Magnus Hirschfeld und weiß aus vierzigjähriger Erfahrung, wie auch dieser große Forscher auf sexuellem Gebiete erst *durch uns* lernen musste und wie er seine ursprünglichen Ansichten und Feststellungen änderte. [...] Vor allem aber, liebe Mitschwestern, müsst ihr euch in die transvestitische Literatur (ich meine vor allem die wissenschaftliche!) einlesen. Dr. Hirschfeld hat ja genugsam und gründlich für uns gearbeitet. Daß er früher den Verkleidungstrieb als krankhaft bezeichnete,[8] das nicht ganz zutreffende Wort ›Transvestitismus‹ prägte usw. ist ja nichts Wesentliches, sondern entsprang der Entwicklung auf diesem Gebiete. (Wolters 1931, o. S., H. i. O.)

---

5 Dort finden sich Angaben zur Kontaktaufnahme zu Hirschfeld. Die Zeitschrift des Bundes für Mutterschutz hieß von 1905-1907 *Mutterschutz – Zeitschrift zur Reform der sexuellen Ethik*, ab 1908, nachdem es zwischen Helene Stöcker und Max Marcuse Differenzen gab, *Die Neue Generation*. Vgl. dazu: Reinhart 2000, S. 31.

6 Dieses Buch konnte bisher nicht eingesehen werden. Der Autor ist für Hinweise dankbar.

7 Der Auszug befindet sich bei: Hirschfeld 1910, S. 171–177, die Fallbeschreibung: ebenda, S. 18–25.

8 In ausdrücklicher Abgrenzung zum Krankheitsbegriff bezeichnet Hirschfeld Transvestitismus als »sexuelle Variation«, was ihm von seinen Kollegen vorgeworfen wurde.

Mit Fraumanns Buch entstand eine Literatur, die Cross-Dressern neben den bekannten historischen Figuren wie Chevalier d'Eon (Hirschfeld 1910, S. 64)[9] oder den zahlreichen, teils spektakulären Zeitungsberichten[10] Identifikationsmöglichkeiten bot (ebd., S. 14). Aus dem Zusammenhang der Selbstbeschreibungen stammen auch die ersten Selbstbezeichnungen der Cross-Dresser. Am weitesten verbreitet war der Krafft-Ebingsche Begriff »Effeminierte«, auch wurde ebenfalls in Anlehnung an dessen »Metamorphosis sexualis paranoica« der des »Metamorphikers« (ebd., S. 18ff. und 300f.) – jedoch ohne Paranoia – vorgeschlagen. Insbesondere »Fall III«, Luz Fraumann, benutzt den Begriff der »Metamorphose«. Hirschfeld, der sich bei der Begriffswahl unsicher war, erwägt zunächst diesen Ausdruck, verwirft ihn aber wegen der Nähe zu Krafft-Ebings Konstruktion der »Metamorphosis sexualis paranoica«. Auch darin zeigt sich, wie sehr er darum bemüht war, die Cross-Dresser – ähnlich wie die Homosexuellen – außerhalb des bekannten sexualpathologischen Kanons anzusiedeln.

Wieder ein anderer Cross-Dresser brachte den Begriff des »Puellismus« (ebd., S. 16) ein, einen Ausdruck, den man am besten mit »Mädchenhaftigkeit« übersetzen kann. Und in Ermangelung adäquater Bezeichnungen entlehnte der bereits zitierte, von Bloch beschriebene Mann der Antike einen weiteren Namen:

> Ich versuchte nochmals in einem von mir verfassten Aufsatz, welchen ich mit ›Die Junoren‹ betitelte, meiner Frau alles klar zu machen. Als Junoren bezeichnete ich darin Männer, welche äußerlich als Weib (in Kleidung, Gebaren, Körperform) auftreten oder auftreten möchten, sexuell dagegen männlich veranlagt sind. (Bloch 1907, S. 596)

Bei der Bildung des Wortes »Junoren« greift der Autor – wie Ulrichs, der den Gott Uranus (Ulrichs 1864a, S. 2) wählte – auf eine mythologische Figur, die römische Göttin Juno[11], zurück. Bloch war sich offenbar der spezifischen, von denen der Homosexuellen verschiedenen Neigungen dieser Männer bewusst, denn er plädiert dafür, »den vorgeschlagenen Namen ›Junoren‹ [zu] akzeptieren« (Bloch 1907, S. 592, H. i. O.).

---

9 Zur Person d'Eons vgl. Steinkühler 1992.

10 Die Mehrzahl der von Hirschfeld porträtierten Transvestiten gibt an, Zeitungsmeldungen über Cross-Dressing gesammelt zu haben (vgl. Hirschfeld, 1910, S. 27, 64 und 76), andere hörten von Männern in Frauenkleidern oder auch von Damenimitatoren aus ihrer näheren oder weiteren Umgebung, mit denen sie gelegentlich versuchten in Kontakt zu treten (ebenda S. 134). Eine eindrucksvolle Sammlung von derartigen Zeitungsmeldungen aus dem späten 19. Jahrhundert findet sich bei: J. G. F. 1900, S. 328–331 und 337.

11 Die römische Göttin Juno, Tochter des Kronos und der Rhea, die der griechischen Hera an die Seite gestellt wird, gilt als die bedeutendste Göttin Roms, die als Juno Regina zusammen mit ihrem Ehemann Zeus (römisch Jupiter) und mit Minerva ihren

Festzuhalten ist, dass sich die Cross-Dresser ab 1900 zunehmend als eigene, von den Homosexuellen distinkte Form begriffen, die es noch wissenschaftlich zu entdecken und zu beschreiben galt. Für sie war Homosexualität pejorativ besetzt, Homosexuelle wurden von ihnen, wie zitiert, auch als »Urninge« und »Päderasten« bezeichnet. Die Versuche, Sexualwissenschaftler dazu zu bewegen, sich eingehender mit ihnen zu beschäftigen, wie auch jene, sich zu beschreiben und neue Namen für ihre Eigenart vorzuschlagen, wiederholen den Prozess der Gleichzeitigkeit von identitäts- und sexualwissenschaftlicher Theorien- und Kategorienbildung, der vierzig Jahre zuvor in der Interaktion zwischen den Urningen und Ulrichs sowie den Konträr-Sexuellen und den Sexualpathologen Westphal und Krafft-Ebing stattgefunden hatte. Dieser Prozess, der heute als »Medikalisierung der Homosexualität« beschrieben wird, beruht auf einem engen Wechselspiel zwischen Forschern und Beforschten, Pathografie und Biografie, das Klaus Müller für die Homosexuellen und Annette Runte für die Transsexuellen nachgezeichnet hat (Müller 1991; Runte 1992).

Die Cross-Dresser wandten sich direkt an die Sexualpathologen, weil sie sich von ihnen eine wissenschaftliche Legitimation ihrer Neigung versprachen, die zunächst eine Anerkennung ihrer Eigenart bedeutete und ihnen einen unabhängigen Sonderstatus in Aussicht stellte. Die wesentlichen Impulse, sich von den Homosexuellen abzugrenzen, gingen nach all diesen Mitteilungen jedoch nur von einem Teil der Cross-Dresser aus, nämlich den heterosexuell-männlichen. Homosexuelle Männer, die gern Frauenkleider trugen, hatten schließlich keinen Grund zu einer solchen Abgrenzung.[12]

Sitz auf dem Kapitol hatte. Ursprünglich galt sie vermutlich als die Verkörperung der jugendlichen Kraft der Frau, weshalb ihr verschiedene Sondergottheiten angeglichen werden konnten: Juno Fluonia (Kraft der monatlichen Reinigung), Juno Pronuba (Brautführerin), Juno Opigena (Entbindungsbeistand), Juno Lucina (Geburtshelferin). In einer zeitgenössischen Arbeit heißt es darüber hinaus, dass Juno neben der »Repräsentation des Ideals erhabener Weiblichkeit, der Ehefrau und Mutter« auch als »Trägerin der allgemeinsten weiblichen Schwächen und Leidenschaften, der Eifersucht, Eitelkeit und starrsinniger Streitsucht« gelte »und dass die von ihr geglaubten Sagen oft niedrig komische Züge enthalten« (Binder 1874, S. 285). In einer neueren Arbeit wird Juno ähnlich charakterisiert: »Sie hat, wirft man ihr vor, an all den Absurditäten teil, die den heidnischen Götterhimmel verunstalten und als zutiefst unwürdig erscheinen lassen.« Sie verhielt sich nicht, »wie es sich eigentlich für Götter ziemte«, und »auch eine allegorische Deutung vermag das Anstößige, das ihr generell anhaftet, nicht aus der Welt zu schaffen« (Dassmann 2001, S. 593–594).

[12] Noch heute bestehen Transvestitenvereinigungen in den USA. Von einer 350 Mitglieder starken, die sich zu 90% aus verheirateten heterosexuellen Männern der Mittelschicht zusammensetzt, berichtet Marjorie Garber. Insofern scheint sich an der Separierung homo- und heterosexueller Transvestiten wenig geändert zu haben.

2.2 Das ambivalente Verhältnis Homosexueller zur Weiblichkeit

Andererseits gab es auch bei einem Teil der homosexuellen Männer das Bedürfnis nach Abstand zu jeder sichtbaren Effeminiertheit. Ihnen war die Distanzierung zu den Cross-Dressern mindestens ebenso wichtig wie umgekehrt. Daher rief die in Hirschfelds »Zwischenstufentheorie« vorgenommene Verknüpfung von männlicher Homosexualität und Weiblichkeit insbesondere beim viril orientierten Flügel der Homosexuellenbewegung schärfsten Protest hervor. Selbstverständlich war Hirschfeld diese Ablehnung femininer Attribute, besonders der Effemination in Form von weiblichem Outfit bewusst: »Der großen Mehrzahl der Homosexuellen, nicht nur der virileren, ist die Verkleidung direkt unsympathisch« (Hirschfeld 1910, S. 189). Einen sicherlich wesentlichen Grund dafür nennt er auch:

> Daß man auf die Männer, die sich weibliche Neigungen »zu schulden kommen ließen«, stets mit stärkerer Verachtung herabsah als auf Frauen, die nach Vermännlichung trachteten, hängt im letzten Grunde wohl mit der höheren Meinung zusammen, die die Männer von sich hatten; mehr oder minder unbewusst empfanden sie es als Erniedrigung ihres Geschlechts, wenn ein Mann mit und ohne seinen Willen Zeichen der Männlichkeit einbüßte. (ebd., S. 341)

Die aus diesem geschlechterhierarchischen Denken resultierende Verachtung drückt sich in der Abwertung der Weiblichkeit Homosexueller aus. Und diese Abwertung wiederum erwuchs wahrscheinlich aus den Ängsten vor dem, was sie an sich selbst als »weiblich« wahrnahmen.

Der Schaffung der Kategorie »Transvestiten« gingen harte Auseinandersetzungen über die medizinische Erklärung und das damit verbundene Bild vom Homosexuellen in der jungen Homosexuellenbewegung voraus. Diese fanden sowohl innerhalb des Wissenschaftlich-humanitären Komitees (WhK) als auch zwischen dem WhK und der »Gemeinschaft der Eigenen« statt. Im WhK war es in Anlehnung an Elisar von Kupffer, der sich über die »urnischen Unterröckchen« Hirschfeldscher Homosexueller lustig machte (Kupffer 1900, S. 3), vor allem Benedikt Friedländer[13], der mit aller Schärfe gegen das

---

Geändert hat sich freilich das Verhältnis zur Medizin: Während die Transvestiten, wie dargestellt, zunächst die Initiatoren des medizinischen Diskurses bildeten, »widersetzen sich Transvestiten und Transsexuelle oft aus politischen Gründen solch diagnostischen Einschätzungen« (Garber 1993, S. 12).

[13] Friedländer entwirft eine Theorie der physiologischen Freundschaft, mit der er versucht, die gleichgeschlechtliche Attraktion als universelle Fähigkeit aller

von Hirschfeld favorisierte Bild vom femininen homosexuellen Mann polemisierte. Die Gemeinschaft der Eigenen trat Hirschfeld in dieser Hinsicht geschlossen gegenüber. Adolf Brand, ihr Wortführer, argumentierte wie Friedländer dagegen, dass Männerliebe eine weibliche Eigenschaft sei und der Homosexuelle somit ein »weiblicher« Mann.

[...] Dr. Hirschfeld [...] [beging] den unverzeihlichen Fehler, jene jammerbaren Effeminierten als Grundlage seines ganzen Kampfes zu benutzen und auf sie gestützt der staunenden Welt die Lehre vom »dritten« Geschlecht zu verkünden. [...] Anstatt die gleichgeschlechtliche Neigung als allgemeine Lebenserscheinung zu betonen, wie wir es tun, die wach oder schlummernd in jedem Einzelnen vorhanden ist [...], fabrizierte man den sogenannten »Urning« und führte ihn in einer Volksschrift, die leider Gottes in vielen Tausenden von Exemplaren verbreitet worden ist, allen Gaffern und Lachern in Weiberkleidern vor.

In deutlicher Distanzierung resümiert Brand:

Nein, nein, und abermals nein! Mit diesen ›Effeminierten‹, mit diesen ›Homosexuellen‹ und mit dieser Art des Kampfes für eine heilige und große Sache, die im edelsten Sinne des Wortes – die Freiheit der Liebe überhaupt zum Ziel hat – mit diesem Teil der Bewegung hat die »Gemeinschaft der Eigenen« nichts zu tun![14] (Brand 1906, S. 30-31)

Vor allem die von Adolf Brand als Zerrbild wahrgenommene Darstellung Hirschfelds führte auch innerhalb des Wissenschaftlich-humanitären Komitees zu einer Abspaltung, der Gründung der Sezession – des »viril« orientierten Flügels – 1907. Nach Auffassung der tendenziell misogynen Sezessionisten

---

Menschen außerhalb medizinischer Identitätskonstruktionen und in deutlicher Abgrenzung zu Ulrichs und Hirschfeld zu beschreiben (Friedländer 1904).

[14] Der sich abzeichnende Zwist zwischen Brand und Hirschfeld war damit keinesfalls beendet. In den 20er Jahren wurde derselbe Aufsatz Brands wortwörtlich wieder abgedruckt, und zwar in der nun nicht mehr nur misogynen, sondern auch antisemitischen Schrift Die Tante (Brand 1925, S. 408–410). Da ein gängiges antisemitisches Vorurteil darin besteht, dass jüdische Männer per se feminine, also keine »richtigen« Männer seien, sollten die Anwürfe Hirschfeld wahrscheinlich in mehrfacher Weise treffen. Er wird in seiner Männlichkeit in Frage gestellt und mithin lächerlich gemacht. Weil Hirschfeld kein »richtiger« Mann sei, tauge er nicht als Anführer der Homosexuellenbewegung. Nur ein weiblicher Mann könne die Idee entwickeln und vertreten, der Homosexuelle sei eine Zwischenstufe, also mann-weiblich. Zu dieser Auseinandersetzung vgl. Zur Nieden 2004. Zur antisemitischen Deutung des jüdischen Mannes als weiblicher Mann vgl. Gilman 1993 sowie Boyarin 1997.

machte Hirschfeld die Homosexuellen zu »Halbweibern« und »einer Art psychischer Mißgeburt«, wie es Benedikt Friedländer formulierte. Als Anführer der Sezession prophezeit er 1907 bereits eine Spaltung des WhK in die Sezessionisten, die »mehr viril veranlagten Freunde der männlichen Jugend – gleichviel, ob sie nun ›sexuell‹ verkehren oder nicht [...], während sich die extrem femininen ›Homosexuellen‹ im Ganzen im Hirschfeldschen Lager wohler fühlen [...]« (Friedländer 1909, S. 203-204). Das von Hirschfeld angeführte WhK lief demnach ernsthaft Gefahr, auseinander zu brechen. Das wichtigste politische Ziel der Homosexuellenbewegung, die Abschaffung des §175 RStGB, erforderte aber gerade eine Bündelung der verschiedenen Strömungen, die wiederum die Konsensfähigkeit des Bildes vom Homosexuellen voraussetzte. Die Herstellung eines Konsensus zwischen den Lagern dürfte Hirschfelds strategisches Motiv für die Trennung der Effeminierten von den Homosexuellen gewesen sein. Die neue Kategorie »Transvestiten«, mit der ein Teil der sichtbaren »Femininität« der Männer und »Virilität« der Frauen von den Homosexuellen abgetrennt wurden, kann daher auch als Konzession Hirschfelds an seine Opponenten in der Bewegung[15] gelesen werden.

An diesem Beispiel beidseitiger Abgrenzungs- und Separierungsbestrebungen, an denen sich – wie noch zu zeigen ist – auch in der Weimarer Zeit wenig änderte, wird erkennbar, dass Hirschfelds »Zwischenstufentheorie«, die er auch als »Einteilungsprinzip« bezeichnete, nur auf phänomenologisch-deskriptiver Ebene einen Verknüpfungsversuch sexueller und geschlechtlicher Kategorien darstellen konnte.[16] Obwohl Hirschfeld nicht vorgab, mit der »Zwischenstufentheorie« eine politische Koalition zwischen Homosexuellen, Transvestiten und Hermaphroditen stiften zu wollen, wird doch offenbar, dass sein Zusammendenken der »Abweichler« nicht einmal zu einem empathischen oder solidarischen Umgang zwischen und schon gar nicht zu einem sexualpolitischen Bündnis unter ihnen führen konnte. Das später (1920–1923) im »Aktionsausschuss« geschlossene Bündnis zwischen den drei maßgeblichen

---

[15] Verschärfend für die Situation Hirschfelds und des WhK kam noch eine Austrittswelle als Reaktion auf seine Rolle im Moltke-Harden-Prozess hinzu, in dessen Folge die Homosexuellenbewegung zu zersplittern drohte. Vgl. dazu: Steakley 1989.

[16] Obwohl sich diese Darstellung auf die Geschichte beschränkt, sei darauf verwiesen, dass die Feindseligkeiten zwischen Transvestiten und Homosexuellen – zumindest in den USA – zum Teil noch heute bestehen (vgl. Garber 1993, S. 14). Und auch der so genannte »Tuntenstreit« in der bundesrepublikanischen Homosexuellenbewegung der 70er Jahre deutet auf ein nach wie vor schwieriges Verhältnis zur auffälligen Weiblichkeit der »Fummeltrinen«. Eine ähnliche Antihomosexualität wie bei einigen Transvestiten wird gelegentlich auch für Transsexuelle beschrieben (Runte 1992, insbesondere das Kapitel »Transsexuelle Anti-/Homosexualität ›im Dienste des Geschlechts‹«, S. 18ff).

Homosexuellenorganisationen (Wissenschaftlich-humanitäres Komitee, Gemeinschaft der Eigenen, Bund für Menschenrecht) war gerade aufgrund der verschiedenen Geschlechterbilder so fragil, dass es nur für kurze Zeit hielt. Nicht zu vergessen ist der enorme Einfluss von Blühers Theorie auf die Homosexuellen der 10er und 20er Jahre, der sich nicht nur hinsichtlich der Abwehr von Weiblichkeit in die Tradition Kupffers, Friedländers und Brands einreihen lässt (vgl. dazu: Geuter 1994, Hergemöller 2004). Deren Männerbild motivierte in der Weimarer Zeit auch zu zahlreichen Angriffen auf die »Zwischenstufentheorie«, was vermuten lässt, dass die von Hirschfeld in ihr hergestellte Nähe zu den Transvestiten und den Hermaphroditen wohl immer noch als Bedrohung wahrgenommen wurde.

Grundlage der soeben beschriebenen Distanzierungen viriler Homosexueller und heterosexueller Transvestiten voneinander sind die Annahme und Ablehnung unterschiedlicher Männlichkeits- und Weiblichkeitskonstruktionen in ihren Selbstbildern. Ausdrücklich muss an dieser Stelle darauf hingewiesen werden, dass von Frauen keine vergleichbaren Auseinandersetzungen in diesem Kontext überliefert sind. Während männliche heterosexuelle Transvestiten die Effemination (das Cross-Dressing) in ihr Männlichkeitsbild integrieren, lehnen sie Homosexualitätszuschreibungen strikt ab, um es dennoch aufrecht erhalten zu können. Und während für die virilen homosexuellen Männer das gleichgeschlechtliche Begehren mit ihrem Männlichkeitsbild kompatibel ist, weisen sie jede Form sichtbarer Effemination brüsk von sich. Je nach Perspektive stellen entweder Effemination oder Homosexualität für die einen wie die anderen eine ihr männliches Selbstbild bedrohende Zuschreibung dar, die abgewehrt wird. Insofern ist nicht davon auszugehen, dass Homosexualität und Effemination als Repräsentanten der Weiblichkeit bei Männern in einem stabilen hierarchischen Verhältnis zueinander stehen; sie werden je nach Sichtweise in Relation zueinander gebracht. In dieser Logik der Männlichkeitskonstruktion kumuliert im homosexuellen Transvestiten die vermeintliche Weiblichkeit so massiv, dass er von beiden Gruppen – wie es tatsächlich der Fall war (und teilweise noch heute ist) – als besonders unmännlich verachtet wird.

Doch obwohl Homosexuelle und Transvestiten ihre Unterschiedlichkeit in den Selbstbildern ständig betonten, blieb das Fremdbild, man könnte auch sagen: das Klischee des Homosexuellen als effeminierter Mann in Frauenkleidern genauso erhalten wie das des Transvestiten als Homosexueller. Insofern dürften die Gründe für die Distanzierung nach wie vor existieren, auch wenn die Abgrenzung der Gruppen in den liberaleren westlichen Gesellschaften von heute nicht mehr so rigide ausfallen dürfte wie damals. Vor dem Hintergrund der konkreten Beispiele von Identitätsbildung aufgrund spezifischer Geschlechterselbstbilder stellt sich freilich die Frage, ob die in den letzten fünfzehn Jahren in den USA entwickelte »Queer Theory« – wie seinerzeit Hirschfelds

»Zwischenstufentheorie« – mehr als einen theoretischen Versuch darstellen kann, sexuelle und geschlechtliche Minderheiten zusammenzudenken.

2.3 Die Wissenschaft als Forum

Während Cross-Dressing in der sexualpathologischen Literatur des 19. Jahrhunderts immer im Kontext der konträren Sexualempfindung, als Zeichen des Männerbegehrens abgehandelt wurde, erschienen gleich zu Beginn des 20. Jahrhunderts erste wissenschaftliche Separatveröffentlichungen im *Jahrbuch für sexuelle Zwischenstufen*, die sich ausschließlich mit Cross-Dressing befassen. In dem Maße, in dem es, wie von einigen bereits zitierten Cross-Dressern gefordert, zum eigenständigen Thema avancierte, begann auch die tendenzielle Ablösung vom sexualpathologischen Kontext. In den wenigen noch vor Hirschfelds Monografie *Die Transvestiten* veröffentlichten Beiträgen lässt sich darüber hinaus feststellen, dass die Richtung des sexuellen Begehrens der Cross-Dresser, ebenfalls entsprechend ihren Forderungen, mehr und mehr an Bedeutung gewinnt.

Im Zuge seiner Forschungen über sexuelle Zwischenstufen entwickelte Magnus Hirschfeld in seinen frühen Schriften die Auffassung, dass jeder Mensch eine Mischung aus so genannten männlichen und weiblichen, körperlichen und seelischen Eigenschaften sei. In der Rezeption seiner Arbeiten wurde für diesen Ansatz der Begriff »Zwischenstufentheorie« geprägt, den Hirschfeld später selbst übernahm. Homosexuelle und Hermaphroditen waren die bekanntesten Vertreter der Zwischenstufen; Cross-Dresser bildeten auch bei Hirschfeld zunächst keine eigenständige Kategorie.

In seinem ersten Aufsatz im *Jahrbuch für sexuelle Zwischenstufen* von 1899, in dem er – in der Tradition von Ulrichs – die Mischgeschlechtlichkeit ins Zentrum seiner Konstruktion der Homosexuellen stellte, begriff Hirschfeld die Vorliebe für die Kleidung des »anderen« Geschlechts zunächst als diesen zugehörige Eigenschaft. Im dort erstmals abgedruckten Fragebogen zur Erforschung der Homosexualität lautet die Frage 65:

> Haben Sie den Drang, in Kleidern des anderen Geschlechts zu gehen? Besteht eine große Vorliebe für Toilettengegenstände des entgegengesetzten Geschlechts z. B. Ohrringe, Armbänder, lange Strümpfe, Fächer, Parfüms, Puder, Schminken oder Mützen, hohe Kragen, Stiefeln, Beinkleider? Lieben Sie eine bestimmte Farbe? (Hirschfeld 1899, S. 32)

In der mit einem Stern gekennzeichneten Fußnote heißt es dazu erklärend: »Im alten Rom sagte man den Konträrsexuellen eine Vorliebe für die grüne Farbe nach.« Die weibliche Kleidung homosexueller Männer war für Hirschfeld geradezu symptomatisch. Das erste von ihm jemals zur Illustration verwendete Foto eines Homosexuellen zeigt einen Mann in Frauenkleidern mit Brosche, hochgestecktem Haar und keckem Hütchen als Brustporträt (Abb. 3). Er verkörpert eine Frau so perfekt, dass erst die darunter stehende Bildlegende das »wahre« Geschlecht des »urnischen Mannes« verrät.

Abb. 3: Die Bildunterschrift lautet im Original: »Bild eines urnischen Mannes«.
Bei diesem als Oval und mit doppeltem gezacktem Rand präsentierten Foto handelt es sich um ein Miniaturporträt, wie sie im Kontext der Freundes- und Erinnerungsfotografie entstanden. Einen Bezug zwischen Foto und Text stellt Hirschfeld nicht her, der Abgebildete wird im Text nicht einmal erwähnt.

Gerade weil es das erste und einzige einen homosexuellen Mann darstellende Foto in diesem Aufsatz ist, darf geschlussfolgert werden, dass Hirschfeld das weibliche Outfit als signifikantes Charakteristikum, als Emblem der männlichen Homosexualität begriff. Die Abhandlung trägt nicht zufällig den Titel »Die objektive Diagnose der Homosexualität«; die sichtbare Weiblichkeit soll die Mischgeschlechtlichkeit »objektivieren«.

In der ersten bereits erwähnten Selbstbeschreibung des Lehrers im *Jahrbuch für sexuelle Zwischenstufen* (J. G. F., 1900) findet sich noch eine weitgehende Übereinstimmung mit der sexualpathologischen Lehrmeinung. Er bezeichnete sich zunächst selbst als Urning, Konträr- und Homosexueller, erst 1910 korrigierte er sich unter dem Eindruck von Hirschfelds neuem Konzept des Transvestitismus, der ihn seinerseits dort verortet (Abb. 4).

Abb. 4: Der Aufsatz von 1900 ist lediglich mit einem den Autor in Frauenkleidern darstellenden Foto illustriert, das er als Atelieraufnahme wahrscheinlich für diesen Zweck selbst anfertigen ließ. Hirschfeld hat ihm die Bildlegende »Photographie eines Urnings« beigefügt und ihn insofern auch als solchen begriffen.

Doch bereits in der zweiten Veröffentlichung von W. S. (1901), die den Titel »Vom Weibmann auf der Bühne« trägt und eine erste empirische Untersuchung über die damals so populäre Unterhaltungssparte der Damenimitatoren darstellt, rücken zwei Aspekte in den Mittelpunkt, die in der späteren Diskussion ausschlaggebend sind: Wählen Damenimitatoren diesen Beruf, weil sie eine Leidenschaft für Frauenkleider haben, eine Passion, die über ihre Tätigkeit hinausgeht? Der Autor berichtet, über zehn Jahre, also seit 1890, Material über Damenimitatoren gesammelt zu haben. In dieser Zeit konnte er insgesamt vierzehn von ihnen befragen, zehn lernte er persönlich kennen. Über sein Ergebnis teilt er mit:

Die Vorliebe für weibliche Kleidung und weibisches Wesen ist fast allen [...] gleichermaßen eigen. Acht von den Herren (darunter fünf von den Verheirateten) machen keinen Hehl daraus, daß sie innerhalb ihrer Wohnung fast ausschließlich weibliche Kleidung und schon seit Jahren während der Nacht Damennachthemden, Nachtjäckchen, Häubchen etc. tragen, auch wohl, um ihre Taille zu trainieren, im

Bette das Korsett anbehalten. Drei von den Verheirateten pflegen (und zwar nicht nur der Uebung wegen!) mit ihren Frauen in Damenkleidern jeder Zeit auf offener Strasse spazieren zu gehen, auch längere Reisen im Damencoupé zu machen, wobei sie stolz versichern, daß ihnen aus diesem abenteuerlichen Sport noch niemals eine Unannehmlichkeit erwachsen sei. (W. S. 1901, S. 317)

Demnach waren die meisten Damenimitatoren tatsächlich Cross-Dresser aus Leidenschaft und das sich großer Beliebtheit erfreuende Genre eine anerkannte Möglichkeit des öffentlichen Ausagierens. Auch im Publikum derartiger Darbietungen gebe es eine Gruppe von Männern, die den Darsteller genau um diese Möglichkeit »beneide« und sich danach sehne, »an seiner Stelle zu stehen oder wenigstens im stillen Kämmerchen sich ähnlich gekleidet und geschmückt zu sehen wünscht« (W. S. 1901, S. 315).

Die zweite Frage, die sich W. S. stellte, war die nach der Richtung des sexuellen Begehrens seiner Protagonisten. Während die meisten Sexualpathologen davon ausgingen, dass Damenimitatoren in der Regel homosexuell seien,[17] kommt W. S. zum gegenteiligen Resultat. Nur eine Minderheit bevorzugt Männer als Sexualpartner.

Von den Herren des vorliegenden Untersuchungsmaterials waren 8 verheiratet, (5 davon in kinderloser, aber anscheinend glücklicher Ehe), 2 [...] bekannten sich als begeisterte Verehrer des wirklichen weiblichen Geschlechts. Sie sind, wie mir bestätigt wurde, nachdem sie ihre Weiberröcke abgelegt haben, höchst impulsive Don Juans. Von den übrigen waren drei Pygisten [sog. passive Homosexuelle][...], der vierte [...] Mutueller [sog. wechselseitiger Onanist]. (W. S. 1901, S. 317)

Die als »triebhaft« beschriebene Leidenschaft für Frauenkleider und die primär heterosexuelle Orientierung werden, wie im nächsten Kapitel gezeigt wird, in Hirschfelds Monografie zu den charakteristischen Merkmalen der Transvestiten.

In der etwa 1900 einsetzenden Transformationsphase von der Sexualpathologie zur Sexualwissenschaft löste das Konzept der Homosexualität, deren zentrales Charakteristikum das gleichgeschlechtliche sexuelle Begehren darstellt, das weiter gefasste Westphalsche Konzept der konträren Sexualempfindung ab,

---

17 Obwohl Moll – er verwendet im folgenden Zitat »conträr sexuell« und »homosexuell« synonym – »vor unberechtigter Verallgemeinerung« warnt, schreibt er: »Nur ein Beruf scheint mir sehr verdächtig, und ich glaube, dass eine sehr große Zahl von dessen Mitgliedern sexuell conträr veranlagt ist, nämlich die Damenkomiker; die Männer, die mit Vorliebe in Damenrollen auftreten und hierbei gerade durch ihre Alt- und Sopranstimme grossen Beifall erringen, scheinen sehr oft conträre Sexualempfindung zu haben« (Moll 1891, S. 58).

in der verschiedene Formen von Abweichungen von den Geschlechternormen – wie auch Cross-Dressing – zusammengefasst waren. Cross-Dresser hatten nun im sexualwissenschaftlichen Kanon keinen eindeutigen Platz mehr. Das ist der Zeitpunkt, zu dem sie – wie bereits beschrieben – begannen, sich zu Wort zu melden und jene Sexualwissenschaftler, wie Iwan Bloch und Magnus Hirschfeld, die sich bereits mit dem Thema beschäftigt hatten, zur intensiveren Auseinandersetzung mit ihnen aufzufordern.

Wie bereits an einigen Beispielen gezeigt wurde, begann Magnus Hirschfeld um 1900, zunächst sehr sparsam, seine eigenen Veröffentlichungen mit einzelnen Abbildungen, meist Fotografien, zu illustrieren. Auch einige im *Jahrbuch für sexuelle Zwischenstufen* veröffentlichte Aufsätze anderer Autoren – z. B. die des Hermaphroditenforschers Franz von Neugebauer – wurden mit Abbildungen versehen.[18] Systematisch, im Sinne einer eigenständigen konsekutiven Bildargumentation arbeitete Hirschfeld erstmals 1905 in seinem Buch *Geschlechtsübergänge*. Diesem Band liegt ein Lichtbildervortrag zugrunde, den er auf der 76. Naturforscherversammlung in Breslau 1904 gehalten hatte (Herrn 2002a). Mit diesem schmalen Band überträgt Hirschfeld die Form des Lichtbildervortrags auf das Buch und implementiert so die Bildargumentation in die sexualwissenschaftliche Literatur. »In dieser Schrift war es mir vor allem darum zu tun, *einmal in zusammenhängender bildlicher Darstellung* die Haupttypen der Geschlechtsübergänge ad oculos zu demonstrieren« (Hirschfeld 1913, S. 4, H. i. O.). Nachdem Hirschfeld dort im knappen Textteil Gesetzmäßigkeiten, er nennt sie »genogenetische Gesetze«, für die Häufigkeit des Auftretens so genannter Geschlechtermischungen aufstellt und die Gutachten zweier von ihm beschriebener Fälle von Pseudohermaphroditismus vorstellt, lässt er 32 Bildtafeln folgen. Auf ihnen finden sich entsprechend seiner »genogenetischen Gesetze« zunächst Abbildungen der sehr raren Hermaphroditen, danach jene anderer, weniger seltenen geschlechtlichen Mischformen wie Cross-Dresser und schließlich Fotos der relativ häufigen Homosexuellen.

Obwohl die entsprechenden Abbildungen höchst unterschiedlichster Provenienz sind – vom Stich über die Zeichnung und das Gemälde bis hin zu Fotos (ganz verschiedener Entstehungskontexte wie medizinische Inszenierungen, private Fotos, Atelieraufnahmen) –, werden sie hier, wie auch in Hirschfelds späteren illustrierten Veröffentlichungen, alle unterschiedslos als visualisierende Objektivierungsbelege der wissenschaftlichen Argumentation einverleibt, freilich mit einer deutlichen Vorliebe für die »nur« die vermeintliche objektive Wahrheit abbildenden Fotos.

---

[18] Zur Deutung und Bedeutung fotografischer Abbildungen in Hirschfelds Transvestiten- und Hermaphroditendarstellungen vgl. Sykora 2004.

Graf Emmerich von Stadion. Walt Whitman. Peter Tschaikowsky.

Die Homosexualität.

Abb. 5 Im Unterschied zu Hirschfelds früheren bildlichen Darstellungen der Urninge sind die Homosexuellen nun nicht mehr mit weiblichen Attributen ausgestattet, sondern auf so genannten Freundschaftsbildern ausschließlich in Form von Männerpaaren aus dem 19. Jahrhundert präsent. Zur Aufwertung der Homosexualität wählte Hirschfeld Protagonisten, von denen wenigstens ein Partner hohes gesellschaftliches Ansehen als Künstler genoss, aus jenem Personenkreis also, dem die Gesellschaft größere persönliche Freiheiten einräumte.

Im Bilderteil von *Geschlechtsübergänge* stellt Hirschfeld die homosexuellen Männer nun erstmals getrennt von den Cross-Dressern dar. Er illustriert sie – durchweg Männerkleidung tragend und ohne sichtbare Effemination – in Form »berühmter Homosexueller« wie z. B. Graf Emmerich von Stadion, Walt Whitman und Peter Tschaikowski mit ihren jeweiligen Freunden (Abb. 5). Homosexuelle Frauen vernachlässigt er hingegen in seiner Darstellung ganz. Während Hirschfeld die männlichen Cross-Dresser wahrscheinlich noch in Anlehnung an Krafft-Ebing, wenn auch ohne pathologisierende Gesten, der Kategorie »Gynandromorphie« zuordnet (Abb. 6), finden sich die weiblichen Cross-Dresser in der analogen Rubrik »Androgynie« (Abb. 7). Eine Steigerung dieser beiden Formen stelle die »Umkehrung der Geschlechter« dar.[19]

---

[19] Das sind genau jene finalen Steigerungsstufen der erworbenen und angeborenen konträren Sexualempfindung bei Krafft-Ebing. Die Cross-Dresser finden sich in *Geschlechtsübergänge* auf den Tafeln XXIII und XXIV, XXV und XXVI, XXVII, die homosexuellen Männer auf Tafel XXXII (Hirschfeld 1913). In *Geschlechtsübergänge* argumentiert Hirschfeld, dass Toilette und Kleidung auf ein psychisch wie somatisch feminines Wesen schließen lassen. Die in Frauenkleidung abgebildeten »femininen« Männer und die in Männerkleidung gezeigten »maskulinen« Frauen hätten darüber hinaus auch körperliche Eigenschaften des »anderen« Geschlechts.

Gynandrische Männer.

Abb. 6 Beide Fotos sind private Aufnahmen, im Stile des Erinnerungsfotos. Im Gegensatz zu den so genannten normal empfindenden »Vollmännern« gesteht Hirschfeld nur den »Gynandromorphen«, »die ein wirklich innerlich feminines Empfinden besitzen«, zu, dass sie »Schick, Grazie und Charme« der Frauen zu verkörpern im Stande sind. Eine authentische Effemination basiere auf innerer Weiblichkeit. Zwar geht Hirschfeld nach wie vor davon aus, dass diese Männer »gewöhnlich« homosexuell seien, aber – wie er erstmals herausstellt – durchaus »nicht immer« (Hirschfeld 1913, Tafel XXV und XXVI).

Diese beginnende Ablösung der Cross-Dresser findet sich ab 1906 auch in Hirschfelds Texten. Im Spätherbst 1906 erregte der so genannte »Fall der männlichen Braut« in der Presse großes Aufsehen. Ein Breslauer Lehrer verlobte sich auf einer Sprachreise in Paris mit der angeblichen Tochter eines Grafen und Konsuls aus Rio de Janeiro. Nachdem die »männliche Braut« ihrem Bräutigam in seine Heimatstadt gefolgt war, wurden erste Zweifel an ihrer Weiblichkeit laut, worauf das Verlöbnis aufgelöst und polizeilich Anzeige erstattet wurde. Um einer Leibesvisitation und der zu befürchtenden Sistierung zu entgehen, nahm die »männliche Braut« Gift und starb vor den Augen des Arztes. Bei der Obduktion stellte sich das »männliche Geschlecht« heraus, »der Busen, die Hüften und die langen Haare waren unecht« (Hirschfeld 1906,

---

Insofern deduziert Hirschfeld hier von der andersgeschlechtlichen Kleidung, die selbst nur symptomatischen Wert habe, auf den andersgeschlechtlichen Körper.

S. 18; Hirschfeld 1910, S. 189–192, Fotos finden sich bei Hirschfeld & Tilke 1912, Tafel XXXII). Die in Berlin erscheinende *Tägliche Rundschau* kommentierte die Ereignisse mit dem Satz: »Es ist wohl hier nicht zweifelhaft, daß es sich hier um einen weiblich empfindenden Mann, einen sogenannten Urning handelt« (Tägliche Rundschau 1906).

Androgyne Frauen.

Abb. 7 In der Rubrik »Androgyne Frauen« präsentiert Hirschfeld als Gegenstück »Frauen mit überwiegend männlichen Charaktereigenschaften und Trieben«. Links wird die »stark virile Künstlerin Rosa v. B. in ihrem gewöhnlichen Hauskleid« als Porträtfoto gezeigt, auf dem Gemälde rechts ist »die berühmte Malerin Rosa Bonheur« zu sehen. Beide, so Hirschfeld, seien »seelisch und körperlich der ausgesprochenste Typus einer sexuellen Zwischenstufe«. 1930 verwendet er dieselben Abbildungen wieder. »Rosa von Braunschweig, Theaterdirektorin«, nunmehr mit Nennung ihres vollen Namens, findet sich nun in der Rubrik »partieller Transvestitismus beim Weibe« und Rosa Bonheur in der Gruppe »männliche Gestik und Mimik bei einer Frau« (Hirschfeld 1930a, S. 586 und 525).

Das *Berliner Tageblatt* bat Hirschfeld, diesen Fall zu kommentieren. Der nutzte seinerseits diese Gelegenheit, um erstmals grundsätzlich zwischen homo- und heterosexuellen Cross-Dressern zu unterscheiden. Hirschfeld begriff zu diesem Zeitpunkt, wahrscheinlich noch in Anlehnung an die sexualpathologische Tradition, die heterosexuellen Cross-Dresser als Fetischisten, während er die Effeminiertheit bei homosexuellen Cross-Dressern eher als zu deren »Natur« gehörig verstand:

Von Männern, die ihr Leben gänzlich oder teilweise in Frauenkleidern verbringen, kann man zwei Gruppen unterscheiden. Die eine größere, zu der auch der jetzt Verstorbene gehört zu haben scheint, stellen Männer dar, die sich in ihrem Wesen, Charakter, Neigungen, namentlich in bezug auf ihren Geschmack in schmucker Kleidung etc., ganz weiblich gehaben und sich auch zumeist zu Männern hingezogen fühlen, wofür auch im vorliegenden Falle die Verlobung P.'s mit dem Breslauer Lehrer spricht. [...] Neben diesen effeminierten Männern, als deren Prototyp aus der Geschichte der römische Kaiser Heliogabel anzusehen ist, gibt es eine kleinere, nicht minder interessante Gruppe, bei der die Vorliebe für die Frauenkleidung einen mehr fetischistischen Charakter trägt. Diese empfinden als Mann, fühlen sich zum Weibe hingezogen, leben sogar oft in glücklicher Ehe, haben dabei aber eine so intensive Neigung zu weiblicher Kleidung, daß sie dem Drange, diese in ihrer Häuslichkeit zeitweise selbst zu tragen, nicht widerstehen können. Einige interessante Fälle dieser Art teilt neuerdings auch Dr. Iwan Bloch in seiner soeben erschienenen Encyklopädie »Das Sexualleben unserer Zeit« mit. (Hirschfeld 1907, S.18-19)

Tatsächlich wurde das bereits in Hirschfelds Bildband *Geschlechtsübergänge* sichtbare Dilemma bei Zuordnung der Cross-Dresser nun auch in Iwan Blochs Klassiker *Das Sexualleben unserer Zeit* in seiner ganzen Breite deutlich. Für sie gab es, außer der alten Zuordnung zur conträren Sexualempfindung, weder eine von Cross-Dressern und Sexualwissenschaftlern allgemein akzeptierte Bezeichnung noch eine hinreichende Beschreibung und Zuordnung. Bloch berichtet nun von zwei ihm unlängst zur Kenntnis gelangten Männern, er nennt sie »merkwürdige Fälle«, die er offenbar nicht recht einzuordnen wusste. Beide begleitete lebenslang der unwiderstehliche Wunsch, Frauenkleider zu tragen; beide begehrten sexuell Frauen »und bestreiten jede Neigung zu Männern« (Bloch 1907, S. 596).

Der erste, ein 33jähriger verheirateter Amerikaner (Journalist) und Vater einer Tochter, der schon als Knabe heimlich die Kleider seiner Schwester trug, berichtete ihm, dass er Männerkleidung nur zwangsweise trage. Zuhause bewege er sich – auch in Gegenwart seiner Ehefrau, einer energischen gebildeten Dame, die seine Neigung nach anfänglichen Schwierigkeiten toleriere – nur in Frauenkleidern.

Der zweite ist jener bereits erwähnte Mann, der den Vorschlag einbrachte, Cross-Dresser »Junoren« zu nennen. Auch seine Neigung zu Frauenkleidern begann bereits im Pubertätsalter, auch er war verheiratet und Vater, jedoch war seine Frau weit weniger verständnisvoll als die des Amerikaners.

Bloch, der beide Fälle, die ihm »ganz männlich« schienen, »selbst gesehen« hatte, behalf sich im Hinblick auf deren Zuordnung damit, dass er sie seiner neu geschaffenen Kategorie der »Pseudohomosexualität« zuwies. Darin fasste er all jene Formen der »vorgetäuschten Homosexualität« zusammen, zu denen er den »psychischen Hermaphroditismus«, d. h. die Bisexualität genauso zählte wie die »Nothomosexualität« (in Gefängnissen, auf Schiffen und im Militär). Als Erklärung griff Bloch vor allem auf die Konzepte des Fetischismus und der Metamorphosis sexualis paranoica Krafft-Ebings zurück: Bisexualität könne sich auf sehr verschiedene Weise, auch »rein seelisch« äußern. In den vorgestellten Fällen »kommt [sie] nur durch Verknüpfung mit bestimmten Neigungen, besonders *fetischistischen*, zum Ausdruck« (ebd., S. 592, H. i. O.). Ihren Wunsch, in Frauenkleidung zu leben, der in dem für ihn so offenbaren Widerspruch zu ihren sexuellen Neigungen und ihrer maskulinen Erscheinung steht, könne er sich auch wie folgt erklären: »Die Sucht, Weiberkleider anzuziehen und sich als Weib zu fühlen, kann auch als *krankhafte* Erscheinung während des späteren Lebens auftreten, als ›Wahn der Geschlechtsverwandlung‹ (Metamorphosis sexualis paranoica) [...]« (ebd., S. 596, H. i. O.).

Die wesentliche Differenz zwischen Krafft-Ebings und Blochs Fällen besteht jedoch darin, dass Krafft-Ebings Protagonisten tatsächlich glaubten, eine psychische und/oder körperliche Geschlechtsumwandlung vollzogen zu haben, während sich Blochs Gewährsleute lediglich danach sehnten, ständig Frauenkleider zu tragen. Bloch verstand demnach bereits den Wunsch – »die Sucht« – nach Frauenkleidern als den »Wahn der Geschlechtsumwandlung«. Doch letztlich, und darauf kommt es hier besonders an, verblieben die Cross-Dresser bei Bloch im sexualpathologischen Deutungszusammenhang der Homosexualität.

Hirschfelds Entwurf des Transvestitismus ging eine unter Cross-Dressern und Wissenschaftlern geführte Debatte voraus, in der Cross-Dressing allmählich aus dem Kontext der konträren Sexualempfindung gelöst und als eigenständiges Phänomen begriffen wurde. In dem Maße, in dem man Homosexualität nur noch über das gleichgeschlechtliche sexuelle Begehren definierte, wurde die heterosexuelle Orientierung der Cross-Dresser zum Ausschließungsgrund. Damit begann der allmähliche Ablösungsprozess. Während Hirschfeld Cross-Dressing um 1900 zunächst selbst als Emblem der Homosexualität begriff, unterschied er 1905 Cross-Dresser nach der sexuellen Orientierung, ohne einen adäquaten Namen dafür parat zu haben. Andere Sexualwissenschaftler wie Iwan Bloch konnten sich, trotz offenkundiger Sympathien für das Autonomiestreben der Cross-Dresser, nicht zu deren Lösung aus dem bisherigen sexualpathologischen Erklärungszusammenhang entschließen.

3. Kapitel
Hirschfelds Entwurf des Transvestitismus

3.1 Die Protagonisten

Zunächst durch die Veröffentlichung der beiden Aufätze, später durch Abdruck von vielen Zeitungsmeldungen und Berichten seiner Gewährsfrauen und -männer wurden das *Jahrbuch für sexuelle Zwischenstufen*, aber auch die *Monatsberichte des Wissenschaftlich-humanitären Komitees* und die *Zeitschrift für Sexualwissenschaft* zum Forum für Cross-Dresser. In den bereits zitierten Aufsätzen von 1900 und 1901 werden viele Zeitungsmeldungen, zum Beispiel aus die *Preußische Lehrerzeitung*, über Fälle von Arretierungen in Frauenkleidung aufgegriffener Männer und in Männerkleidung verhafteter Frauen sowie über »Geschlechtsentdeckungen« nach dem Tode abgedruckt. Auch in den *Monatsberichten des Wissenschaftlich-humanitären Komitees* und in der *Zeitschrift für Sexualwissenschaft* (allerdings nur 1908) erscheinen derartige Meldungen aus dem In- und Ausland als feste Rubrik unter der Überschrift »Männer als Frauen und Frauen als Männer« – neben Erpressungen und Suiziden Homosexueller und anderen relevanten Informationen – zunächst sporadisch, ab Dezember 1906.[1] Damit avancierte Hirschfeld als deren Herausgeber ab etwa 1900 zum bestinformierten Sexualwissenschaftler für diese Neigung, so dass er in *Die Transvestiten* ausgiebig auf den Materialfundus zurückgreifen konnte. Hirschfelds »Prominenz« auf diesem Gebiet war letztlich auch der Grund dafür, dass sich einige Cross-Dresser persönlich an ihn wandten. Er lud sie ein, ihn zu besuchen und ihm Auskunft über ihre Neigungen, ihre Biografien, Lebensgewohnheiten und Alltagsprobleme zu geben. Erst dadurch entstand seine »Fallsammlung«[2], die Kasuistik, die er seinem Band voranstellte.

---

1   Ab 1913 werden diese Berichte im *Jahrbuch für sexuelle Zwischenstufen* unter der Überschrift »Transvestiten und andere Formen der Geschlechtsübergänge« veröffentlicht.

2   Insgesamt stellt Hirschfeld 17 Cross-Dresser vor. Da er die beiden letzten »Fälle« erst nach Abschluss des analytischen Teils der Untersuchung kennen lernte, flossen sie nicht in die Auswertung ein. Unter den Probanden befanden sich auch die beiden bereits von Iwan Bloch in *Das Sexualleben unserer Zeit* beschriebenen »Fälle«,

Zu den Fällen selbst sei noch vorbemerkt, dass ich die meisten von ihnen viele Jahre, einige 10, 12 Jahre und länger verfolgt habe. Mit Ausnahme von Fall XV [...] und XVII [...] war bei allen der Gang so, dass sie mündlich oder schriftlich an mich herangetreten waren und dann von mir zu recht eingehenden Autobiographien aufgefordert wurden, die sie völlig unbeeinflusst und unabhängig voneinander verfassten. Diese wurden, soweit irgend möglich, durch sorgsame Befragungen, Untersuchungen und vorsichtige Nachforschungen ergänzt. Viele sah ich in ihrer männlichen und weiblichen Lebensgestaltung, in Männer- und Frauentracht. (Hirschfeld 1910, S. 5)

3.2 Das Phänomen

Als Transvestitismus, das sei vorausgeschickt, beschreibt Hirschfeld den »heftigen Drang«, »in der Kleidung desjenigen Geschlechts zu leben, dem die Betreffenden ihrem Körperbau nach *nicht* angehören« (Hirschfeld 1910, S. 159, H. i. O.). Diesen Drang, er nennt ihn sogar »Geschlechtsverwandlungstrieb« (ebd., S. 167), deutete er »als *Ausdrucksform der inneren Persönlichkeit*, als *Zeichen* ihrer Sinnesart« (ebd., S. 159, H. i. O.). Während sich die Transvestiten in der Kleidung ihres biologischen Geschlechts »eingeengt, unfrei, gedrückt« fühlen und sie als »*etwas Fremdes*« empfinden, gibt ihnen die des »anderen« Geschlechts »das Gefühl der Ruhe, Sicherheit und Erhebung« (ebd., S. 160, H. i. O.). Da die Kleidung eine »unbewusste Projektion der Seele« sei, könne darauf geschlossen werden, »dass in der Psyche dieser Männer ein weiblicher Einschlag – und bei den weiblichen ein männlicher – vorhanden ist, der nach äußerer Projektion drängt« (ebd., S. 274). Der Transvestitismus beschränke sich jedoch nicht auf die Kleidung, sondern schließe die gesamte soziale Geschlechterrolle ein. Die Transvestiten leben »und zwar oft unter nicht geringen Schwierigkeiten und Gefahren längere oder kürzere Zeit *die Rolle der Frau* [...]« (ebd., S. 162, H. i. O.).

Typischerweise äußere sich die Neigung für die Rolle des »anderen« Geschlechts bereits in der Kindheit, später auch im Berufswunsch, den Freizeitbeschäftigungen, der Gestaltung der häuslichen Umgebung und nicht zuletzt in der Stellung beim Geschlechtsverkehr; männliche Transvestiten würden beim Sex die »passive« Rolle der Frau bevorzugen, weibliche die »aktiv männliche« (ebd., S. 164–168). Da sich der »andersgeschlechtliche Einschlag« auf die Psyche beschränke, handle es sich bei den Transvestiten um Zwischenstufen der Seele. Ihre

---

Hirschfeld hatte sie von ihm übernommen. Bei Bloch sind sie jedoch weit ausführlicher dargestellt. Über die 17 Fälle hinaus kannte Hirschfeld acht weitere, deren Anamnesen jedoch noch nicht abgeschlossen waren. (Hirschfeld 1910, S. 179)

soeben beschriebenen vielfältigen Charakteristika strukturieren später ebenso ihre biografischen Selbstkonstruktionen wie auch Hirschfelds Gutachten über sie.

Abb. 8: »Einer der transvestitischen Männer aus dem kasuistischen Teile der ›Transvestiten‹ in Straßentoilette«, so die Legende zum Foto aus dem illustrierten Begleitband von Hirschfeld und Tilke *Der erotische Verkleidungstrieb*. Diese Atelieraufnahme wurde – wie viele andere dieser Abbildungen – Hirschfeld von einem der beschriebenen Transvestiten zum Zwecke der Veröffentlichung zur Verfügung gestellt. Die Abbildung bekräftigt dessen These, wonach Transvestiten in der Öffentlichkeit nicht auffallen.

3.3 Die Körper

Da sich aus der Kategorie der Transvestiten später jener Personenkreis herausschält, den wir heute als Transsexuelle bezeichnen, soll auf ihr Verhältnis zum eigenen Körper eingegangen werden. Hirschfeld stellt allen in die Kasuistik aufgenommenen Personen eine Beschreibung seiner Körperexploration unter der Überschrift »status praesens« voran. Besonderes Augenmerk legte er auf vermeintliche Zeichen der Mischgeschlechtlichkeit bei Haar (Bart, Körper- und Kopfhaar), Brust, Haut, Becken sowie Händen und Füßen. Dabei war er sich des

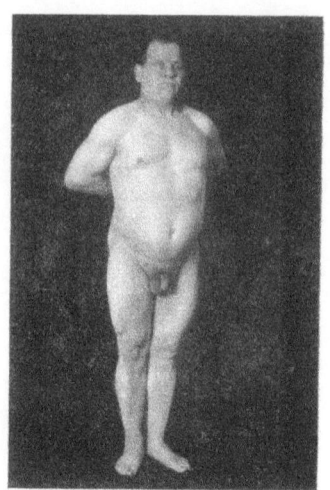

Fig. 1. Als junger Zeitungsverkäufer.

Fig. 2. In nudo.

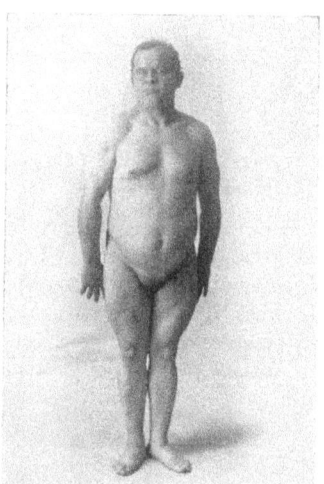

Fig. 3. Als nackter Transvestit.

Fig. 4. In seinem Frauenkostüm.

Abb. 9: Bei diesen vier Fotos handelt es sich um den in San Francisco lebenden Transvestiten John O. (Fall XIII), der über Helene Stöcker an Hirschfeld geriet. Wahrscheinlich erbat sich Hirschfeld Fotos zur Veröffentlichung – sie korrespondierten miteinander –, vielleicht schickte O. sie ihm auch ungefragt. Die Kombination der Bilder – es handelt sich um die einzigen, einen Transvestiten nackt darstellenden Fotos im Bildband – und die Unterschriften gehen auf Hirschfeld zurück. Obwohl die rechts übereinander gestellten Fotos von den Körperhaltungen – mit den auf dem

Rücken verschränkten Armen – auf einen direkten Vergleich (nackt und bekleidet) angelegt sind, wählte Hirschfeld eine andere Kombination: Dem alten Foto (ca. 1880), das O. als jungen Zeitungsverkäufer zeigt, ordnet er dessen männliche Körperinszenierung »in nudo« – er ist nunmehr 47 Jahre alt – zu. Die Männlichkeit wird durch den kontrastierenden schwarzen Hintergrund und die gleichmäßige Ausleuchtung des Körpers sowie das deutlich sichtbare Geschlecht betont. Dem Foto im »Frauenkostüm« ist die weibliche Körperinszenierung – »als nackter Transvestit« – an die Seite gestellt. Der Eindruck einer gewölbten Brust wird durch das Licht von oben, der runden Hüften durch das Zusammenpressen der Schenkel – um den Penis zu verbergen – hergestellt. Vor dem hellen kontrastarmen Hintergrund erscheint der Körper weicher und damit weiblicher. Sich dennoch der tatsächlichen Unzulänglichkeiten in der Wirkung der »weiblichen« körperlichen Darstellung bewusst, beklagte sich O., dass er »keine besseren Brüste und Hüften hatte« (Hirschfeld 1910, S. 107).

Wunsches der Transvestiten bewusst, ihr Körper möge dem ersehnten Geschlecht entsprechen (Abb. 9). Wunsch und Empirie vergleichend resümiert er:

Vielfach bilden sich zwar Transvestiten vor dem Spiegel stehend ein, ihre Formen seien weicher und weiblicher, wie die gewöhnlicher Männer; aber ihre meist rauhe Haut, die behaarte Brust, der starke Bartwuchs, der schlanke, oft sehnige Körperbau, die straffen Linien und Züge, die tiefe Stimme zeigen, dass es sich um eine angenehme *Selbsttäuschung* handelt, die übrigens keine tiefgehende ist, auch nicht den Charakter einer Wahnidee trägt; sie wissen ganz genau, dass ein Widerspruch zwischen ihrem Körper und ihrer Seele klafft. Deshalb ist es auch nur zu begreiflich, dass die meisten von ihnen wünschen, als Weib geboren zu sein (...). (ebd., S. 166, H. i. O.)

Zwar würden manche männlichen Transvestiten ein wenig nachhelfen, um sich physisch ihrem Wunschgeschlecht zu nähern, indem sie in Fistelstimme sprechen, sich glatt rasieren oder die Haare lang wachsen lassen. Doch gehen ihre Bemühungen nicht darüber hinaus: Von keinem der bei Hirschfeld Porträtierten ist der Wunsch nach kosmetischen oder sexualchirurgischen Operationen überliefert. Auch finden sich keine Versuche von Transvestiten, ihren Körper diesbezüglich selbst zu verändern.

3.4 Die Sexualität

Hirschfeld hatte, wie gesagt, um 1900 Cross-Dressing als typischerweise Homosexuellen zukommende Eigenschaft beschrieben und 1906 erstmals

---

[3] Möglicherweise handelt es sich bei dem Kürzel W. S., dem Autor von »Der Weibmann auf der Bühne«, um W.[illibald] von S.[adler-Grün].

zwischen homo- und heterosexuellen Cross-Dressern unterschieden. Und obwohl es im Umfeld des Wissenschaftlich-humanitären Komitees genug homosexuelle Männer gab, die sich – nicht nur auf Bällen – in Frauenkleidern präsentierten, erwähnt seien nur Hermann von Teschenberg (Abb. 10) und Willibald von Sadler-Grün[3], wählte Hirschfeld für seine siebzehn Fälle umfassende Kasuistik ausschließlich jene aus, die weder gleichgeschlechtliche Neigungen aufwiesen noch über entsprechende Erfahrungen verfügten. Dabei kannte er zu diesem Zeitpunkt auch weitere homosexuelle Transvestiten persönlich, wie unter anderem aus Band II seiner *Sexualpathologie* hervorgeht. Dort porträtiert er beispielsweise zwei solche Fälle, die ihm seit 18 beziehungsweise 15 Jahren – also schon in der Zeit, als er *Die Transvestiten* schrieb – »spezialärztlich bekannt« sind.[4]

Abb. 10: Im illustrierten Begleitband zu *Die Transvestiten* verwenden die Autoren zur Darstellung von »Transvestiten aus aristokratischen Kreisen« auch ein mit der knappen Bildunterschrift versehenes Foto »Hermann Freiherr von Teschenberg«. Von Teschenberg, hier in einer damals modernen Neorokokoinszenierung zu sehen, ist der einzige bekennende Homosexuelle aus dem Wissenschaftlich-humanitären Komitee dieser Zeit. Freilich wurde seine Homosexualität weder in der Bildlegende noch im Text erwähnt. Dabei hatte von Teschenberg Hirschfeld das Foto mit folgendem Satz gewidmet: »Durchdrungen von der Richtigkeit der Werte Ihrer Bestrebungen, nicht aus Eitelkeit oder unlauteren Motiven, stelle ich Ihnen das Bildnis, welches meine wahre Natur enthüllt, nebst meinem Namen zur Veröffentlichung gern zur Verfügung« (Hirschfeld 1930a, S. 624).

---

[4] Vgl. dazu Hirschfeld 1918, S. 156, der »Fall K.« und 157 der »Fall L.«.

Hirschfeld beschreibt den Transvestitismus zunächst ausschließlich als heterosexuelles Phänomen. Der Sexualtrieb richte sich »in fast allen Fällen *entsprechend der körperlichen Konstitution sogleich auf eine Person des entgegengesetzten Geschlechts.* Den Gedanken an Homosexualität weisen fast alle diese Personen von sich, vielfach mit deutlichen Kundgebungen contrainstinctiven Abscheus« (ebd., S. 167–168, H. i. O.).

Von den 16 transvestitischen Männern sind 9 verehelicht, 7 Väter, 2 haben sogar *zwei*mal Liebesheiraten geschlossen, auch die 7 ledigen ejakulieren normal [d. h. bei heterosexueller und nicht bei homosexueller Betätigung]; der weibliche Fall ist ebenfalls verheiratet, menstruiert regelmäßig und hat geboren. (ebd., S. 167, H. i. O.)

Bei den Transvestiten sei die Effemination das primär Treibende, ein unmittelbares Resultat ihres »Umkleidungstriebes«, im Unterschied zu den Homosexuellen, bei denen die »Verweiblichung« erst nach dem Bewusstwerden des erotischen Männerbegehrens sekundär entstehe –, indem sie versuchten, sich für ihre männlichen Sexualobjekte attraktiv zu machen (ebd., S. 181).

Das Tragen der bevorzugten Kleidung hatte nach Hirschfelds Auffassung aber nicht nur den eingangs beschriebenen beruhigenden Effekt bei den Transvestiten, sondern beinhalte auch eine erotische Komponente. Transvestiten empfänden eine mehr oder weniger starke sexuelle Erregung beim Anlegen der entsprechenden Kleidungsstücke, weshalb er seiner Studie den Untertitel »Eine Untersuchung über den erotischen Verkleidungstrieb« gab. Er stellte sich diese Erotisierung im Sinne einer »Spaltung der Persönlichkeit« dergestalt vor, »dass *der männliche Teil in der Psyche dieser Menschen sich an ihrem weiblichen Teil sexuell errege,* dass sie sich *nicht nur zu dem Weibe ausser sich, sondern mehr noch zu dem Weibe in sich hingezogen fühlen*« (ebd., S. 179, H. i. O.). Bereits einige in seiner Kasuistik beschriebene Fälle versicherten jedoch, dass das Anlegen der entsprechenden Kleidung keine sexuellen Sensationen evoziere, was Hirschfeld zunächst als »irrtümliche Auffassung« (ebd., S. 178) abtat. Erst als sich herausstellte, dass die Kleidung nur für einen Teil der männlichen Transvestiten sexuelle Bedeutung hatte, erwies sich Hirschfelds Verallgemeinerung als unzulässig. Ungeachtet dessen blieb der Untertitel seiner Monografie »Eine Untersuchung über den erotischen Verkleidungstrieb« auch in der textidentischen zweiten Auflage von 1925 erhalten.

Auf der lebenspraktischen Ebene waren die heterosexuellen Transvestiten, wie auch die Ehefrauen der Verheirateten unter ihnen, Hirschfeld für die Beschreibung des Transvestitismus als primär heterosexuelles Phänomen sehr dankbar, wie er verschiedentlich erwähnt:

Nach der Veröffentlichung meiner Transvestiten haben mich wiederholt Ehepaare aufgesucht, die mir über diese Feststellung ihren besonderen Dank aussprachen, da durch sie ein wesentlicher Grund des Misstrauens gegen ihren Gatten beseitigt sei; auch später in Briefen haben sich Ehefrauen von Transvestiten ähnlich ausgesprochen. (Hirschfeld 1924, S. 43)

Auf theoretischer Ebene hatte die Etablierung der Transvestiten als heterosexuelles Phänomen zwei Effekte. Die bereits erwähnte Abspaltung »extremer« Weiblichkeit von der Homosexualität war sicherlich ein Aspekt für ihre Auslagerung als Sonderkategorie. Das wird auch durch Hirschfelds Bemühen bekräftigt, die den Homosexuellen zugeschriebene Weiblichkeit herunterzuspielen:

Man muss den Satz: *nicht alle Homosexuellen sind effeminiert* dahin erweitern *und nicht alle Effeminierten homosexuell*. [...] Nach meiner bisherigen Erfahrung habe ich den Eindruck, als ob bei 50-60% der Homosexuellen die virilen Eigenschaften *prävalieren*. [...] Unter diesen ca. 50% femininer gearteten Homosexuellen ist der weibliche Einschlag natürlich auch noch nach Art und Stärke sehr verschieden und steigert sich wohl kaum bei 10% unter ihnen zu dem Drange, weibliche Garderobe anzulegen; im Gegenteil, der Mehrzahl der Homosexuellen, nicht nur der virileren, ist die Verkleidung direkt unsympathisch. (Hirschfeld 1910. S. 188-189, H. i. O.)

Mit der Konstruktion der Transvestiten als heterosexuelles Phänomen führte Hirschfeld jedoch gleichzeitig den so dringend benötigten Nachweis, dass die sexuellen Zwischenstufen mehr Gruppen umfassen als Hermaphroditen und Homosexuelle, also auch Formen der Heterosexualität.[5] Das hatte er bis dahin theoretisch zwar behauptet, aber nicht hinreichend empirisch belegen können. Bereits in der Einleitung schreibt Hirschfeld, dass das Studium der sexuellen Zwischenstufen »immer wieder neue Mischungsarten, neue Typen« ans Licht bringe. So musste der Forscher darauf gefasst sein, »daß er schließlich auch Männern und Frauen begegnen würde, die *trotz* völlig normalsexueller Triebrichtung psychisch starke Einschläge des anderen Geschlechts aufweisen würden, aber, obwohl ich selbst diese theoretische Möglichkeit hervorgehoben habe, befremdete es mich doch, als ich bei meinem Zwischenstufenstudium jene

---

[5] Mit der Einführung der Kategorie des Metatropismus um 1918, mit der Hirschfeld Krafft-Ebings Konzepte des Sadismus und Masochismus gleichzeitig ersetzen wollte, verfolgte er dieselbe Strategie, allerdings weit weniger erfolgreich. Unter »Metatropismus« verstand er eine Verkehrung der Geschlechtsrollen. Metatrope Männer seien psychisch weiblich, also »passiv« und »submissiv«, metatrope Frauen psychisch männlich, also »aktiv« und »dominant«. Im metatropen Paar ergänzten sich idealerweise der »devote« Mann und die »herrische« Frau. Vgl. dazu: Hirschfeld 1918, S. 224ff. Dieses Konzept wurde nur vom engsten Mitarbeiterkreis seines Instituts für Sexualwissenschaft übernommen.

seltsamen Menschen genauer kennen lernte, von denen in dieser Arbeit die Rede sein soll« (ebd., S. 4-5, H. i. O.).

Erst mit der Konzeption des Transvestitismus als heterosexuelles Phänomen und der Integration (als Zwischenstufen der Seele/Psyche) in die »Zwischenstufentheorie« löste Hirschfeld deren Anspruch als Deutungsrahmen der Geschlechter ein. Hätte er die homosexuellen Transvestiten in seinem Konzept, wie später in der *Sexualpathologie*, von Anfang an berücksichtigt, wäre er Gefahr gelaufen, sie als Untergruppe an die Homosexuellen zu binden, statt sie von ihnen abzulösen. Die Anerkennung der Transvestiten als eigenständige Kategorie war demnach ein weiterer wesentlicher Baustein für die wissenschaftliche Akzeptanz seines Lehrsatzes von der Universalität der Mischgeschlechtlichkeit und damit der »Zwischenstufentheorie«. Daher ist es kein Zufall, dass Hirschfelds Monografie ein Kapitel »Die Zwischenstufentheorie« enthält, das sich auch zeitgleich als Separatveröffentlichung findet (Hirschfeld 1910, S. 275-299; Hirschfeld 1910a).

3.5 Die Frauen

Eine weitere Besonderheit von Hirschfelds Entwurf der Transvestiten, die er stillschweigend übergeht, ist die ungleiche Berücksichtigung der Geschlechter. Obwohl er den Begriff so wählte, dass auch die Begriffsbildung »Transvestitin«[6] möglich ist, fällt schon in seiner Kasuistik das zahlenmäßige Ungleichgewicht auf: 16 Männer und eine Frau. Im *Jahrbuch für sexuelle Zwischenstufen* und den *Monatsberichten des Wissenschaftlich-humanitären Komitees* findet sich eine überbordende Fülle von Berichten über Frauen, die für kürzere oder längere Perioden Männerkleidung trugen oder gar ihr ganzes Leben als Mann verbrachten. Bei Letzteren wurde das »wahre« Geschlecht oft erst nach dem Tode festgestellt – in der neueren Literatur werden solche Personen, wie erwähnt, als »Passing Women« bezeichnet. Die gesammelten Belege finden sich sowohl im kritischen als auch im ethnologisch-historischen Teil von Hirschfelds Monografie, jedoch nur ein einziges Beispiel in der Kasuistik.

Geertje Mak versucht zu begründen, warum Hirschfeld Frauen in seiner Monografie zu kurz kommen ließ. Sie stellt folgenden Zusammenhang her:

---

[6] »Das Wort hat den Vorzug der Wandlungsfähigkeit, man kann die Neigung bei *beiden* Geschlechtern als *transvestische* [sic] bezeichnen, ein Mann, der den Verkleidungstrieb hat, wäre ein *Transvestit*, eine Frau eine *Transvestitin*, die Erscheinung selbst könnte *Transvestitismus*, die Vornahme der Verkleidung *Transvestitur* [...] genannt werden.« (Hirschfeld 1910, S. 300 H. i. O.) An vielen Stellen des Textes wird jedoch deutlich, dass Hirschfeld, wenn er von Transvestiten spricht, nur Männer meint.

Im Zentrum der im 19. Jahrhundert einsetzenden Emanzipationsbewegungen der Frauen stand die Partizipation an Männern vorbehaltenen Domänen, vor allem an Berufstätigkeit und Politik. »Aber die radikalen Exponenten der Frauenbewegung benutzten bis zu Anfang des Ersten Weltkriegs öffentlich ›männliche‹ Symbole als radikales Zeichen ihres Feminismus.«[7] Nach geschlechtlicher Gleichberechtigung strebende Frauen, die sich politisch und/oder beruflich betätigten, verwendeten als Ausdruck ihrer Gesinnung einige als »männlich« geltende Attribute: Kleidungsstücke wie Hose, Überzieher und/oder Hut, kurz geschnittene Haare, den so genannten Bubikopf, auch Kneifer oder Monokel; außerdem rauchten manche Zigarren oder wenigstens Zigaretten, tranken Schnaps und Bier. Es ist keine Ausnahme, dass sie deshalb mit dem Gesetz in Konflikt gerieten, wie beispielsweise die Frauenrechtlerin Anita Augspurg. Weil sie mit ihrem Auftreten in Weimar einen Menschenauflauf provozierte, sollte sie von einem Polizeiwachtmeister arretiert werden.[8] Diese Verwendung konventionell männlicher Elemente war ein Zeichen politischen Selbstverständnisses und kein Ausdruck einer sexuellen Vorliebe oder eines psychischen Dranges, dem die Frauen damit nachgaben.

Zu Beginn des 20. Jahrhunderts zeichnete sich aber auch ein breiter Wandel in der Mode ab. Es begann der Aufstieg der so genannten Frauenhosen, und zwar nicht nur als Berufs- und Sportkleidung, sondern auch in der Freizeit (Wolter 1994, insbesondere das Kapitel »Frauenhosen exklusiv: Ein öffentliches Ärgernis wird Mode«, S. 222–247). Dieser Aufstieg verlief freilich gegen zahlreiche Widerstände. So wurde beispielsweise 1911, also ein Jahr, nachdem Hirschfeld seine Monografie veröffentlichte, Tilly Bauer – einer Kabarettistin – von der Dresdener Polizei das Tragen eines Hosenrockes auf der Bühne verboten (Berliner Tageblatt 1911a). Es liegt auf der Hand, dass Frauen, die Hosen trugen, nicht aus innerer Neigung handelten, sondern einem Trend folgten, der selbstredend auch Ausdruck der Emanzipiertheit war.

Zur Differenzierung der verschiedenen Motive für das Tragen männlicher Symbole spricht Mak hier von »impliziter Männlichkeit« im Unterschied zur »expliziten«, die homosexuelle Frauen an den Tag legten; denn männliche Attribute hatten auch eine Konnotation als Symbole sexueller Präferenz. Selbstverständlich gab es auch homosexuelle Frauenrechtlerinnen, überhaupt stand die gesamte Frauenbewegung im Ruf, lesbisch unterwandert zu sein (vgl. Leidinger 2003, Schmersahl 1998, S. 335–344).

---

[7] Angemerkt sei nur, dass dies auch nach dem Ersten Weltkrieg zutrifft (Mak 1998, S. 157).

[8] Diesen und andere »Fälle« listet Hirschfeld im Kapitel »Verkleidung und Gesetz« auf, ohne die Personen als »Transvestitinnen« zu bezeichnen (Hirschfeld 1910, S. 347ff.).

Dass sich die Frauenrechtlerinnen nicht an Hirschfeld wandten, um in seine Kasuistik der Transvestiten aufgenommen zu werden oder sich ihre männliche Garderobe sanktionieren zu lassen, bedarf keiner weiteren Erklärung. Im Unterschied zu ihnen gab es jedoch eine Reihe homosexueller Frauen, die Hirschfeld gerade wegen ihrer Präferenz für Männerkleider um praktischen Beistand ersuchten. Dazu ein Beispiel: »Fräulein Katharina T., geb. 1885 zu Berlin, hat in einer Eingabe das Kgl. Polizei-Präsidium gebeten, keinen Einspruch dagegen zu erheben, daß sie in männlicher Kleidung gehe und sich einen männlichen Vornamen beilege« (Hirschfeld 1910, S. 192-193). Katharina T. war offenbar eine selbstbewusste homosexuelle Frau, die sich schon in frühester Kindheit nur für Mädchen interessiert hatte. »Frl. T. fühlt sich vollkommen als Mann, besonders im Zusammensein mit weiblichen Personen« (ebd., S. 194, H. i. O.). Tatsächlich wurde ihr aufgrund eines gemeinsamen Gutachtens[9] von Magnus Hirschfeld – der mit ihr persönlich zum Polizeipräsidium ging – und dem Psychoanalytiker Karl Abraham »zunächst interimistisch mündlich, dann auch vom Polizeipräsidenten *von Stubenrauch* schriftlich die Erlaubnis erteilt, in Männerkleidern weiter gehen zu dürfen« (ebd., S. 198). Es ist übrigens die erste Genehmigung dieser Art, wie sie später nach demselben Prozedere noch häufig erteilt wird. Da Ernst von Stubenrauch von 1908 bis zu seinem Todesjahr 1909 Polizeipräsident von Berlin war, muss das Gutachten in diesem Zeitraum entstanden sein. Obwohl in keiner Primärquelle eine Bestätigung dafür zu finden ist, wird in einer Rezension behauptet, von Stubenrauch habe einen entsprechenden »Erlass« verabschiedet (Neumann 1910, S. 595). Der Bitte jener Frau nach Änderung des Vornamens wurde nicht stattgegeben.

Katharina T. wurde von Hirschfeld, wie andere ähnliche Fälle auch, nicht in seine Kasuistik aufgenommen, weil sie seiner Intention zuwider lief, Transvestitismus als heterosexuelles Phänomen zu definieren. Er kannte schlicht keine heterosexuellen Frauen, die seiner Konstruktion entsprachen und einen unwiderstehlichen Drang verspürten, Männerkleidung zu tragen.

Auf einer weiteren Ebene argumentiert Mak sehr überzeugend, dass sich die »Passing Women«, zu denen schließlich auch die einzige von Hirschfeld porträtierte Transvestitin zählte, sowohl seinem biografisierenden Diagnosemuster dieser Passion als auch den psychischen Exkursen über die Neigung entzogen. Während die Männer versuchten, sich ausführlich selbst zu erklären, und jede psychische Regung wortreich schilderten, sind derartige Mitteilungen von Frauen nicht überliefert. So blieb Hirschfeld nur Katharina T., die – mit einigem Verbiegen und Weglassen – in sein Konzept der heterosexuellen Transvestiten passte. Bezeichnenderweise hatte sie sich nicht – wie die männlichen Transvestiten – selbst an

---

[9] Dort findet sich auch das gesamte gemeinsam erstellte Gutachten im vollen Wortlaut.

Hirschfeld gewandt, sondern wurde, nachdem die Polizei sie aufgriff, von einem nunmehr hinzugezogenen Kollegen, dem Arzt Dr. med. Lubowski, an ihn überwiesen (Hirschfeld 1910, S. 5 und 117). Bezeichnend ist weiterhin, dass sich diese Frau, über die übrigens zuvor schon in den *Monatsberichten des Wissenschaftlichhumanitären Komitees* berichtet worden war (Monatsberichte 1905, S. 13), dem medizinischen Zugriff entzog und nach Hirschfelds Exploration einfach verschwand, während die Mehrzahl der männlichen Transvestiten auch weiterhin Kontakt zu ihm hielt. Letztlich passte aber auch diese Frau nicht so recht in seine Konstruktion, denn sie wiederholt mehrfach, dass sie sich an verschiedenen Orten »eine Braut« (ebd., S. 124) angeschafft habe.

Hirschfeld kannte auch noch weitere homosexuelle Transvestitinnen. Die erste Transvestitin beschrieb er bereits in *Berlins Drittes Geschlecht* (Hirschfeld 1904, S. 11). Auch anlässlich der Vorstellung einiger Transvestiten vor Sexologen in Hirschfelds Wohnung, über die Paul Näcke berichtet, werden zwei weitere homosexuelle Frauen erwähnt. Näcke nennt die eine »ein homosexuelles Weib, das seit 30 Jahren ununterbrochen männliche Kleidung trug«. »Nach dem Tode ihres Mannes eröffnete sie eine Kneipe und hatte, wie sie sagte, nie mit der Polizei wegen ihrer Kleidung Konflikt gehabt, obgleich sie als Transvestitin in der ganzen Gegend bekannt war.« Bei der Kneipe könnte es sich um ein Transvestitenlokal gehandelt haben. Denn die zweite, eine Kellnerin, »gleichfalls homosexuell, mit kurz geschorenem Haar, machte dagegen einen ganz knabenhaften Eindruck; sie geht sehr oft als Junge angezogen und erschien in der Tat sehr bald auch als ein solcher, mit langen Hosen und Jackett. Ihr Wesen war gemein, im Gegensatz zur Wirtin. Sie besaß seit vier Jahren ein homosexuelles Verhältnis« (Näcke 1912, S. 239-240).

Hirschfeld hätte sich im Hinblick auf das geschlechtliche Ungleichgewicht des Transvestitismus aber auch ganz anders aus seinen Erklärungsnöten helfen können. Es hätte genügt, darauf hinzuweisen, dass es sich beim heterosexuellen Transvestitismus nicht um einen einfachen Parallelismus handelt, nach dem sich bei Frauen alles genauso wie bei Männern verhalten müsste, nur umgekehrt.

3.6 Die Gegenprobe

Im kritischen Teil seiner Arbeit überprüft Hirschfeld mittels »Differentialdiagnose«, also im Ausschlussverfahren, alle in der Sexualpathologie gängigen Erklärungen für den Transvestitismus: Monosexualität,[10] Homosexualität, Fetischismus, Masochismus, Paranoia. In der Zusammenfassung heißt es dazu knapp:

---

[10] Das ist ein von Hermann Rohleder eingeführter Begriff für Personen, die sich selbst als Sexualobjekt genügen.

[...] so sahen wir, dass die Transvestiten sich von den *Monosexuellen* dadurch unterscheiden, dass sie über sich selbst hinaus zu einer *zweiten* Person sich hingezogen fühlen, von den *Homosexuellen* dadurch, dass diese Person dem *anderen* Geschlecht angehört, von den *Fetischisten* dadurch, dass sie die Kleidung nicht so sehr an der zweiten Person oder isoliert *wie an sich selbst* lieben, um sich durch sie möglichst das Aussehen des anderen Geschlechts zu geben, von den *Masochisten* dadurch, dass ihre passivistischen Gedanken und Wünsche zumeist *nicht stärker* sind, wie es ihre Weiberrolle erfordert, von den *Paranoikern* endlich dadurch, dass sie genau *wissen*, dass sie dem anderen Geschlecht *nicht* angehören, so sehr sie sich auch das Ansehen dieses Geschlechts zu geben wünschen. (Hirschfeld 1910, S. 252, H. i. O.)

Die Diskordanz des Cross-Dressing mit den gängigen sexualpathologischen Zuordnungen brachte Hirschfeld schließlich – neben den genannten Gründen – dazu, den Transvestitismus als eigenständige neue Zwischenstufenkategorie (ebd., S. 299) zu etablieren. Seine Ätiologie sei ebenso unklar wie die anderer Zwischenstufen. Transvestitismus sei auch nicht als Krankheit anzusehen, sondern als »sexuelle Variation«. Weil die Prognose für eine psychotherapeutische Behandlung[11] ungünstig und die Neigung an sich »harmlos« ist, empfiehlt Hirschfeld den Transvestiten, »dem Triebe gelegentlich nachzugeben« (ebd., S. 302).

3.7 Juristische Hürden

Diese Empfehlung war angesichts der in Deutschland bestehenden gesetzlichen Regelungen nicht unproblematisch. Denn wenn Transvestiten auf der Straße als Frauenkleidung tragende Männer oder Transvestitinnen als Männerkleidung tragende Frauen erkannt wurden und öffentliches Aufsehen erregten, konnten sie sistiert und zur Rechenschaft gezogen werden. Die rechtliche Situation war laut Eugen Wilhelm, Hirschfelds Gewährsmann in juristischen Fragen, folgende:

Im Strafgesetzbuch existiert kein Paragraph, welcher das Anlegen von Kleidern, welche dem wahren Geschlecht nicht entsprechen, oder das Ausgehen in solchen Kleidern mit Strafe belegt. [...] Demnach kann auch nur aufgrund des Paragraph 360/11 StGB wegen groben Unfugs eingeschritten werden.
Dieser Paragraph setzt aber eine Belästigung des Publikums, eine Störung der Öffentlichkeit voraus. Daher kann das Anlegen von Kleidern, die dem eigenen Geschlecht

---

11 Doch dass Hirschfeld die Notwendigkeit einer therapeutischen Behandlung im Sinne einer Korrekturbedürftigkeit überhaupt in Betracht zog, verweist auf eine zumindest tendenzielle Pathologisierung.

widersprechen, an und für sich, also namentlich in geschlossener Gesellschaft, nicht als grober Unfug bestraft werden, ferner aber auch nicht einmal das Ausgehen in solchen Kleidern, sofern dies dem Publikum gar nicht auffällt und keine Ärgerniserregung, kein unliebsames Aufsehen usw. in der Öffentlichkeit entsteht. Von diesen Grundsätzen geht auch, wie mir von den Herren Kriminalkommissaren der Sittenabteilungen beim Berliner Polizeipräsidium mitgeteilt wurde, sowohl die Berliner Polizei als auch die Amtsanwaltschaft bei den Berliner Gerichten aus, namentlich bei der Verfolgung der in falschen Kleidern promenierenden homosexuellen Männer oder Frauen [...].[12] (Wilhelm 1909, S. 54–55)

Da der im WhK aktive Wilhelm seine Abhandlung vor der Veröffentlichung von Hirschfelds Monografie schrieb, bezeichnet er die Cross-Dresser noch nach der gängigen Terminologie als »homosexuelle Männer und Frauen«.

Formal gab es also keine Gesetze, die das Tragen der Kleidung des anderen Geschlechts reglementierten; aber vor allem, weil nicht alle Transvestiten oder Transvestitinnen in der Öffentlichkeit als Frauen respektive Männer durchgingen (vgl. Abb. 8 und 11), kam es nicht selten zu Sistierungen durch die Polizei, oft nachdem sich Menschenaufläufe gebildet hatten.

Einen Eindruck vom Ausmaß dieser Festnahmen und den regelmäßig folgenden Anklagen wegen »groben Unfugs« und »Erregung öffentlichen Ärgernisses« geben die Berichte »Männer als Frauen und Frauen als Männer« im *Jahrbuch für sexuelle Zwischenstufen* und in den *Monatsberichten des Wissenschaftlich-humanitären Komitees*, die Hirschfeld als Belege anführt (Hirschfeld 1910, S. 345ff.).

Auch in den in der Folgezeit veröffentlichten Lebensläufen von Transvestiten und den entsprechenden ärztlichen Gutachten wird der behördliche Umgang mit ihnen sowie die Rechtspraxis deutlich. Um die vielen Transvestiten, die wegen ihrer Neigung immer wieder in die Mühlen von Polizei und Justiz gerieten, vor Anzeigen und Anklagen zu schützen, schlägt Hirschfeld vor:

[...] Daß man die Erlaubnis, die Tracht des anderen Geschlechts öffentlich anlegen zu dürfen, von einem Gesuch abhängig macht, das die Personen, welche dies wünschen, der Polizei einzureichen haben [...]. Das Ansuchen müsste die Gründe enthalten, auf die sich die Forderung stützt, in den meisten Fällen wird sich die Beifügung eines ärztlichen Attestes und einer Photographie in männlicher und weiblicher Kleidung empfehlen. (ebd., S. 363)

Dieser Vorschlag setzte sich in den folgenden Jahren durch.[13] Aufgrund eines

---

[12] Hirschfeld zitierte Wilhelm ausführlicher als die hier wiedergegebene Stelle (Hirschfeld 1910, S. 344–346).

Transvestiten, die sich als Balleteusen am wohlsten fühlen.

Abb. 11: Eine von Hirschfeld veröffentlichte Zusammenstellung von Privatfotos dreier sich als Ballerinen inszenierender Männer mit der Bildlegende: »Transvestiten, die sich als Balleteusen am wohlsten fühlen«. Besonders der oben und der unten links Abgebildete dürfte, entgegen Hirschfelds Behauptung, in der Öffentlichkeit schwerlich als Frau durchgegangen sein.

Gesuches der antragstellenden Person, eines beigefügten befürwortenden ärztlichen Gutachtens und eines Passfotos wurde ein entsprechendes Schreiben von der Polizei ausgestellt. Die bereits erwähnte Katharina T. war die erste, die mit diesem Verfahren Erfolg hatte.

Doch weil es, wie Eugen Wilhelm schrieb, gesetzlich nicht verboten war, die Kleidung des »anderen« Geschlechts zu tragen, konnte auch keine entsprechende polizeiliche »Erlaubnis« – wie derartige Schreiben von Hirschfeld und anderen irrtümlich immer wieder genannt wurden – ausgestellt werden. Den Status einer »Erlaubnis« bekommen die entsprechenden Schreiben tatsächlich erst durch eine Dienstanweisung des zuständigen Kommissariats der Kriminalpolizei 1922, doch dazu später. Zunächst wurde einzelnen Transvestiten die polizeiliche Zurkenntnisnahme ihrer Neigung auf der Grundlage ärztlicher Gutachten lediglich schriftlich bestätigt. Inhabern des Schriftstückes wurde nichts weiter attestiert, als dass die Polizei von ihrer Eigenart, Kleider des anderen Geschlechts zu tragen, unterrichtet sei und sie keinen Unfug treibe, wenn sie so aufgegriffen werde.[14]

In den ersten entsprechenden Schreiben des Berliner Polizeipräsidiums, wie dem, das 1911 auf das Gesuch einer 24jährigen Frau aus Berlin-Friedenau ausgestellt und sogleich in einer Zeitung veröffentlicht wurde, heißt es dementsprechend:

> Auf Ihr Gesuch betreffend das Tragen von Männerkleidern erwidere ich Ihnen ergebens folgendes: Nach dem Gesetz und der Rechtsprechung der Gerichte ist das Tragen von Männerkleidern durch eine Frau nur strafbar, wenn die öffentliche Ordnung zum Beispiel dadurch, dass ein Menschenauflauf entsteht, oder in ähnlicher Weise gestört wird. Wenn Sie also Männerkleidung tragen, so haben Sie vor allen Dingen dafür zu sorgen, dass das Tragen solcher Kleidung zu keinen Misshelligkeiten führt und die *öffentliche Ordnung* dadurch *keineswegs gestört* wird. Nur wenn in letzter Hinsicht ungünstige Tatsachen bekannt würden, müsste Ihnen das Tragen von Männerkleidern verboten werden. (Berliner Tageblatt 1911, o. S., H. i. O.)

Wie dem Text zu entnehmen ist, handelt es sich hierbei nur um eine Art Belehrung der Transvestiten darüber, dass ihnen das Tragen der erwünschten Kleidung ausdrücklich nicht untersagt ist. Das Schreiben enthält aber auch die Empfehlung, die geltenden juristischen Regelungen, besonders in Bezug auf

---

[13] Ein weiterer Vorschlag stammt vom Hamburger Arzt Ralph Pettow. Er plädierte dafür, dass echten Transvestiten der »strafausschließende Grund des § 51 Reichsstrafgesetzbuch zuzubilligen ist« (Pettow 1912, S, 250ff.).

[14] Zur zeitgenössischen Praxis des behördlichen Umgangs mit Transvestiten und deren juristischer Grundlage vgl. Wilhelm 1914, zu den juristischen Regelungen und der entsprechenden Praxis im 19. Jahrhundert, vgl. Haustein 1928/1929.

die Erregung öffentlichen Ärgernisses, zu beachten. Dementsprechend heißt es in einem weiteren Bescheid des Berliner Polizeipräsidenten vom 21. Oktober 1912 für einen männlichen Transvestiten:

> Ich teile Ihnen mit, daß Ihnen das Tragen der weiblichen Kleidung an sich nicht untersagt wird. Sie machen sich jedoch strafbar, sobald Sie durch Ihr Verhalten in Frauenkleidern Aufsehen erregen. (Wilhelm 1914, S. 398)

Wie die Polizei im konkreten Fall der Kontrolle auf das Vorweisen entsprechender Schreiben reagierte, ist nicht überliefert. Es ist jedoch zu vermuten, dass die von der Polizei ausgestellten Schreiben Transvestiten, die dennoch öffentliches Aufsehen erregten, vor der Einleitung juristischer Schritte schützten.

Da die ärztlichen Gutachten Voraussetzung und Grundlage für die von der Polizei ausgefertigten Schreiben bildeten, war die Befürwortung an die sexualwissenschaftliche Beglaubigung des von Hirschfeld definierten Transvestitismus gebunden. Die Transvestiten bekräftigten seine Konstruktion des Phänomens, indem sie ihre Biografien nach dem vorgegebenen Muster beschrieben und ihre Neigung als »unwiderstehlichen Drang« bezeichneten. Die ärztlichen Gutachter bestätigten Hirschfelds Konstruktion, indem sie befürwortende Expertisen ausstellten. Im letzten Gang bestätigte die Polizei wiederum die Zurkenntnisnahme der ärztlichen Diagnose. Damit war der Transvestitismus behördlich anerkannt.

In den Folgejahren diente Hirschfelds Buch vielen Transvestiten als Identifikationsliteratur (Hirschfeld 1918, S. 160) und auch vielen Gutachtern als Referenz. Insofern kann durchaus von einer wechselseitigen, wenn auch asymmetrischen Abhängigkeit von Gutachtern und Begutachteten, von Forschern und Beforschten gesprochen werden. Asymmetrisch deshalb, weil die entsprechenden Gutachten, die die Grundlage der polizeilichen Legitimationsschreiben darstellten, für die Transvestiten von existenzieller Bedeutung waren.

3.8 Der illustrierte Begleitband »Der erotische Verkleidungstrieb«

Obgleich Hirschfeld bereits 1910 angab, »charakteristische *bildliche* Darstellungen, die zur Illustrierung des gegebenen Textes geeignet wären«, zu besitzen, finden sich im Text der Monografie keine Abbildungen. An deren Ende bemerkt er in einer Fußnote fast beiläufig: »Verlag und Verfasser kamen aus verschiedenen Gründen, vor allem auch um den Umfang und Preis des Buches nicht noch mehr erhöhen zu müssen, überein, zunächst von Abbildungen abzusehen« (Hirschfeld

1910, S. I). Hirschfeld stellte jedoch die Veröffentlichung eines Bilderteils oder einer späteren illustrierten Auflage in Aussicht, sofern die Nachfrage entsprechend groß sei. Leser, »die auf die Illustrationen besonderen Wert legen, [...] bitten wir, dies gütigst dem Verleger oder Verfasser mitzuteilen.« Das geschah in ausreichender Zahl, so dass 1912 der Bildband veröffentlicht wurde. Sein Erscheinen ist demnach ein direktes Resultat der Rezeption von Hirschfelds Monografie, deren Entstehung ja wesentlich auf Anregungen der Transvestiten zurückging. In der Einleitung des Bildbandes bedanken sich die Autoren dann auch ausdrücklich bei den Lesern für die entsprechende Unterstützung. Der von Magnus Hirschfeld und Max Tilke – höchstwahrscheinlich ein in der Kasuistik beschriebener Transvestit[15] (Abb. 12) – gemeinsam veröffentlichte Band hatte sowohl die Transvestiten als Zielgruppe, um diesen »verkannten Mitmenschen Verständnis und gerechte Beurteilung zu verschaffen« (Hirschfeld & Tilke, 1912, o. S.), als auch die wissenschaftliche Öffentlichkeit. Er hat deshalb identitätsstiftende und medizinisch-deskriptive Funktionen gleichermaßen.

In dieser Hinsicht unterscheidet sich der Bildband sowohl von vielen zeitgenössischen illustrierten medizinischen Fachbüchern als auch von anderen bebilderten sexualwissenschaftlichen Bänden Hirschfelds, wie beispielsweise der *Sexualpathologie* (1916–1920), die in erster Linie an eine medizinische Fachschaft adressiert waren und der Visualisierung des Kranken oder Abweichenden dienten.

Wie stark das Interesse der Transvestiten war, nachdem sie zunächst beschrieben worden waren, nun auch sichtbar zu werden, lässt sich daran erkennen, dass nicht wenige Hirschfeld Fotos von sich zusandten. Die Fotografie ist schließlich das perfekte Medium zur Darstellung ihrer Neigung, es diente einerseits der Beglaubigung des Gewesenen, andererseits auch der Kommunikation. Dies zeigt, wie täuschend echt die Transvestiten das »andere« Geschlecht zu verkörpern im Stande sind. Hirschfeld sah sich wegen der vielen ihm zugeschickten Fotos veranlasst, ihnen im Vorwort ausdrücklich für die »geeigneten Bildern« zu

---

[15] Max Tilke (1869–1942) wurde nach seinem Malereistudium an der Berliner Akademie um die Jahrhundertwende zunächst als Buchillustrator und Dekorationsmaler, in den 20er Jahren als Autor vielbeachteter historisch-ethnografischer Kostüm- und Trachtenbände über den Orient und Osteuropa bekannt. Teile der von ihm im Auftrag des russischen Zaren auf Reisen angefertigten Kostümzeichnungen befinden sich heute in der Lipperheideschen Sammlung der Berliner Kunstbibliothek. Einige auffällige Übereinstimmungen von Daten und Fakten verschiedener biografischer Einträge über Tilke (Vollmer 1939, Hergemöller 2001) mit denen einer entsprechenden Fallbeschreibung unterstützen die Vermutung des Hirschfeldpatienten Gerd Katter, der in seinem Exemplar von *Die Transvestiten* an den Rand von Seite 54 hinter Fall VI »Max Tilke?« schrieb. Hirschfeld hatte Tilke, der zweimal verheiratet und Vater einer Tochter war, im Rahmen seiner Kasuistik vor 1910 kennen gelernt

danken. Die Zahl muss so groß gewesen sein, dass die Autoren mit dem Verlag übereinkamen, bei entsprechendem Interesse »jährlich einen weiteren Band« zu veröffentlichen, »da das bisher publizierte Bildmaterial nur einen Bruchteil des uns bereits jetzt zur Verfügung stehenden Materials bildet« (Hirschfeld & Tilke 1912, Vorwort, o. S.). Weitere Bände erschienen aber nicht, vielleicht weil Max Tilke 1912 als Professor für Trachtenkunde nach Tiflis berufen worden war.

Abb. 12: Bei dem Abgebildeten handelt es sich möglicherweise um Hirschfelds Koautor Max Tilke, den Fall VI seiner Kasuistik, die Bildunterschrift lautet »Ein bekannter Berliner Künstler in Frauenkleidern«.

Da die meisten im Bildband reproduzierten Fotografien von Transvestiten selbst stammen, ist davon auszugehen, dass sie nicht als »medizinische Inszenierungen« entstanden, sondern als selbstinszenierte Fotos, um die Neigung ins »rechte Licht« zu rücken. Der Blick auf die Abgebildeten ist daher kein

---

und ihn dort mit einer nicht gerade vorteilhaften Pathografie porträtiert. Tilke kolportiert in einem Brief von 1939, dass er infolge seines »Kostümfimmels« auch ironisch »Schah von Perversien« genannt wurde (Ich danke Andreas Sternweiler für diese Information). In einem biografischen Eintrag heißt es: »T. fühlte sich in der Gesellschaft von Transvestiten am wohlsten und liebte es, Damenkleider anzulegen« (Hergemöller 2001, S. 692–693). Wahrscheinlich enthält auch der Bildband ein Foto Tilkes, und zwar auf Tafel XXIII (Abb. 12). In der Kasuistik beschreibt ihn Hirschfeld als »Künstler von Ruf« (S. 54).

nosologisch gelenkter, sondern ein spiegelnder. Vielleicht kann man zu ihrer Unterscheidung den ärztlichen Blick auf den Patienten als hierarchischen, vertikalen Blick bezeichnen, während man den spiegelnden einen egalitären, horizontalen Blick nennen kann, weil er auf derselben Ebene bleibt. Bei der Mehrzahl der Fotos im Bildband handelt es sich also um in den medizinischen Kontext gestellte private, wenn auch für eine Öffentlichkeit bestimmte Aufnahmen. Auch darin unterscheidet sich der Bildband von anderen zeitgenössischen medizinischen Veröffentlichungen, in denen sich die medizinische Fotografie als Abbildungspraxis des Kranken und Gesunden bereits zu einem eigenen Genre entwickelt hatte. Schließlich lag es ja auch nicht in der Absicht von Hirschfeld und Tilke, den Transvestitismus als »neue« Krankheit darzustellen, sondern als neu entdeckte »sexuelle Variation«.

Die Struktur des Bildbandes ist nur lose an die Kapitelfolge des Textbandes *Die Transvestiten* angelehnt. Nach dem knappen Vorwort zur Entstehung enthält der erste »Ethnographisch-historische Teil« größtenteils Zeichnungen des Künstlers Max Tilke. Tilke, der vorhatte, eine eigene Studie zu diesem Thema zu veröffentlichen, fertigte seine Tuschzeichnungen nach Fotos und Objekten aus verschiedenen Sammlungen an. Ihm ging es in erster Linie um die Illustration der intra- und interkulturellen Wandelbarkeit als »männlich« und »weiblich« geltender Körper- und Kleiderinszenierungen und erst in zweiter Linie um die Darstellung einiger ethnografischer Beispiele von Cross-Dressing.

Im sich anschließenden »Allgemeinen Teil«, für den Hirschfeld verantwortlich zeichnet, werden vor allem Fotos von Transvestiten gezeigt, aber auch Stiche, Gemälde, Drucke und Zeichnungen berühmter Cross-Dresser wie des Chevalier D'Eon. In der gleichzeitigen Verwendung unterschiedlicher Bildquellen knüpft Hirschfeld an die Praxis seines Buches *Geschlechtsübergänge* an. Thematisch zu Tafeln zusammengestellt, gibt er Bildbeispiele zu ausgewählten Kapiteln seiner Monografie.

Unter den Fotos befindet sich auch eine ganze Reihe jener männlichen Transvestiten, die Hirschfeld im kasuistischen Teil als »Fälle« vorgestellt hatte, jedoch ohne sie – bis auf den Amerikaner, der auch als einziger nackt abgebildet wird – den Beschriebenen direkt zuzuordnen oder deren Namen zu nennen. Diese Praxis verweist nochmals auf den problematischen gesellschaftlichen Umgang mit den Transvestiten, die mit der Veröffentlichung ihrer Fotos zwar sichtbar werden, aber dennoch anonym bleiben wollten.

Kapitel 4

Auswirkungen I

4.1 Die Rezeption von Hirschfelds Entwurf

4.1.1 In der Sexualwissenschaft

Hirschfelds Konstruktion des Transvestitismus fand zunächst nur zögernd Eingang in den sexualwissenschaftlich-psychiatrischen Diskurs.[1] Vor allem mangels veröffentlichter Fallstudien versuchte Hirschfeld einige seiner sexualwissenschaftlichen Kollegen durch direkten Kontakt mit Transvestiten von seiner Neuentdeckung zu überzeugen. Dazu lud er befreundete oder ihm wohl gesonnene Sexualwissenschaftler zu einem Treffen ein. Der renommierte Psychiater Paul Näcke berichtet darüber:

> Ich selbst hatte noch keinen solchen Fall gesehen [...] und war daher Hirschfeld sehr dankbar, als er mir und mehreren Kollegen am 19. Oktober 1911 in seiner Wohnung etwa 1/2 Dutzend Transvestiten vorstellte, von denen zwei in sehr eleganter Damentoilette erschienen. (Näcke 1912, S. 237–238)

Im Anschluss an diese Präsentation, bei der noch »mehrere Sexologen« anwesend waren – genannt werden von Näcke nur »Dr. Burchard und Dr. Merzbach« –, entspann sich ein Dialog zwischen den Wissenschaftlern und den Transvestiten, die mit einer Ausnahme heterosexuell waren. Auf diese Zusammenkunft hin schrieb Näcke, nachdem er schon einige Rezensionen (z. B. Näcke, 1910/1911) verfasst hatte, den zitierten zustimmenden Bericht zu Hirschfelds Transvestitenkonzept, jedoch mit der Einschränkung: dass nicht alle Transvestiten heterosexuell seien, sondern auch bisexuelle, homosexuelle und asexuelle existierten. Darauf kommt Hirschfeld später zurück.

Insgesamt konnten für den Textband *Die Transvestiten* elf Rezensionen, zum zwei Jahre später erscheinenden Bildband (Hirschfeld & Tilke 1912) weitere acht in führenden medizinischen, juristischen und kriminologischen

---

[1] Der Psychiater Theodor Ziehen ist 1911 der erste, der Hirschfelds Begriff in einem Lehrbuch verwendet (Ziehen 1911, S. 622–623).

Fachzeitschriften gefunden werden. Die Mehrzahl der Rezensenten berichten zustimmend über die von Hirschfeld vorgenommene Trennung der Transvestiten von den Homosexuellen, deren Zuordnung zu den Zwischenstufen sowie über seinen Vorschlag, die behördliche Legitimation, Kleidung des »anderen« Geschlechts zu tragen, von ärztlichen Gutachten abhängig zu machen.

Außerdem erschienen vier eigenständige, im wesentlichen zustimmende Beiträge: des Dresdener Psychiaters Ossian Oehmig (1913), des New Yorker Arztes Bernhard S. Talmey (1914), des Londoner Sexualwissenschaftlers Havelock Ellis (1914), und schließlich kann auch der des Berliner Sexualforschers Max Marcuse (1916) dazu gezählt werden.[2] Während es Oehmig und Talmey vor allem um die Mitteilung weiterer Fälle ging, versuchten Ellis und Marcuse einige Konkretisierungen des Transvestitismus im Hinblick auf Namensgebung, Ursache und Erklärung einzubringen. Ellis lehnte zwar den Begriff des Transvestitismus zugunsten der beiden eigenen Prägungen »sexoästhetische Inversion« und »Deonismus«[3] (nach Chevalier D'Eon) ab (Ellis 1914, S. 137, Fußnote 1), stimmte Hirschfelds Konzept jedoch grundsätzlich zu. Er meinte sogar, dass Transvestitismus eine »vollständige emotionelle Identifizierung« (Einfühlung und Nachahmung) mit dem Sexualobjekt darstelle, so dass die Heterosexualität der Transvestiten nicht überraschen dürfe (ebd., S. 160-161). Ellis war es schließlich auch, der als Erster das Fehlen »gewisser Hormone« als Ursache der sexo-ästhetischen Inversion annahm (ebd., S. 161), eine Vermutung, die Hirschfeld später teilte. Jedoch lehnten Havelock Ellis und mit ihm Albert Moll Hirschfelds Zuordnung der Transvestiten zu den sexuellen Zwischenstufen zunächst ab,[4] wie sie dessen Zwischenstufentheorie überhaupt generell in Frage stellten. Erst zwanzig Jahre später übernahm auch Ellis diese Zuordnung. 1931, als in England ein Transvestit zwar nicht wegen des Tragens von Frauenkleidern, sondern wegen vermeintlicher homosexueller Handlungen zu einer langen Gefängnisstrafe verurteilt worden war, verfasste Havelock Ellis einen diesen Mann verteidigenden Beitrag. Dort heißt es:

---

[2] Ralph Pettow bezieht sich an keiner Stelle seiner 1911 zur Veröffentlichung eingereichten Studie »Zur Psychologie der Transvestie« [sic] (Pettow 1912) auf Hirschfelds Monografie, obwohl bereits ihr Titel auf dessen Begriffsprägung verweist. Insofern wird Pettows Arbeit hier nicht in den Kontext der Hirschfeld-Rezeption gestellt.

[3] Aus »Deonismus« wurde später »Eonismus«, vgl. dazu: Ellis 1926, S. 315.

[4] Nicht zufällig veröffentlichte Ellis seinen Aufsatz in der von Albert Moll herausgegebenen Zeitschrift. Moll, der an Westphals und Krafft-Ebings Konstruktion der Conträrsexualität festhielt, teilte auch Ellis' Lesart (Moll 1926, S. 785–791).

These cases do not call for the psycho-analyst, or, indeed, for any form of psychotherapeutics, and medical art cannot at present deal with them. They no doubt present an inter-sexual state based on an unusual hormonic balance. (Ellis 1931, S. 712)

Max Marcuse, der 1916 immer noch auf die geringe Zahl veröffentlichter Fälle hinweist, stimmt Hirschfeld zwar im Hinblick auf die kategoriale Eigenständigkeit des Transvestitismus zu, nicht aber hinsichtlich der Namensgebung und der Bewertung. Der von ihm vorgestellte Mann, ein Ortsgruppensekretär der konservativen Zentrumspartei, trat an ihn mit dem Wunsch nach operativer Geschlechtsumwandlung heran – auf den später noch eingegangen wird. Das veranlasste Marcuse zu seinem Vorschlag, statt der Begriffe »Transvestismus« und »Eonismus«, den »Geschlechtsumwandlungstrieb« zu verwenden (Marcuse 1916, S. 190). Vor allem kritisierte er Hirschfelds nosologische Bewertung des Transvestitismus als sexuelle Variation »von hoher biologischer und kultureller Bedeutung«. Diese Zuordnung widerspreche »allen gesunden Instinkten«. Transvestitismus stelle nicht, wie Hirschfeld behaupte, eine »Besonderheit in einem sonst normalen psychischen Organismus« dar, sondern eine »Störung des sexuellen Trieblebens«, die mindestens »als eine psychopathische Konstitution« zu bezeichnen sei (ebd., S. 183). Marcuse, der in dieser Grundsatzfrage die Meinung der »Internationalen Gesellschaft für Sexualforschung« zum Ausdruck brachte, wendete sich – wie auch andere Mitglieder dieser Gesellschaft, beispielsweise Albert Moll und Siegfried Placzek – wiederholt gegen Hirschfelds Versuch der Entpathologisierung der sexuellen Zwischenstufen.

4.1.2 In der Psychoanalyse

Nur zwei Rezensenten von Hirschfelds Monografie wandten sich gegen die von ihm vorgenommene Abspaltung der Transvestiten von den Homosexuellen, beide argumentierten psychoanalytisch: Es sind sein späterer Mitstreiter, der Jurist Kurt Hiller (Hiller 1910/1911), und der Analytiker Wilhelm Stekel. Obwohl Hirschfeld schreibt, dass sich »die Ursache des Verkleidungstriebes« wie die anderer Zwischenstufenformen »bisher unserer Beurteilung« entziehe, erwartete er von der Psychoanalyse am ehesten eine Erklärung (Hirschfeld 1910, S. 301 und S. 257). Vielleicht sah er in der Zusammenarbeit mit Karl Abraham beim ersten Gutachten für eine polizeiliche Genehmigung hoffnungsvolle Ansätze für einen solchen Erklärungsansatz. Der Analytiker Stekel meinte jedoch, bei jedem Transvestiten kämen, wenn auch unbewusst, homosexuelle Triebanteile vor; insofern seien diese Personen – auch weiterhin – zu den Homosexuellen zu rechnen. Hirschfeld, so Stekel, lege zu viel Wert auf die Aussagen der Transvestiten, die homosexuelle Wünsche und Regungen zu leugnen pflegten. Ihm und den Aussagen »seiner« Transvestiten misstrauend, forderte er die Analytiker auf, sich des Themas anzunehmen: »Ich glaube, aus dieser flüchtigen Umschau ergibt sich schon ein Material, das für Homosexualität spricht und zur genauen psychoanalytischen Durchforschung dieser Fälle auffordert«[5] (Stekel 1910/1911, S. 57). Auch in späteren Arbeiten versucht Stekel – auf seine Rezension verweisend und eine Fallanalyse vorstellend – zu belegen, dass Transvestiten latent homosexuell seien.[6] Zu diesem Zeitpunkt teilten auch der Analytiker Isidor Sadger und der Psychiater Siegfried Placzek diese Sicht (Sadger 1921, S. 169ff.; Placzek 1922, S. 164–167).

Dass diese Autoren, wenn auch nicht generell, so doch im Einzelfall nicht Unrecht hatten, soll folgendes Beispiel belegen. Im Kapitel »Selbstmörder in Geschlechtsverkleidung« stellt Hirschfeld einen 17-Jährigen vor, der versuchte, sich in Frauenkleidern in einem Berliner Hotel das Leben zu nehmen. Hirschfeld berichtet, dass dieser eine Braut habe, mit der er intim verkehre und die zu heiraten er beabsichtige. »Neigung zu Männern hätte er nie verspürt, könnte es sich auch nicht vorstellen, dass das je möglich wäre [...]« (Hirschfeld 1910, S. 418). Dieser Mann ist Willy Pape, der später unter dem Künstlernamen Voo-Doo ein international gefeierter Travestiekünstler wurde. Schon 1912 veröffentlichte Hirschfeld Fotos von ihm im Bühnenkostüm, in deren Bildlegende er Papes Schicksal sogar unter Angabe des bürgerlichen Namens skizziert (Abb. 13).

Wann Pape seine sexuelle Neigung zu Männern entdeckte, ist nicht überliefert, dass er homosexuell war, ist jedoch belegt. »Obwohl er schwul war und schon mindestens seit 1918 mit seinem Freund und Impresario (Manager) Emil Schmidt zusammenlebte, trat Voo-Doo bis 1928 nie in homosexuellen Lokalen oder Festsälen auf« (Dobler 2003, S. 157; 2004). Voo-Doo war übrigens einer der wenigen Transvestiten, die zur Musterung für den Ersten Weltkrieg in Frauenkleidern erschienen. Hirschfeld nennt ihn in der *Sexualpathologie* einen jungen Mann aus »Sp.[andau], [...] der sich als ›Schlangentänzerin‹ auf der Varietébühne einen Namen gemacht hat«, freilich ohne nunmehr auf dessen sexuelle Neigung einzugehen (Hirschfeld 1918, S. 145).

---

[5] Hirschfelds Entgegnung auf Stekels Kritik findet sich in: Hirschfeld 1918, S. 141–143.
[6] So zum Beispiel in: Stekel 1921, S. 176–180. Außerdem sei auf die von seinem Mitarbeiter Emil Gutheil 1923 veröffentlichte »Analyse eines Falles von Transvestitismus« verwiesen. Darin wird versucht, Hirschfelds Transvestitismuskonzept anhand von Zitaten aus seiner eigenen Kasuistik zu widerlegen (S. 564ff.). In diesem Zusammenhang ist hervorzuheben, dass eben Emil Gutheil – nachdem er in die USA emigriert war – 30 Jahre später, gemeinsam mit Harry Benjamin, jenes legendäre Symposium der »Association for the Advancement of Psychotherapy« in New York bestritt, das später – fälschlich – als Geburtsstunde der Transsexualität in die Geschichte eingehen sollte. Dort wiederholt Gutheil – auf seinen Lehrer Stekel verweisend – in seinem Vortrag »The Psychological Background of Transsexualism and Transvestism« die Kritik an Hirschfelds Transvestitismuskonzept (Benjamin et al. 1954, S. 219–244).

Der junge Transvestit Willy Pape, dessen Veranlagung durch einen Selbstmordversuch in Frauenkleidern bekannt wurde. Seine Eltern wurden vom Verfasser über seinen eigenartigen Zustand aufgeklärt und gestatteten ihm dann, zum Varieté zu gehen, wo er seitdem mit größtem Erfolge als Schlangentänzerin auftritt.

Abb. 13 Künstler-Postkarten von Voo-Doo mit Hirschfelds Originaltext.

In der Psychoanalyse setzte sich Hirschfelds Trennung der Transvestiten von den Homosexuellen nur sehr langsam durch. In Freuds Schriften beispielsweise lässt sich nicht eine einzige Verwendung des Begriffs nachweisen. Noch 1922 meint der gelegentlich auch als »wilder« Analytiker bezeichnete Psychiater und Mitarbeiter im Institut, Arthur Kronfeld, nachdem er verschiedene Interpretationsmöglichkeiten nennt, »über dem Wesen des Transvestitismus« liege noch »völlige Dunkelheit« (Kronfeld 1922, S. 167). 1923 unternimmt er dann einen Versuch, das Phänomen psychoanalytisch zu erklären. Darin setzt er sich ausdrücklich von Hirschfelds Deutungen ab und beschreibt die »Struktur dieses Verhaltens von *exquisit narzisstischer* Art« (Kronfeld 1923, S. 71, H. i. O.). Insgesamt vertrat Kronfeld eine stärker individualpsychologische Erklärung: Transvestiten seien – da jeder Fall anders liege – kaum zu einer einheitlichen Kategorie zusammenzufassen (Kronfeld 1923a, S. 459–460). Zwar unterscheiden sich die Auffassungen von Kronfeld und Hirschfeld hinsichtlich der Erklärung, nicht jedoch in dem wichtigen Punkt, dass die Majorität männlicher Transvestiten heterosexuell sei:[7]

---

[7] Einen weiteren, etwas schlichten Versuch der psychoanalytischen Erklärung legte der Gynäkologe Lothar Goldmann (1924/25) vor. Eine ausführliche psychoanalytische

Rätselhafter wird diese Neigung zur gegengeschlechtlichen ausdrucksmäßigen Selbstdarstellung dort, wo der *Sexualtrieb seinerseits ein völlig normaler* ist. Dies sind mehr als die Hälfte der mir bekannten männlichen Fälle [...]. (Kronfeld 1923, S. 70, H. i. O.)

Erst 1929, also fast 20 Jahre nach Hirschfelds Veröffentlichung, findet die Trennung der Transvestiten von den Homosexuellen bei dem maßgeblichen Psychoanalytiker Otto Fenichel eine erste Anerkennung. Hirschfeld habe »erst 1910 [...] diese Erscheinungsform der Psychopathia Sexualis [...] mit Recht als eigene Perversionsart beschrieben, die früheren Autoren hatten einschlägige Fälle auf der Basis solcher Berührungspunkte anderer Perversionen subsumiert« (Fenichel 1930, S. 21). Fenichels Deutung des männlichen Transvestitismus folgt allerdings Ellis' Interpretation von der Einfühlung des Transvestiten in die weibliche Rolle. Wie alle Perversionen lasse sich der Transvestitismus nur aus dem Zusammenhang des Kastrationskomplexes erklären; charakteristisch sei die Leugnung der weiblichen Penislosigkeit. Einerseits bestehe, so Fenichel, eine Identifikation mit der (phallisch gedachten) Mutter, mit deren Kleidung der Transvestit verkehre; darin liege eine fetischistische Komponente. Andererseits stelle er selbst eine phallische Frau dar und begehre als solche den Vater, was wiederum auf eine homosexuelle Komponente deute. Im Unterschied zu den männlichen scheinen weibliche Transvestiten »einfach Penisneidige zu sein, die sich mit Männern um ihres Penisbesitzes willen identifiziert haben« (ebd., S. 34). Insofern handele es sich um eine spezifische, »infantile« Lösung des Kastrationskomplexes, die den Transvestitismus von anderen Perversionen abgrenze. Dem Psychoanalytiker gehe es also nicht – wie etwa Hirschfeld – um eine Einteilung der Betreffenden nach »manifesten Triebäußerungen«, sondern darum, die »unbewussten Triebabläufe« aufzudecken.

Die psychoanalytischen Deutungen des Transvestitismus von Kronfeld, Fenichel und Binder wurden in Deutschland erst in den 50er Jahren in der sexualwissenschaftlichen Diskussion des Transsexualismus rezipiert (vgl. Bürger-Prinz et al. 1953 und 1966; Burchard 1961).

Deutung des Transvestitismus anhand von vier »Einzelfällen« findet sich bei Binder 1933. Binder vertritt, ähnlich Kronfeld, die Ansicht, dass Transvestitismus keine verallgemeinerbare Erklärung im Sinne eines phänomenologischen Gruppenschicksals zulasse, sondern vielmehr die spezifischen Motive in der Individualanalyse zu eruieren seien.

4.2 Eine ungewöhnliche Zusammenarbeit: Transvestiten, Ärzte und Behörden

Magnus Hirschfeld hatte in *Die Transvestiten* lediglich das Gutachten für Katharina T. veröffentlicht, mit dem es ihm und Karl Abraham erstmals gelungen war, die polizeiliche Legitimation für eine Frau zu bekommen, in der Öffentlichkeit Männerkleider zu tragen. Wahrscheinlich wegen der Novität dieser mit dem Polizeipräsidenten ausgehandelten Regelung und in Anbetracht der mutmaßlich zahlreichen Transvestiten, die ebenfalls nach »Lösungen« suchten, aber noch keine Mittel und Wege dazu kannten, veröffentlichte Hirschfeld in den Folgejahren mehrere solcher, gemeinsam mit seinen Kollegen Iwan Bloch und Ernst Burchard erstellten Gutachten (Hirschfeld 1912; Hirschfeld & Burchard 1912; Hirschfeld & Burchard 1913). Sie sollten das Verfahren bekannter machen und gleichzeitig als Vorlage für andere dienen.

Josef Meißauer war Anfang September 1911 einer der ersten, die sich aufgrund der Monografie wegen eines solchen Gutachtens an Hirschfeld wandten. Das fertigte dieser gemeinsam mit Iwan Bloch aus. Mit dem Gutachten gelang es dann tatsächlich, für Meißauer jene polizeiliche Legitimation einzuholen (Abb. 14). Paul Näcke hielt es für so mustergültig, dass er es als Beispiel publizierte, »wie ein ärztliches Gutachten [...] des Transvestitismus abzufassen ist« (Näcke 1912, S. 245). Es soll in dieser Studie als Beispiel für Hirschfelds diesbezügliche Praxis fungieren:

Herr Josef M.[eißauer], geboren am 2. August 1863, jetzt Kaufmann zu M.[ühldorf] a. Inn (Bayern), hat die beiden Unterzeichneten Anfang September 1911 zur Beobachtung, Behandlung und Begutachtung aufgesucht. Seinem Wunsche gemäß erstatten wir das folgende ärztliche Gutachten, das sich stützt
1. auf die Lebensgeschichte des pp. M.,
2. auf unsere Beobachtung und Untersuchung.

Lebensgeschichte
Der jetzt 48jährige Patient gibt an, daß seine Eltern verstorben sind. Sein Vater war dem Trunke ergeben und verließ seine Frau, als Josef 14 Jahre alt war. Seit dieser Zeit hat er nichts mehr von sich hören lassen. Er hat oft Selbstmordgedanken geäußert. Die Mutter soll sehr nervös und schwächlich gewesen sein. Josef ist das jüngste von sechs Kindern, von denen zwei, ein Bruder und eine Schwester, verstorben sind (an Schwindsucht bzw. Wassersucht). Es leben noch drei Schwestern im Alter von 62, 57 und 54 Jahren.

Josef M. selbst hat von der Kindheit an viele Krankheiten durchgemacht, u. a. auch mit 28 Jahren eine schwere Meningitis [Hirnhautentzündung] mit mehrwöchiger Bewußtlosigkeit. Er war ein ängstliches, leicht zum Weinen geneigtes Kind, litt viel an Albdrücken und an Stuhlverstopfung, mit welchem Leiden er noch heute behaftet ist. Auch wurde er viel von bösen Träumen geplagt. In der Schule lernte er gut, interessierte sich am meisten für biblische Geschichte. Er spielte zwar auch mit Knaben, aber viel lieber mit Mädchen, hatte auch große Freude an Puppen, die sogar noch heute besteht, und lernte *auf eigenen Wunsch kochen und sticken. Schon als Knabe zog er heimlich Mädchenkleider an,* so oft es ihm möglich war und, wenn seine Haare lang genug waren, flocht er sie, worüber er oft verspottet wurde. Die Geschlechtsreife trat zwischen 16 und 18 Jahren ein. Die Stimme wurde tiefer und es stellte sich eine eigenartige *Empfindung an den Brustwarzen* ein, die heute noch vorhanden ist. Der Geschlechtstrieb war von Anfang an sehr schwach entwickelt, auch der Bartwuchs stellte sich erst mit 25 Jahren ein und ist gering geblieben. Auch die Körperbehaarung entwickelte sich fast gar nicht. Schon damals sagte man allgemein, er mache den Eindruck eines Mädchens, und als er einmal in den zwanziger Jahren Damenkleider anzog und sich darin zeigte, erkannten ihn nicht einmal seine nächsten Verwandten und Bekannten.

Bis heute hat der Patient einen geschlechtlichen Verkehr nicht gehabt, da er niemals einen besonderen Drang dazu verspürte, überhaupt vor geschlechtlicher Berührung, z. B. Anfassen seiner Genitalien beim Urinieren, einen Ekel hat und *vor allem* ausschließlich von dem Gedanken und dem Gefühle beherrscht wird, als Frau zu leben. Er glaubt, dass er von selbst niemals zu einem Geschlechtsverkehre gelangen würde, da er gar keinen Trieb dazu spüre und auch viel zu schüchtern sei. Der nackte oder halbnackte weibliche Körper übt keinerlei Reiz auf ihn aus. Jedoch war sein geschlechtliches Empfinden auch niemals auf das männliche Geschlecht gerichtet. Von Kindheit an besteht dieser leidenschaftliche Hang bei ihm, sich als Frau zu kleiden. Er hat immer wieder versucht, diesen Hang zu bekämpfen – namentlich nach den weiter unten zu erwähnenden unangenehmen Erlebnissen und Konflikten –, aber es war vergeblich. Die Folge einer längeren Enthaltsamkeit von der Frauentracht war stets eine schwere geistige Depression. »Das ganze Leben freut ihn nimmer«, wie er sich ausdrückt. Glücklich fühlte er sich nur in Damenkleidern, wo er ein ganz anderer wird und die frühere Melancholie und Befangenheit einer inneren harmonischen Stimmung weicht. Sein ganzer seelischer Zustand hängt davon ab, ob er Frauenkleider trägt oder nicht. Für die Befriedigung dieser Neigung würde er, wie er sagt, sich entmannen lassen, ja selbst ins Gefängnis gehen, wenn sie anders nicht möglich wäre. Die weibliche Kleidung bot ihm von jeher Ersatz für alles andere.

Seine Lebensgeschichte, aus der wir nun die wichtigsten und wesentlichen Einzelheiten hervorheben, bestätigt diese seine Angaben in vollem Umfange. Der Patient ist fromm katholisch erzogen, ist sehr religiös und bekleidete 7 Jahre die Stelle des

Messners. Er wurde aber dieser Stelle enthoben, als er einmal während des Faschings in Damenkleidern ging. Dann wurde er Trappistenfrater[8] in Natal (Südafrika), von wo er aber nach 3/4 Jahren wegen Krankheit fortging und nach Bayern zurückkehrte. Er ließ sich dann, um seine unwiderstehliche Neigung zum Anlegen von weiblichen Kleidern wenigstens in Gestalt eines Surrogats zu befriedigen, vor 8 Jahren einen dunklen Mantel, eine Art Talar machen, um die ihm vor allem so widerwärtigen und lästigen männlichen Beinkleider nicht anziehen zu müssen. Darauf wurde er angeklagt, sich Priester- bzw. Ordenstracht angemaßt zu haben, aber schließlich freigesprochen. Er ließ sich dann einen farbigen Mantel anfertigen, so daß er nicht mehr mit einem Priester oder Ordensmann verwechselt werden konnte. Wenn er aber in diesem Rocke ausging, erregte er allgemeines Aufsehen und wurde öffentlich verspottet. Eine neue Anklage hatte wieder Freisprechung zur Folge. In der Urteilsbegründung wies der betreffende Richter darauf hin, daß ein Gesetzparagraph betreffs der Art der Kleidung nicht existiere. Nur dürfe man nicht die einen bestimmten Stand kennzeichnende Tracht, z. B. eine Uniform, anlegen. Auf dieses Urteil hin kleidete sich M. ganz als Dame, weil er dies nun für erlaubt hielt und dann auch gehört hatte, daß in Schliersee, Bezirksamt Miesbach, Oberbayern, eine Dame, namens Rosina Danner, ohne jede Erlaubnis als Mann gekleidet gegangen sei. Es wurde ihm auch 1910 vom Bezirksamt Miesbach bestätigt, daß die vor zwei Jahren gestorbene Rosina Danner 30 Jahre lang in Männerkleidung gegangen sei. Als daraufhin M. Frauentracht angelegt hatte, wurde er 1910 wieder angeklagt, in erster und zweiter Instanz verurteilt, *jedoch am 24. Dezember 1910 vom Kgl. Oberlandesgericht München freigesprochen.*

Nachdem ihn sein unverschuldeter Zustand schon sehr viel Geld gekostet und viel Kummer und Verdruß bereitet, und nachdem er aus Dr. Hirschfelds Buch ›Die Transvestiten‹ die wahre Natur seines Zustandes erfahren hatte, hat er uns gegenüber den Wunsch ausgesprochen, durch ein von uns erstattetes Gutachten auch vor der zuständigen Behörde den Beweis führen zu können, daß seiner Natur mehr die Frauenkleidung entspricht als die Männertracht, und demgemäß die offizielle Erlaubnis zu erhalten, erstere dauernd zu tragen.

Status praesens.

Die Unterzeichnenden haben pp. M. mehrere Wochen beobachtet, eingehend seinen körperlichen und seelischen Zustand untersucht und das Folgende festgestellt.

---

[8] Die Trappisten sind ein 1664 in der Abtei La Trappe gegründeter Mönchsorden, der die strengste Reform des Zisterzienserordens darstellt (immerwährendes Stillschweigen, Schlafen in voller Kleidung, vegetarische Ernährung, harte Feldarbeit). Seit 1668 gab es auch Trappistinnen. Meißauer hatte sich dem Orden wahrscheinlich wegen der Kleidung angeschlossen. Die Patres tragen weiße, die Brüder braune Tracht mit Skapulier (zwei langen Tuchbahnen über dem Hauptgewand, die Brust und Rücken bedecken).

Der Patient ist 1 Meter 66 Zentimeter groß, von schlanker Gestalt, die Schulterhöhe beträgt 43 1/2 cm, die Beckenbreite 39 cm, der Habitus ist im allgemeinen männlich. Die Muskeln sind schwach entwickelt, die Brust zeigt weibliche Rundung, Hände und Füße sind klein, so daß Patient Damenschuhe und Damenhandschuhe trägt. Farbe der Haut dunkelgelblich. Das Haupthaar war lang, weich und blond, ist aber zum großen Teil infolge der Meningitis ausgefallen, der Rest ergraut. Er trägt jetzt eine in der Mitte geteilte Haarperücke. Der Körper ist fast nicht behaart, auch der Bartwuchs an Kinn und Oberlippe ist sehr gering. Die Genitalien sind männlich, jedoch wenig entwickelt, die Hoden leicht atrophisch. Der Gang ist mehr weiblich als männlich, die Schritte sind klein und leicht, auch das Körpergewicht von 63 Kilogramm ist verhältnismäßig gering.

M. macht in Männerkleidung einen scheuen, nervösen, sehr wenig männlichen Eindruck, errötet leicht, spricht mit allerdings männlicher, aber leiser Stimme. Sobald er Frauenkleidung angezogen hat, ist sein Verhalten völlig verändert. Er scheint erst dadurch sein natürliches Wesen gewonnen zu haben und macht als Frau einen viel harmonischeren und ausgeglicheneren Eindruck, während er in Männertracht befangen, geniert und verängstigt ist. Auch haben wir ihn wiederholt auf die Straße begleitet und uns überzeugt, daß er keinerlei Aufsehen in der Öffentlichkeit erregt. Durch sein ganzes Leben hat er außerdem bestätigt, daß seine ganze Geschlechtlichkeit gewissermaßen sich auf diese Neigung zur Frauentracht konzentriert und beschränkt. Seine Enthaltsamkeit macht beinahe den Eindruck der Asexualität. Es ist deshalb nicht zu befürchten, daß er seine Frauenkleidung jemals dazu benutzen wird, um Unrechtes zu tun. Auf der anderen Seite erscheint es im Interesse seines Gesundheitszustandes dringend geboten, ihm die Frauentracht, in der er weder auffällt noch öffentliches Aergernis erregt, zu belassen. Sowohl aus Deutschland als auch aus dem Auslande liegen bereits eine ganze Reihe von Präzedenzfällen vor, in denen man, wenn besondere Umstände es erforderten, Personen gestattet hat, die Tracht des anderen Geschlechts zu tragen. Im Falle M. würde ein Verbot dieser Tracht eine außerordentliche Härte sein, die sehr leicht den Selbstmord eines Menschen zur Folge haben würde, der in jeder Beziehung, vor allem auch in moralischer Hinsicht, ein ehrenhafter, harmloser Mensch ist, der still für sich dahin lebt, ohne jemandem etwas zu Leide zu tun. (Hirschfeld 1912, S. 5-8, H. i. O., textidentisch mit Näcke 1912, S. 245–248)

Der Berliner Rechtsanwalt Meißauers, Fritz Selten, hatte den Antrag beim Preußischen Polizeipräsidium eingereicht, das am 27. September 1911 aufgrund des Gutachtens »*die Erlaubnis zum Tragen von Frauenkleidern*« erteilte.[9] Wie

---

[9] Die Mitteilung über die Erlaubnis des Berliner Polizeipräsidiums im Anschluss an das Gutachten findet sich nicht in *Geschlechts-Umwandlungen*, sondern bei Pettow 1912, S. 259, sowie bei Näcke 1912, S. 248; vgl. auch Hirschfeld 1912a.

dem von Hirschfeld verfassten Text zu den Abbildungen Meißauers zu entnehmen ist, wurde dieselbe schriftliche Legitimation auch vom Münchener Polizeipräsidenten ausgefertigt (Abb. 14). Schließlich war Meißauer gebürtiger Bayer – er lebte lange in oberbayerischen Miesbach, wo er die Prozesse auszufechten hatte – und wohnte zur Zeit der Beantragung im dortigen Mühldorf am Inn. Josef Meißauer ist der erste bisher nachgewiesene männliche Transvestit, der nach dem von Hirschfeld vorgeschlagenen Verfahren die polizeiliche Bestätigung erhielt.

Herr Joseph Meißauer erhielt auf das Gutachten der Dr. Dr. Magnus Hirschfeld u. Iwan Bloch hin vom Berliner und Münchener Polizeipräsidenten die Erlaubnis, seiner Veranlagung entsprechend dauernd in Frauentracht zu gehen.

vor und   nach der polizeilichen Genehmigung

Abb. 14: Fotos unbekannter Provenienz von Josef Meißauer mit Hirschfelds Originaltext (nur auf dieser Abbildung wurde sein Vorname mit »ph« geschrieben). Die Aufnahmen könnten im medizinischen Kontext entstanden sein, um sie dem ärztlichen Gutachten zur Beantragung des Transvestitenscheins beizufügen. Die nahezu identische Haltung auf beiden Aufnahmen soll wahrscheinlich die Effekte geschlechtsspezifischer Körperinszenierung – als Mann und als Frau – vermeiden und zur »objektiven« Beurteilung beitragen, in welcher Kleidung der Abgebildete »natürlicher« wirke.

Neben der für Hirschfelds Transvestitengutachten typischen Kasuistik, mit den Verweisen auf die andersgeschlechtlichen Züge und Passionen in der Kindheit, den Katalogen der so genannten Geschlechtscharaktere sowie Hinweisen auf die Unwiderstehlichkeit und Ungefährlichkeit der Neigung, sei noch auf zwei Aspekte hingewiesen, die in späteren Argumentationen der Gutachter eine wichtige Rolle spielen werden.

Hirschfeld und Bloch argumentieren, dass es »im Interesse seines Gesundheitszustandes dringend geboten« sei, Meißauer die Genehmigung zu erteilen, da deren Verweigerung »sehr leicht den Selbstmord eines Menschen zur Folge haben würde«. Die drohende Suizidgefahr – ob sie nun vom Begutachteten geäußert oder von den Gutachtern angenommen wurde – ist gleichermaßen Ausdruck der Ernsthaftigkeit des Wunsches wie der Ausweglosigkeit der Situation. Sie setzte die Ärzte unter einen Handlungsdruck, den sie an die zuständige Behörde delegierten.

Obwohl Josef Meißauers Neigung über das Tragen von Frauenkleidern hinausgeht – die Gutachter schreiben, »dass er von dem Gedanken und Gefühle beherrscht wird, als Frau zu leben« –, soll er sich im Hinblick auf die »freiwillige Entmannung« im Sinne eines Opfers, das zu erbringen er bereit wäre, geäußert haben. Später verleihen zahlreiche Transvestiten ihrem ausdrücklichen Wunsch nach Kastration mit der Begründung Ausdruck, sie wollten die ihnen verhassten Zeichen ihres biologischen Herkunftsgeschlechts tilgen lassen. Sie stellen die Kastration nicht mehr als Opferung, sondern als Befreiung dar. Im Kontext der ersten chirurgischen Geschlechtsumwandlungen in den 20er Jahren drohten einige Transvestiten den Ärzten mit Suizid, wenn sie sich ihrem Wunsch nach Kastration verweigerten.

Der Transvestitenschein – wie die behördliche Legitimation zum Tragen der Kleidung des »anderen« Geschlechts auch genannt wurde – reichte für jene meist heterosexuellen Männer aus, denen es »nur« um diese Neigung ging. In den dazu ausgefertigten Gutachten argumentierten die Ärzte unter Verweis auf den »inneren Drang« in der Regel, dass die Transvestiten in der ihrem biologischen Geschlecht entsprechenden Kleidung so aussähen, als trügen sie die Kleidung des »anderen«, und in der Kleidung des »anderen« Geschlechts so, als trügen sie die des eigenen. Transvestiten würden in der von ihnen bevorzugten Kleidung kein öffentliches Aufsehen erregen, weil sie überhaupt nicht auffielen. Im Gegenteil, sie passten sich erst so in die geltende öffentliche Kleiderordnung ein. Insofern sei der Transvestitenschein in der Regel gar nicht nötig, sondern nur ein Hilfsmittel für den Notfall.

Mit dem Transvestitenschein war jedoch nur einem Teil der Betreffenden geholfen. Personen, die sich als Angehörige des »anderen« Geschlechts empfanden, waren vielmehr bestrebt, über die Kleidung hinaus ihr ganzes Leben mit der empfundenen Zugehörigkeit in Einklang zu bringen. Ihr Ziel war es, als Angehörige des Geschlechts, dem sie sich zuordneten, zu gelten und behandelt zu werden. Dazu zählten Vornamens- und Berufswechsel genauso wie – bei einigen – die Heirat (Hirschfeld 1924, S. 39).

Bei den Gutachten ist daher zu unterscheiden, ob es »nur« um die Kleidung ging oder auch um eine behördliche Vornamens- und Personenstandsänderung. Denn wenn es sich um ein Gutachten für den Transvestitenschein *und* die Vornamensänderung handelte, verfuhr Hirschfeld anders als bei »gewöhnlichen« Transvestiten. Die Änderung des Vornamens war damals nur im Sinne einer »Geschlechtsberichtigung« bei unbestimmtem oder doppeldeutigem Geschlecht, bei so genannten Hermaphroditen oder Zwittern, aufgrund ärztlicher Gutachten möglich, nicht aber bei Personen eindeutig bestimmbaren Geschlechts, zu denen die Transvestiten zählten.

Die Geschlechtsbestimmung wurde bei Zwittern in der Regel anhand der inneren und äußeren Geschlechtsorgane vorgenommen. Hirschfeld hatte, beginnend 1904, verschiedene Gutachten für solche Hermaphroditen ausgefertigt.[10] Im Laufe der Zeit plädierte er im Einklang mit einigen anderen Gutachtern jedoch immer stärker dafür, auch die übrigen körperlichen sowie die psychischen Eigenschaften und ebenso den Wunsch der Begutachteten bei der Geschlechtszuordnung zu berücksichtigen. Insbesondere bei uneindeutiger Diagnose der inneren Geschlechtsorgane (Hoden/Ovarien) sollte nach Hirschfelds Meinung das »Überwiegen« der männlichen respektive weiblichen Eigenschaften und der Wunsch der betroffenen Person entscheiden. Dieses Verfahren übertrug Hirschfeld ab etwa 1912 auf die Transvestiten.

Sein erster bereits erwähnter Versuch, 1908/1909 für Katharina T. eine behördlich genehmigte Änderung des Vornamens zu erreichen, wurde schließlich gerade wegen der Eindeutigkeit ihrer weiblichen Geschlechtszuordnung verworfen. Eugen Wilhelm kommentierte die Ablehnung mit der Bemerkung: dies sei »wegen ihrer völlig normalen Geschlechtsteile« unmöglich (Wilhelm 1909, S. 55). Diese Ablehnung dürfte ausschlaggebend dafür gewesen sein, dass Hirschfeld bei den weiteren Gutachten das biologische Geschlecht (Geschlechtsorgane, körperliche und psychische Eigenschaften) als uneindeutig beschrieb.[11] Das erlaubte es ihm, die Personen als »Zwitter« zu bezeichnen und somit die Vornamensänderung medizinisch zu rechtfertigen (vgl. Herrn 2005).

Das erste überlieferte Gutachten, aus dem dieser Strategiewechsel ersichtlich ist, wurde von Hirschfeld gemeinsam mit Ernst Burchard 1912 ausgefertigt. Es handelt sich dabei um Louise Sch., Jahrgang 1877. Sie wandte sich an die Gutachter, »um sich selbst Klarheit über ihren Zustand zu verschaffen und durch eine sachverständige Begutachtung auch eine Richtigstellung und Klärung ihrer Situation zu erreichen« (Hirschfeld 1912, S. 9). Beide Ärzte beobachteten sie sechs Wochen und gaben danach ihr Gutachten wie folgt ab:

---

[10] Zusammengefasst finden sich seine ersten Fälle in Hirschfeld 1905.

[11] Hirschfeld greift hier auf die medizinischen Beschreibungen so genannter Mannweiber zurück, die ebenfalls in die Nähe von Zwittern gestellt wurden. Vgl. dazu: Schmersahl 1998, S. 157–189.

Vorgeschichte

Fräulein Sch. ist das Kind streng katholischer Eltern und sehr religiös erzogen worden. Vater und Mutter leben noch und sind, abgesehen von beginnender Altersschwäche, gesund. Der Vater war bis vor 10 Jahren ziemlich starker Alkoholiker, lebt seitdem aber abstinent. Frl. Sch. ist das jüngste von drei Geschwistern; außer ihr leben noch zwei Brüder, von denen der jüngere 8 Jahre älter ist als sie. Der Vater war bei ihrer Geburt 40, die Mutter 34 Jahre alt. Ueber eine familiäre Belastung, insbesondere in psychischer und nervöser Hinsicht, ist nichts bekannt. Die Kindheit verlief ohne wesentliche Störungen und ernstere Erkrankungen. In der Schule lernte Luise Sch. gut und zeigte besondere Befähigung für sprachlichen Ausdruck, für Schönschrift, Zeichnen und Rechnen.

Ihr knabenhaftes Wesen fiel von frühester Kindheit an auf, sie spielte nur mit Jungen, weil ihr Mädchen zu zimperlich waren; Schneeballwerfen, Eislaufen und Stelzengehen waren ihre liebsten Spiele. Sie hat niemals Puppen besessen, Kochen und weibliche Handarbeiten bis heute nicht gelernt. Das Tragen von Mädchenkleidern ist ihr von jeher eine Qual; sie kommt sich in ihnen beengt, lächerlich und unnatürlich vor und merkt, daß sie eine schlechte Rolle darin spielt, während sie in Männerkleidern, die sie, sobald es die Umstände erlauben, anlegt, sich frei, natürlich und ungezwungen fühlt.

Von früher Jugend an hat Frl. Sch. in kaufmännischer Tätigkeit für ihren Erwerb gesorgt und ihre Eltern regelmäßig unterstützt. Acht Wochen lang war sie als Schauspieler bei einer Wandertruppe tätig, gab es aber auf, da ihr das ungeregelte Leben nicht zusagte.

Die Menstruation stellte sich mit 15 Jahren ein, *tritt aber bis heute nur sehr selten, gewöhnlich nur alle sechs Monate, auf, ist sehr spärlich*, von kurzer Dauer und von keinerlei Beschwerden begleitet.

Der Geschlechtstrieb war seit den ersten Regungen unverändert auf Mädchen gerichtet. Während der Drang nach sexueller Betätigung nicht besonders stark war, bestand bei ihr große Leidenschaftlichkeit und Beständigkeit in der Liebe. Sie ist durch nunmehr 15 Jahre derselben großen Passion treu geblieben und lebt seit den letzten 8 Jahren mit ihrer Freundin in einer eheartigen Gemeinschaft, deren Harmonie nach den Angaben beider niemals im geringsten getrübt ist. Wir konnten uns von der Innigkeit dieses Verhältnisses, der völligen Gemeinsamkeit der beiderseitigen Interessen durch eingehende Wahrnehmung überzeugen. In dieser Gemeinschaft ist Sch. in jeder Beziehung der Mann und sorgt für den Unterhalt, während ihre Freundin als Hausfrau Wirtschaft und Häuslichkeit besorgt. Frl. Sch. wird von ihrer Freundin ebenso wie in ihrem näheren Bekanntenkreise als Mann betrachtet und behandelt. Sie leidet auf das empfindlichste darunter, in der Öffentlichkeit Frauenkleider tragen zu müssen, sowohl deshalb, weil ihr natürliches Gefühl dadurch verletzt wird, als auch dadurch, daß sie von Fremden auf der Straße für einen Mann gehalten und verspottet wird.

Befund

Louise Sch. ist schlank und gracil gebaut, 1,70 m groß und zeigt im allgemeinen weibliche Körperformen. Die Brüste sind gut entwickelt. Dem männlichen Geschlechtstypus nähert sich die ganze Differenz zwischen Schulter- und Beckengürtel, der Ansatz der Oberarme, der ziemlich stark hervortretende Adamsapfel, der schlanke und gerade Wuchs der Beine, die starke Behaarung der Unterschenkel und das Haupthaar. Es besteht etwas Anlage zum Bartwuchs. Die Muskulatur ist mäßig entwickelt, aber fest. Die Hände sind klein, aber sehnig und kräftig. Der Befund der äußeren Genitalien entspricht dem normal weiblichen Bilde. Das Hymen ist erhalten. [...]

Bei der inneren Untersuchung ist ein sehr kleiner atrophischer Uterus zu fühlen; die Eierstöcke waren nicht palpabel.

Auf beiden Augen besteht Kurzsichtigkeit.

Im übrigen bietet der Befund nichts Krankhaftes; insbesondere bestehen keine nennenswerten Degenerationszeichen und Störungen der nervösen Funktionen. Die inneren Organe sind gesund. Aussehen und Gesichtsausdruck der Sch. sind ausgesprochen männlich. Der Blick ist fest, prüfend, bisweilen etwas mißtrauisch und finster. Die Haltung ist etwas vornübergebeugt. Die Bewegungen sind ruhig, bestimmt und einfach. Der Gang ist weitausschreitend und fest, die Handschrift groß, steil und gleichmäßig. Der Gesamteindruck, den die Erscheinung der L. Sch. macht, ist ein absolut männlicher. Personen, die sie kennen, haben uns bestätigt, daß ihre Bekannten in ihr durchweg den Mann sehen. *Fernstehende nehmen an ihrer in Frauenkleidern sehr auffallenden Erscheinung Anstoß und halten sie gewöhnlich für einen verkleideten Mann. Auch die Kinder auf der Straße verspotten sie als solchen.*

Psychischer Befund

Frl. Sch. zeigt im allgemeinen ein zurückhaltendes, verschlossenes Wesen, ist wenig gesprächig, in ihren Angaben präcise und sachlich. Im allgemeinen ernster Natur, kann sie ihrer Angabe nach in heiterer Gesellschaft ausgelassen lustig sein. Bei großer Gefühlstiefe ist sie frei von Uebertreibungen und Sentimentalität. Der Intellekt entspricht ihrer Bildungsstufe, die Begabung ist entschieden vorwiegend eine praktische.

Sie zeigt Ausdauer, ausgesprochenen Willen und Entschlossenheit bei großer Ueberlegung und Energie. Ihre Neigungen sind ausgesprochen männliche, ihre Liebhabereien Rodeln, Schlittschuhlaufen und Holzhacken. Im allgemeinen im Alkoholgenusse mäßig, trinkt sie gelegentlich gern einen Kognak und raucht leidenschaftlich gern, besonders Zigarren.

Gutachten

Es unterliegt keinem Zweifel, daß bei Fräulein Sch. ein Fall der in so überaus mannigfacher Weise, in allen nur erdenkbaren Nuancierungen vorkommenden Geschlechtsübergänge vorliegt. In zwei Hauptpunkten der Sexualität, dem Geschlechtrieb und

der Persönlichkeit, ist Frl. Sch. völlig männlich. Es besteht bei ihr mehr als eine angeborene homosexuelle Veranlagung, insofern der Drang, in jeder Beziehung als Mann
zu leben, sich männlich kleiden, bewegen und beschäftigen zu können, bei ihr ein weit
wesentlicheres Erfordernis darstellt als der Trieb nach geschlechtlicher Befriedigung,
und es besteht andererseits mehr als ein bloßer Transvestitismus, worunter wir die
Neigung, in Kleidung und Gebaren die Rolle des andern Geschlechts durchzuführen,
verstehen, insofern dieser bei ihr nur als Teilerscheinung ihres natürlichen Bedürfnis-
ses, in jeder Beziehung sich als Mann zu geben und zu betätigen, als Mann zu leben
und zu lieben, besteht.

Der Körperbau entspricht dieser ausgesprochen männlichen Persönlichkeit freilich nur
in mehr nebensächlichen Anklängen an das männliche Geschlecht. Dagegen sind all
die Eigenschaften, welche die individuellen Eigentümlichkeiten zum Ausdruck bringen: Gesichtsausdruck, Sprache, Haltung, Gang, Benehmen und Bewegungen ausgesprochen männlich.

Es liegt somit ein Fall von Zwitterbildung nicht sowohl in rein äußerlichem als vielmehr in tieferem Sinne vor.

Die Notwendigkeit, daß Fräulein Sch. die Erlaubnis erhält, in Männertracht gehen zu
dürfen, ergibt sich *subjektiv* daraus, daß das Tragen von Frauenkleidern sie unglücklich macht und zweifellos, wenn sie dauernd dazu gezwungen wäre, ihre Gesundheit
nach und nach untergraben und ihre Persönlichkeit vernichten würde, *objektiv* daraus,
daß sie in Frauenkleidern auffällt, Anstoß und Aergernis erregt, während sie in
Männertracht einen vollkommen unauffälligen, natürlichen Eindruck macht.

Damit wäre aber dem eigenartigen Zustande des Frl. Sch. nur teilweise Rechnung
getragen und Gerechtigkeit widerfahren. Sie ist eben, wie wir bereits erwähnten,
keine Frau, sondern ein Zwitter, in dessen Gesamtgeschlechtlichkeit das Männliche entschieden überwiegt.

Im Folgenden verweist Hirschfeld auf einen anderen, gerade von ihm zusammen mit Ernst Burchard in der *Deutschen medizinischen Wochenschrift*
(Hirschfeld & Burchard 1912a) veröffentlichten Fall, bei dem es ihnen angeblich gelungen sei, bei einer körperlich weiblich erscheinenden Person eine
Absonderung von Sperma nachzuweisen.

Jedenfalls steht auch ohne diesen Nachweis fest, daß Louise Sch. ihrer Sexualität
nach vorwiegend männlichen Geschlechts ist und in Anbetracht aller angeführten
Tatsachen, in Berücksichtigung aller subjektiven und objektiven Gründe als Mann
zu leben berechtigt ist.

Die Erlaubnis, ständig männliche Kleidung tragen zu dürfen, würde ihr Leben naturgemäß schon wesentlich leichter gestalten und sie von den ärgsten Unannehmlichkei-
ten und Schädlichkeiten, die ihre gegenwärtige schiefe Lage mit sich bringt, befreien.

Immerhin wäre ihr auch damit nur teilweise gedient. Vor allem bliebe ihr weiblicher Vorname ein sie überaus störendes Moment. Wir haben wiederholt in ähnlichen Fällen beobachten können, wie schwer es Personen in gleicher Lage gelingt, eine ihrer männlichen Persönlichkeit und männlichen Tracht entsprechende Stelle zu finden, da man überall an dem weiblichen Vornamen Anstoß nimmt. So wird dieser in derartigen Fällen ein überaus verhängnisvoller, die Existenzmöglichkeit schwer beeinträchtigender Umstand. Nur wenn ihr mit der Aenderung der Tracht auch die Führung eines neuen Vornamens gestattet wird, kann der Widerspruch, unter dem ein Zwitter von vorwiegend männlicher Persönlichkeit leidet, durch den er sich und seinen Mitmenschen beständigen Anlaß zu Anstoß und Aergernis gibt, beseitigt werden.

Natürlich wäre vom rein biologischen Standpunkt die völlige rechtliche Umwandlung der p. Sch. in einen Mann zu rechtfertigen, da nach dem gegenwärtigen Stande der Wissenschaft die äußeren Genitalien für die Geschlechtsbestimmung nicht in höherem Grade in Betracht kommen dürfen als die sexuelle Gesamtpersönlichkeit.

Ob die rechtlichen Schwierigkeiten, die sich einer solchen Umwandlung entgegenstellen, da p. Sch. wohl zweifellos als ein überwiegend männlicher Hermaphrodit anzusehen ist, männliche Keimdrüsen oder Keimstoffe bei ihr indessen nur zu vermuten,[12] aber nicht nachzuweisen sind, sich überwinden lassen, können wir nicht beurteilen.

Wäre das möglich, dann wäre die völlige Geschlechtsumwandlung der p. Sch. jedenfalls diejenige Lösung des schwierigen Falles, die seiner wissenschaftlichen Beurteilung am besten Rechnung trägt.

Sollte es aber unmöglich sein, dann ist jedenfalls die Erlaubnis, in Männertracht gehen und ihren weiblichen Vornamen Louise in den männlichen Louis ändern zu dürfen, ein durch die Sachlage bedingtes Erfordernis für die p. Sch.

Unser Gutachten geht demnach dahin:
Louise Sch. ist unbedingt als ein Hermaphrodit anzusehen, und zwar überwiegt *entschieden die männliche Komponente.*
Es ist in Anbetracht der ganzen Sachlage *dringend geboten,* daß die p. Sch.
I. *die Erlaubnis erhält, ständig Männertracht tragen zu dürfen,* sowohl, weil sie in Frauenkleidern einem verkleideten Mann gleicht und dadurch ohne ihren Willen bei anderen Anstoß und Aergernis erregt, als auch, weil ihre Gesundheit unter dem Tragen von Frauenkleidern leidet, und
II. daß ihr *die Genehmigung erteilt wird, ihren weiblichen Vornamen »Louise« in den männlichen »Louis« umändern zu dürfen,* weil der weibliche Vorname sie beim

---

[12] Tatsächlich gingen die Vermutungen einiger Forscher, wie Eugen Steinach und Magnus Hirschfeld, dahin, dass alle Formen so genannter sexueller Zwischenstufen Resultat mischgeschlechtlicher Keimdrüsen seien, die es nur noch nachzuweisen gelte.

Tragen männlicher Kleidung fortgesetzt in Konflikte bringt und es ihr schwer, wenn nicht unmöglich machen würde, eine Stelle zu erhalten. (Hirschfeld 1912, S. 9-14, H. i. O.)

Louis Sch. gehört nicht zu jener Art von Transvestiten, die Hirschfeld in der Kasuistik seiner Monografie beschrieben hatte. Die Neigung, männliche Kleidung zu tragen, ist kein »unwiderstehlicher Drang«; Er leidet vielmehr darunter, Frauenkleider tragen zu müssen, »weil ihr natürliches Gefühl [als Mann] dadurch verletzt wird«. Louis Sch. begriff sich als Mann, lebte als solcher und hatte auch in der Partnerschaft mit der Freundin die traditionelle Männerrolle eingenommen. Selbst Freunde und Bekannte behandelten »ihn« dementsprechend. Hirschfelds Bericht nach wäre »Louise Sch.« als »passing woman«, als nomineller Mann durchgegangen.

Zwar empfand sich Louis Sch. als Mann und lebte als solcher, doch trug sein biologischer Körper eindeutig die Zeichen der Weiblichkeit. Es ist allerdings nicht überliefert, wie er seinen Körper wahrnahm. Von einem Unbehagen im biologischen Geschlecht berichten die Gutachter genauso wenig wie von entsprechenden Wünschen nach körperlicher Veränderung. Möglicherweise empfand Louis Sch. gar keine Diskongruenz von genitaler und psychischer Geschlechtszugehörigkeit, schon gar nicht als korrekturbedürftigen Widerspruch.

Die Entscheidung über den Antrag auf den Transvestitenschein und die Vornamensänderung geht aus Hirschfelds Veröffentlichung nicht hervor. Eugen Wilhelm, der Rechtsexperte des WhK, berichtet jedoch 1914 in zwei weiteren Aufsätzen darüber. Obwohl Wilhelm generell für die Ausweitung der Definition »Zwitter« plädiert, geht er doch nicht so weit wie Hirschfeld, der die Bezeichnung selbst für Personen wie Louise Sch. in Anspruch nahm, bei denen »keine Missgestaltung und Zwitterform der Geschlechtsteile vorliegen und die Geschlechtsdrüsen dem äußeren Geschlechtsapparat konform sind« (Wilhelm 1914a, S. 276–277). Insofern wäre nach geltendem Recht wie auch nach Wilhelms Vorschlag für Louise Sch. eine Änderung des Vornamens nicht in Frage gekommen. Doch weil »sie« von Hirschfeld trotz »normaler« Geschlechtsorgane, allein aufgrund ihrer männlichen Erscheinung und der Spekulation über ihre vermeintlich »inneren männlichen Keimdrüsen« als Hermaphrodit, als so genannter Seelenzwitter bezeichnet wurde, kam eine solche überhaupt erst in Betracht.

Als sich Eugen Wilhelm bei Hirschfeld und Burchard nach dem »Schicksal des Falles« erkundigte, nahm er Folgendes mit einiger Verwunderung zur Kenntnis:

Es wurde der formelle Antrag auf Aenderung des Vornamens im Standesregister gestellt unter Betonung, dass ein Fall von »seelischem Zwittertum mit überwiegend männlichen Komponenten« vorliege. Der Polizeiarzt ging nun weiter als der

Antrag und nahm mit Rücksicht auf die Begründung des Antrags an, dass eine völlige Geschlechtsumwandlung und entsprechende Aenderung in den Standesregistern am Platze sei, die dann auch in der Tat erfolgte. Louise, die bisher als lediglich homosexuelle Transvestitin gegolten hatte, heiratete nunmehr als »Louis« als Mann ihre Freundin. (Wilhelm 1914a, S. 279–280)

Diesen unerwarteten Ausgang des Falles kommentiert Wilhelm an anderer Stelle auch mit der fast lakonischen Bemerkung: Seitdem Louis das Recht habe, »nach dem ihr zuerkannten männlichen Geschlecht sich zu kleiden und zu lieben«, seien »ihre früheren abnormen transvestitischen Neigungen und ihr ›perverser‹ Sexualtrieb normal geworden« (Wilhelm 1914, S. 402).

Bei Louis Sch. handelt es sich somit um den juristischen Vollzug einer Geschlechtsumwandlung ohne vorherige operative Eingriffe, der mit Hilfe des Gutachtens allein aufgrund der Selbstzuordnung vorgenommen wurde, freilich unter der Annahme, es handele sich um einen Zwitter mit überwiegend »männlicher Komponente«. Wilhelm hebt diese Entscheidung dann auch als erstmalige Anerkennung des Grundsatzes hervor, nach dem nicht das Vorhandensein von Hoden oder Ovarien für die Geschlechtsbestimmung ausschlaggebend sei, sondern unabhängig davon die »überwiegende Mehrzahl der Merkmale«.

Zeitnahe zu Louis Sch. fand auch das Gutachterverfahren von Emil Kellner, einem 1873 geborenen Kriminalschutzmann a. D., statt (Hirschfeld & Burchard 1912, S. 497–501 sowie Hirschfeld 1926, S. 6–18). Das entsprechende Gutachten ist auf den 29. August 1912 datiert, Hirschfeld verfasste es völlig analog zu dem von Louis Sch. Auch hier gutachtete er mit Burchard in der Weise, dass sie Kellner als «Fall von Zwittertum,[13] bei dem die weibliche Komponente entschieden weitaus überwiegt« klassifizierten (Hirschfeld & Burchard 1912, S. 501). Grundlage dafür waren Kellners vermeintlich weibliche körperlichen und psychischen Eigenschaften. Mit Verweis auf den bereits positiv beschiedenen Fall von Louis Sch. forderte Hirschfeld auch hier die »Erlaubnis«, ständig Frauenkleider zu tragen, wie die Genehmigung, den Vornamen Emil in Emilie zu ändern und eine entsprechende Umschreibung im Standesregister vorzunehmen. Da ein Teil der Akten erhalten ist, lässt sich das Vorgehen der Behörde in groben Zügen rekonstruieren: Während der Berliner Polizeipräsident den Transvestitenschein acht Wochen später, am 21. Oktober 1912 bewilligte, lehnte er den Antrag auf Vornamensänderung vorerst ab, da Kellner »nach dem damaligen amtsärztlichen Gutachten nur als Mann anerkannt werden könne« (GStA Rep. 77, Tit. 220, Nr. 27, S. 1). Trotz der Ablehnung ließ Kellner, der inzwischen nach Charlottenburg übergesiedelt

---

[13] Interessant ist, dass Hirschfeld 1926 statt »Zwittertum«, »seelisches Zwittertum« schreibt.

war, nicht locker und bedrängte die Behörden. Er habe insbesondere bei Anstellungen große Schwierigkeiten und sei aufgrund der weiblichen Kleidung und des männlichen Vornamens von seinem Arbeitgeber entlassen und nun »brot- und arbeitslos« geworden. Darüber berichten zwei Ministerialbeamte dem Preußischen Innenminister Anfang 1917. Sie bezeichnen Kellners Lage als »recht widerspruchsvoll und verzweifelt«, eine Einschätzung, die auch vom Charlottenburger Oberbürgermeister, der Kellners Namensänderung »auf das wärmste empfiehlt«, geteilt wurde. Als sich die Ministerialbeamten erfolglos um die Umschreibung des Vornamens im Kirchenbuch von Kellners Geburtsstadt Hannover bemüht hatten, baten sie ihrerseits unter Verweis auf das Gutachten und den Fall Louis Sch. den Innenminister, der Namensänderung »ausnahmsweise stattzugeben«. Dieser befand jedoch, dass »kein hinreichender Anlass vorliegt« und zunächst eine weitere medizinische Expertise eingeholt werden müsse.

Am 6. Juli 1917 gab das Ministerium des Innern beim Königlichen Medizinal-Kollegium ein weiteres Gutachten in Auftrag, das am 4. Oktober 1917 eintraf. Die Gutachter – nur die Unterschrift »Moeli« ist deutlich zu entziffern – heben gleich zu Beginn ihrer Ausführungen in Abgrenzung zum Gutachten Hirschfeld-Burchard »mit besonderem Nachdruck hervor, [...] dass K. durchaus männlich gebaut sei« (ebd., Gutachten, S. 9). In ihrer sehr ausführlichen Argumentation kommen sie zu dem Schluss, dass es »an einer genügenden Unterlage dafür, die Gesamtpersönlichkeit des K. als nicht männlichen Geschlechts zu bewerten«, fehle.

Aus einem handschriftlichen Bericht des Unterstaatssekretärs Stölzel – wahrscheinlich handelt es sich um die Entscheidungsvorlage für den Innenminister – geht hervor, dass die Polizei Kellner bereits 1912 erlaubt hatte, auch im Dienst weibliche Kleidung zu tragen. »Als Krim. Schutzmann liebt er es, in weiblicher Rolle Ermittlungen anzustellen. Das wurde gutgeheißen und die Benutzung weiblicher Kleidung außerhalb solcher Ermittlungsfälle damit entschuldigt, dass er sich im Benehmen als Frau Sicherheit erwerben solle und wolle. Nachher hat man seinem Frausein, da polizeilich nichts entgegenstand, nachgegeben« (ebd. Bericht, S. 6). Im Unterschied zu diesem eher laxen Umgang mit der Neigung bei der Polizei dürfe Kellner im Standesregister und im »amtlichen Verkehr« die Führung eines weiblichen Vornamens jedoch nicht gestattet werden. Zur Begründung heißt es: »K. ist äußerlich ganz Mann, hat als Mann ehelich gelebt, ein Kind gezeugt u. ist wegen Ehebruchs mit einer Frau geschieden. Einen solchen Menschen kann das Recht nicht als Frau anerkennen« (ebd., Bericht, S. 6). In diesem Sinne wurde – vielleicht bedingt durch die Nachkriegswirren – erst am 16. Juli 1919 eine »ablehnende Bescheinigung des Gesuchstellers« versandt.

In den folgenden Jahren finden sich, allerdings auf Hirschfeld und seine Kogutachter begrenzt, ähnliche Expertisen, in denen die Ambiguität des Geschlechts strategisch verwendet wird, um Vornamensänderungen juristisch durchzusetzen.

Der Erfolg des Gutachtens für Louis Sch. ließ sich jedoch nicht wiederholen. Zwar gelingt es auf diese Weise gelegentlich, die Erlaubnis zum Führen eines meist geschlechtsneutralen Vornamens zu erwirken, nicht jedoch entsprechende »Korrekturen« im Geburtsregister zu veranlassen, die wiederum Voraussetzung für die standesamtliche Genehmigung einer Heirat gewesen wären.

4.3 Die Transvestiten im Ersten Weltkrieg

Die Nachfrage nach Hirschfelds Gutachten stieg infolge des Ersten Weltkrieges. Der von ihm darüber verfasste, jedoch nie separat veröffentlichte Aufsatz »Militärtauglichkeit und Transvestitismus« steht im Zentrum des entsprechenden Kapitels von Band II der den sexuellen Zwischenstufen gewidmeten *Sexualpathologie* (Hirschfeld 1918, S. 145ff.). Die zunächst vom WhK aufgrund des Umstandes, »daß Transvestiten für Spione gehalten und verhaftet wurden – einer ist sogar erschossen worden und einem anderen wäre es beinahe ähnlich ergangen –«, ausgesprochene »besondere Mahnung«, sich während der Kriegszeit »nicht in den Kleidern des andern Geschlechts zu zeigen«, beherzigten die Transvestiten freilich nicht (Hirschfeld 1914, S. 2 Fn.). Hirschfeld berichtet davon, dass einige – wie Willy Pape, alias Voo-Doo – selbst bei der Musterung in Frauenkleidern erschienen.

Die Gesamtzahl der gestellungspflichtigen Soldaten,[14] die sich während des Krieges bei der Militärbehörde als Transvestiten zu erkennen gaben – die meisten von ihnen überreichten entsprechende Fotos, die sie in Frauenkleidern zeigten (Abb. 15) –, belief sich auf sechzig (Hirschfeld 1918, S. 145). Elf davon stellt Hirschfeld auf den folgenden Seiten dar, von einigen wurde er ersucht, ihre Neigung in Form von Gutachten zu attestieren. Darin legte er der Musterungsbehörde nahe, die Betroffenen wegen ihres »weiblichen Einschlags« nicht zu rekrutieren. Allein die Betonung ihrer »Weiblichkeit« könnte das Militär bewogen haben, sie entweder auszumustern oder für besondere Dienste einzusetzen:

> Von den ca. 60 mir bekannten Personen, welche bei der Aushebung auf ihren Transvestitismus hinwiesen, wurden 25 als dauernd untauglich ausgemustert, und zwar zumeist mit dem Vermerk ›U 18‹ (Nervenleiden ernsterer Art), ›U 15‹ (überstandene oder noch bestehende geistige Erkrankung [...]). Einige der Transvestiten wurden unter

---

[14] Dass sich auch unter den Offizieren Transvestiten befanden, berichtet Hirschfeld ebenfalls, die hätten aber aufgrund des fehlenden Drills viel weniger als die Soldaten zu leiden (Hirschfeld 1918, S. 159). Der im Kapitel 6.1 beschriebene Transvestit, der als erster eine chirurgische Mann-zu-Frau Geschlechtsumwandlung durchmachte, diente im Ersten Weltkrieg als Batterieführer.

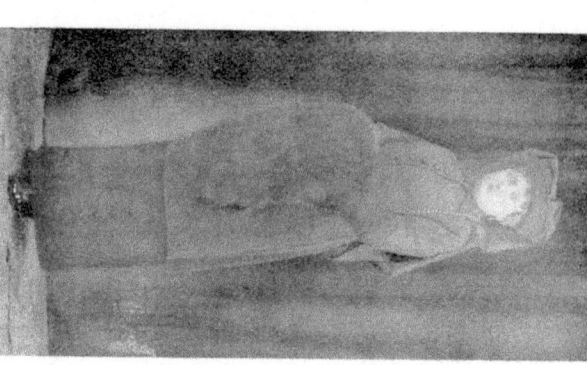
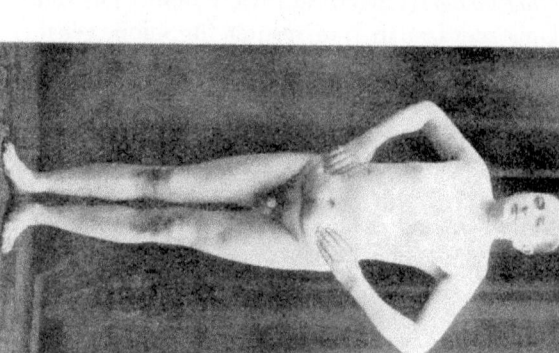

Der Fall stellt eine der häufigen Verbindungen von Androgynie, Transvestitismus und Homosexualität dar. Die Androgyne (Bild 14) tritt besonders in der Becken-, Brust- und Kehlkopfbildung, sowie im Gesichtsausdruck, Gestik und Mimik des 20jährigen Patienten zutage. Bild 13 zeigt ihn, wie er bei der Kriegsmusterung erschien. Er trägt Trauer, weil seine Mutter gestorben ist; ein Zeichen, wie ernst er seinen Transvestitismus nimmt. Dem weiblichen Geschlecht gegenüber besteht völlige Indifferenz, dagegen reagiert er auf männliche Personen positiv lustbetont.

Abb. 15: Drei Fotos – mit Originalbildunterschrift – eines Mannes, die wahrscheinlich zum Zwecke der Veröffentlichung in der »Sexualpathologie« auf Hirschfelds Veranlassung entstanden. Er nutzte die Anordnung zum Triptychon Frau – Zwischenstufe – Mann bereits in seinen frühen Publikationen als Bildargumentation, um so die »natürlichen« Geschlechtsübergänge zu dokumentieren.

die in diesem Kriege aufgenommenen, sehr praktischen Rubriken a. v. und b.v., *arbeits-verwendungsfähig* und *berufsverwendungsfähig* gesetzt, und dementsprechend auf Kammer, Schreibstube, als Ökonomiehandwerker, Köche oder anderweitig in ihrem Beruf verwandt. Die als *felddienstfähig* eingestellten Transvestiten *erkrankten oft schon nach ganz kurzer Dienstzeit an hochgradigen hysterischen Erscheinungen, so daß sie fast sämtlich vom Militär entlassen werden mußten.* (Hirschfeld 1918, S. 159, H. i. O.)

Abb. 16: Hirschfeld versah die Fotos – unbekannter Provenienz – mit der Bildunterschrift »Femininer Soldat, der Krankenschwester werden wollte«. Ob der Abgebildete im Ersten Weltkrieg tatsächlich als Sanitäter eingesetzt wurde, ließ sich nicht ermitteln.

Ernst Burchard, Hirschfelds Mitstreiter im WhK und Koautor bei zahlreichen Gutachten, hielt kurz nach Kriegsausbruch, am 18. Dezember 1914, einen Vortrag vor der Ärztlichen Gesellschaft für Sexualwissenschaft, den er vor dem WhK wiederholte (Hirschfeld 1915, S. 23). Dort beschreibt er das Verhalten der Transvestiten bei der Musterung und die aus ihrer psychischen Verfassung resultierende Forderung, vom Kriegsdienst befreit zu werden, ganz ähnlich wie Hirschfeld, jedoch mit zwei wesentlichen Erweiterungen:

Durch die Verankerung der körperlichen Umwandlungstendenz im Seelischen aber scheint das Gefühl der Unmöglichkeit des Kriegsdienstes bei den Transvestiten noch ganz besonders stark ausgeprägt. Es ist bei vielen nicht im geringsten Furcht vor Gefahr oder Strapazen, sondern lediglich das Gefühl völliger Untauglichkeit zu fortgesetzt männlicher Lebensführung. So sind mir Transvestiten bekannt, die in ihrer weiblichen Kleidung zum Bezirkskommando gingen und durchaus ernsthaft erklärten, sie würden gern als Schwester oder Marketenderin ins Feld gehen, aber als Mann unter Männern in der Kaserne leben – niemals. In solchen Fällen kann das Urteil des Arztes bezüglich der vorliegenden Militäruntauglichkeit natürlich nicht zweifelhaft sein. (Burchard 1914/1915, S. 376)

Burchard wollte mit seinem Hinweis, Transvestiten seien durchaus bereit, als Krankenschwester (Abb. 16) oder Marketenderin einzurücken, dem Verdacht der Drückebergerei zuvorkommen, ihren Patriotismus unterstreichen und die Weigerung, als Soldat zu dienen, auf die ihrem psychosozialen Geschlecht widersprechende Rolle zurückführen.

Über einen der so Begutachteten findet sich ein späterer, allerdings kryptischer Verweis, als dessen Neffe wegen Exhibitionismus angeklagt wurde. Der Bruder des Vaters, »[...] Junggeselle, 51 Jahre alt, ist uns während des Krieges persönlich bekannt geworden, weil er von uns begutachtet wurde. Er wurde wegen schwerer Hysteroneurasthenie in Verbindung mit konstitutioneller Intersexualität (Feminismus) vom Militärdienst befreit« (Hirschfeld 1930, S. 603). Auch aus der Biografie eines der ersten Transvestiten, der in den 20er Jahren eine operative Geschlechtsumwandlung anstrebte, über den noch ausführlich berichtet wird, Rudolf Ri., genannt Dorchen, geht hervor, dass er vor dem Krieg zunächst aufgrund seines »Feminismus« zweimal vom »Heeresdienst« zurückgestellt worden war, bevor er 1916 »nach einigen Bedenken« »als tauglich befunden« und dann doch eingezogen wurde. Aber schon zwei Wochen später entließ man ihn wegen eines schweren Ohnmachtsanfalls (Holz 1924, S. 13). Ein weiterer Transvestit berichtet 1931 rückblickend über den Einsatz im Ersten Weltkrieg:

Vier Wochen Dienst, dann Lazarett, Genesungsheim, Regimentsküche und zuletzt wurde ich Bursche. Ein einsichtsvoller Militärarzt bewirkte, daß ich im Frühjahr

1918 entlassen wurde, obgleich ich keine Krankheit hatte, der man mit Seziermesser oder Medizinflasche zu Leibe gehen konnte. (Garçonne 1931, S. 12)

Inwiefern sich diese Praxis verallgemeinern lässt, ist anhand der verwendeten Quellen schwer zu belegen. Für das Vorgehen der Ärzte wie der Musterungsbehörde wird wohl weniger das Verständnis für die Probleme der Transvestiten oder die Sorge um deren mentales Wohl Anlass gewesen sein – wie Hirschfeld und Burchard vermuteten – als vielmehr die Angst vor »Ansteckung« anderer Soldaten und Offiziere mit deren Effeminierung. Denn darin sahen die Behörden eine das Militär destruierende Gefahr. Transvestiten wurden wegen ihrer bekanntermaßen unheroischen Einstellung zum Krieg, vor allem aber wegen der »Gefahr« sexueller Kontakte mit anderen Militärs beargwöhnt. So hatte beispielsweise das stellvertretende Generalkommando des IX. Armeekorps unter Androhung von Strafe verboten, »unter den Soldaten für die Interessen gleichgeschlechtlich empfindender Menschen zu werben«. Denn: »Zweifellos stellt die Ausbreitung homosexuellen Empfindens und der damit regelmäßig verbundenen seelischen und körperlichen Effeminierung eine Minderung des soldatischen Wertes und zumal in Kriegszeiten eine Gefahr für die öffentliche Sicherheit dar« (Deutsche Strafrechtszeitung 1916).

Auch der Psychiater und Herausgeber vom *Neurologischen Zentralblatt* Kurt Mendel, der dort seine »Kriegsbeobachtungen« veröffentlichte, äußerte sich über Transvestiten im Ersten Weltkrieg. Er ist der Meinung: »Homosexualität allein macht noch nicht dienstuntauglich.« Nur wenn es sich um einen homosexuellen Transvestiten mit »schweren nervösen Störungen auf psychopathischer Grundlage« handele, »erscheint der betreffende Patient wegen seiner krankhaften seelischen Veranlagung als dienstuntauglich (1 U 15) zur Ausbildung sowie zur Ausübung des militärischen Dienstes« (Mendel 1919, S. 15). Als Grund gibt er an, »daß solche Individuen oft, insbesondere bei einem Zusammenleben mit größeren Menschenmassen, einen ungünstigen Einfluss auf ihre Umgebung ausüben, dieselbe infizieren und sich unter ihren Kameraden Objekte für ihre gleichgeschlechtliche Liebe suchen und auch finden« (ebd., S. 15). Um dies zu belegen, führt er die Berichte zweier Transvestiten nebst Fotos an (Abb. 17 und 18), die zunächst zum Felddienst herangezogen, später zusammen verhaftet wurden, weil sie in der Garnison Frauenkleider trugen. Der erste (Abb. 17), ein 24-jähriger Kaufmann, war zweimal »im Felde« und erlitt eine Granatsplitterverletzung. Er schildert seine Erfahrungen wie folgt:

Alsdann kam der Krieg und ich hoffte, daß ich nach kurzer Ausbildungszeit bald ins Feld kommen konnte, und, wenn ich nicht bald fallen würde, so könnte ich doch meinem Leben auf unauffällige Weise ein Ende machen. Ich meldete mich deshalb als Freiwilliger und kam im Oktober 1914 ins Feld. In meiner Kompanie fand ich alsbald einen Gleichgesinnten [...], dadurch kam ich etwas leichter über alles Schwere hinweg [...]. Im November 1915 ging ich nach überstandenem Gelenkrheumatismus zum zweiten Mal freiwillig ins Feld [...] und ich hoffte wenigstens diesmal aus dem Felde nicht wieder zurückzukehren. Aber 7 Monate gingen hin [...] [und ich] fand auch einige Gleichgesinnte und hatte auch Gelegenheit, mit einem Oberleutnant zusammen, beide als Damen, spazieren zu gehen, und wir arrangierten einige Tanzabende, wo wir als Damen tanzten. (ebd., S. 16–17)

Der zweite Transvestit (Abb. 18), ein 26-jähriger Sänger, der sich als Sopran ausbilden ließ und bereits vor der Gestellung »unzählige« Männer »besessen« habe, teilte Mendel mit:

Im Sommer 1914 erhielt ich für November ein Engagement ans Apollotheater in D., welches ich aber nicht antreten konnte, da ich am 20. November meinen Gestellungsbefehl erhielt. Es kamen nun furchtbare Tage für mich, ich verzweifelte am Leben; alles wollte ich ertragen, nur nicht Soldat sein müssen. Ich verschaffte mir einen Revolver, aber man nahm ihn mir fort. [...] Ins Feld nahm ich Damengarderobe mit, um wenigstens für Augenblicke Mensch sein zu können. Ich sang im Kasino, tanzte mit Offizieren usw. Auf einem Sektabend beim Zahlmeister lernte ich eine Anzahl anderer Zahlmeister kennen; mit dreien von ihnen verkehrte ich, ohne sie merken zu lassen, daß ich ein Mann bin.

Abb. 17: Mendel fügte seiner Veröffentlichung kommentarlos das offenbar von dem Transvestiten für private Zwecke angefertigte antikisierende Foto bei. Die von ihnen so perfekt verkörperte Weiblichkeit soll seine These, wonach Transvestiten wegen der »Verführung« von Militärs eine Gefahr darstellten, plausibel machen.

Nachdem er sich in einen Kameraden verliebt hatte, wurde er verwundet. Als er wegen seiner Beinverletzung im Lazarett lag und die Nachricht vom Tode seines Geliebten bekam, verzweifelte er völlig.

> In einem solchen Zustande lernte ich [...] meine jetzige Freundin Lotte G. [...] kennen, der es genauso ging wie mir. Wir fassten den festen Entschluss, uns gemeinsam das Leben zu nehmen. Am 29. VII. [1916] sind wir beide, als wir in Frauenkleidern, wie wir es oft hier getan haben, auf der Straße gingen, festgenommen worden. (ebd., S. 19–20)

Abb. 18: Ohne Bildlegende, aber mit derselben Absicht wie Abb. 17 eingesetztes, offenbar für private Zwecke hergestelltes Foto des zweiten von Mendel beschriebenen Transvestiten. Man beachte besonders die überbordende Inszenierung der Weiblichkeit durch Ausstattung, Dekor, Kleidung und Pose.

Die von Mendel kolportierten Berichte zeigen, dass Transvestiten durchaus auch als »normale« Soldaten zum Felddienst eingesetzt wurden, was sie freilich in schwere psychische Konflikte gestürzt haben dürfte. In seiner Studie *Die Wirkungen des Krieges auf das männliche Geschlechtsleben* vertritt Paul Lissmann nicht wie Hirschfeld und Burchard die Ansicht, dass »androgyne [hier dürfte Lissmann die Begriffe verwechselt haben, schließlich wurden keine Frauen rekrutiert] und gynandrische Rekruten bei der Untersuchung auf Militärtauglichkeit Berücksichtigung fanden; möglicherweise noch am Anfange des Krieges, sicherlich aber nicht mehr, als die Not an [sic] Mann das ›Heldensieb‹ immer engmaschiger knüpfte« (Lissmann 1919, S. 16). Diese zumindest plausibel klingende Vermutung, nach der im fortschreitenden Kriegsverlauf immer weniger Rücksicht auf medizinische Expertisen und individuelle Bedürfnisse genommen wurde, wird durch Dorchens Biografie exemplarisch gestützt. Auch später von Hirschfeld veröffentlichte Fotos wie Abb. 19 belegen das.

Abb. 19: Ein im Kontext der Kriegsteilnahme entstandenes Erinnerungsfoto von einer Weihnachtsfeier – vorn rechts steht ein Christbaum –, das Hirschfeld mit der Unterschrift versah: »Freundeskreis femininer Soldaten im Felde während einer Ruhepause im Weltkrieg«.

4.4 Homosexuelle Transvestiten

Neu an den von Hirschfeld in der *Sexualpathologie* vorgestellten Fällen ist, dass sich neben den acht heterosexuellen auch drei homosexuelle Transvestiten finden. Hirschfeld hielt zwar nicht länger an der Konstruktion des Transvestitismus als exklusiv heterosexuellem Phänomen fest, doch war er, wie noch zu zeigen ist, sorgsam darauf bedacht, die Kategorien auch weiterhin zu trennen. Wie auch immer er die folgenden Anteile ermittelt haben mag: Er ging nunmehr – wie von Näcke vorgeschlagen – davon aus, dass »unter den Transvestiten etwa 35 Proz. heterosexuell, ebensoviel homosexuell« empfinden, »dazu kommen ca. 15 Proz. Bisexuelle, während von den übrigbleibenden 15 Proz. die meisten automonosexuell, einige vielleicht auch asexuell veranlagt sind« (Hirschfeld 1918, S. 144). Dieser Schritt könnte auf das Drängen der männlichen homosexuellen Transvestiten nach Anerkennung zurückgehen, von denen einige prominente, wie die bereits erwähnten Teschenberg und Sadler-Grün, im WhK aktiv waren. Auch wenn deren Ziel in der Befriedung des Konfliktes gelegen haben mag, waren mit Hirschfelds konzeptueller Erweiterung die Rivalitäten zwischen den hetero- und homosexuellen Transvestiten freilich nicht beseitigt. Zu den Spannungen zwischen diesen Fraktionen schreibt er 1918:

> Es geht sogar so weit, daß heterosexuelle Transvestiten nicht selten den Verkehr mit homosexuellen Transvestiten aufs peinlichste meiden, die letzteren beispielsweise grundsätzlich aus transvestitischen Vereinigungen[15] ausschließen; während umgekehrt homosexuelle Transvestiten heterosexuellen Männern, die in weiblicher Kleidung leben, nicht das geringste Verständnis entgegenbringen, sie für Menschen halten, die auf halbem Wege stehen geblieben sind, oder an ihre Neigung zum anderen Geschlecht überhaupt nicht glauben. (ebd., S. 142)

Faktisch hat Hirschfeld diese Erweiterung aber erst eingeräumt, nachdem sein Transvestitismuskonzept anerkannt war und auch von einigen Kollegen auf das Vorkommen homosexueller Transvestiten hingewiesen wurde. Obwohl sich in seinen Veröffentlichungen nun auch Abbildungen von homosexuellen Transvestitinnen wie die folgenden finden (Abb. 20), wird ihnen im Text jedoch bei weitem nicht die gleiche Aufmerksamkeit wie den männlichen Transvestiten zuteil. Hirschfelds Verhältnis zu ihnen bleibt auch in der Folgezeit schwierig, wie sich später bei den Forschungen von Mitarbeitern des Instituts für Sexualwissenschaft zeigen wird.

---

[15] Über die von Hirschfeld hier erwähnten »transvestitischen Vereinigungen« aus der Kaiser- und Kriegszeit liegen kaum Informationen vor. Der Autor ist für jeden Hinweis dankbar.
Auch heute gibt es noch Transvestitenorganisationen in den USA, die Schwule grundsätzlich nicht als Mitglieder zulassen, insofern ist Hirschfelds Mitteilung von weitreichender Bedeutung für das Verhältnis beider zueinander (Garber 1993, S. 192).

Verbindung von Transvestitismus mit Androgynie und Homosexualität beim Weibe. Bild 16 stellt die seit mehreren Jahrzehnten völlig als Mann lebende Anna P. dar; Bild 17 die Seite 171 erwähnte Hedwig alias Herbert W.; daneben eine von mir begutachtete Transvestitin mit starkem Androgynen Drang; sie fühlt in j e d e r Hinsicht männlich.

Abb. 20: Erste von Hirschfeld veröffentlichte Fotos unbekannter Herkunft von ihm persönlich bekannten Transvestitinnen, für die er entsprechende Guatchten ausgefertigt hatte, in entsprechenden männlichen Inszenierungen mit Originalbildunterschrift.

4.5 Der »problematische« Körper

Erst nach 1910 tauchen verschiedene Mitteilungen auf, die auf ein problematisches Verhältnis einiger Transvestiten zu ihrem Körper schließen lassen, wie es für die meisten Transsexuellen von heute charakteristisch ist. Verschiedentlich wird über Personen berichtet, die ihre »biologischen« Körper sowie deren Geschlechtsfunktionen in zunehmendem Maße als störend und nicht zu ihrer subjektiven Geschlechtszugehörigkeit passend empfanden.

Einige Transvestiten wünschten sich lediglich, ihren Körper in die entsprechende Richtung zu verändern. So wird 1914 über einen Amerikaner mitgeteilt: »But he often wished to be castrated to be more like a woman. He longs for female form« (Talmey 1914, S. 364). Andere begnügten sich nicht mit Wünschen; sie versuchten, sowohl mit medizinischen Interventionen, die von Ärzten vorgenommen wurden, wie auch durch selbst ausgeführte Manipulationen ihren Körper im Sinne des gewünschten Geschlechts zu verändern.

Dass schon vor 1910 derartige Selbstversuche vorgenommen wurden, ist allerdings – zumindest bei Männern – eher unwahrscheinlich. 1908 führte der Spezialist für sexuelle Ethnologie Friedrich S. Krauss im Rahmen seiner folkloristischen Studien eine Umfrage zur »Selbstentmannung« in der Zeitschrift *Sexualprobleme* durch (Krauss 1908). In den Antworten der Sexualwissenschaftler, die in den folgenden Nummern veröffentlicht wurden, kommen eine Reihe von Motiven zur Sprache, die Männer zur Selbstkastration veranlassten, wie zum Beispiel Rache und Vergeltung in unterschiedlichen Konstellationen. Doch die so genannte Effemination, ein Unbehagen im biologischen Geschlecht, Gefühle von Fremdheit der oder Hass auf die Geschlechtsorgane werden als Gründe für die Kastrationen noch nicht genannt.

Über den ersten Fall eines niederländischen Transvestiten, der in diesem Zusammenhang mittels verschiedener Manipulationen versuchte, seinen Körper zu verweiblichen, wurde 1911 berichtet (Tange & van Trotsenburg 1911). Der verheiratete, auf dem Land lebende Vater von vier Kindern hatte sich, so vermuten die Ärzte, höchstwahrscheinlich 1905 zunächst selbst einseitig kastriert – er gab an, gestürzt zu sein. 1911 entfernte er sich auch den zweiten Hoden und vernähte die Wunde »mit drei Kopfnähten« selbst, wie er und seine Frau angaben. 1909 wurde er mehrfach in Marinekrankenhäuser eingeliefert, weil er Schmerzen verspürte, die von einem Hautemphysem der Brust rühren sollten. Das sei infolge von Lufteinblasungen entstanden, mit denen er seine Brüste vergrößern wollte, so die Annahme. Weil der Betreffende nicht bereit war, über seine »wahren« Motive Auskunft zu geben, recherchierten die Ärzte in seinem persönlichen Umfeld, um das Geschehen zu verstehen. Von seiner Frau erfuhren sie, dass er seit Jahren Frauenkleider trug, im Privaten wie in der Öffentlichkeit. Referenzfälle, so wird ausdrücklich betont, ließen sich in der Literatur nicht finden.

Über einen anderen, auf 1912 datierten Versuch – der als erste in der Literatur beschriebene operative Frau-zu-Mann-Geschlechtsumwandlung zu gelten hat – berichtet der Chirurg Richard Mühsam: Ein »weiblicher Transvestit«, 35 Jahre alt, ließ sich Brüste und Gebärmutter entfernen, »da sie diese Organe als nicht zu ihr gehörig empfand. Sie hielt sich für einen verkappten Mann und wollte auch äußerlich wie ein Mann aussehen. Als sie mich aufsuchte, war sie eine nicht unbegabte Malerin, trug Männerkleider und klagte über Kreuzschmerzen und das Gefühl, Fremdkörper im Leibe zu haben« (Mühsam 1926, S. 455).

Bei solchen Fällen von »androgynem Drang« meint Hirschfeld: »Die *Psyche* empfindet die *nicht entsprechende Physis* instinktiv lästig und sucht sie nach Möglichkeit auf Grund dieser Empfindungen zu *korrigieren*« (Hirschfeld 1918, S. 130, H. i. O.). Er berichtet unter der Überschrift »Androgyner Drang und Wahn« von einer regelrechten Welle kosmetischer und sexualchirurgischer Eingriffe, die zur gleichen Zeit wie die »Schönheitsmedizin« und die Wiederherstellungschirurgie an Kriegsverletzten aufkommt. Dazu zählen die Bartepilationen durch Röntgenstrahlen bei männlichen Transvestiten wie auch »Paraffininjektionen«, um »einen weiblichen Busen herstellen zu lassen«. Einer der Patienten hatte den Wunsch, »sich Einspritzungen von Thelygan[16] [...] verabreichen zu lassen, um so vielleicht eine Vergrößerung seiner Brüste herbeizuführen« (ebd., S. 131-132). Jener bereits erwähnte Niederländer, der sich selbst kastriert hatte, versuchte neben den Lufteinblasungen unter die Haut auch mit »Dragées Orientales« sein Glück, einem nach Angaben der Ärzte seinerzeit gebräuchlichen Mittel, »um den Busen schwellen zu machen« (Tange & van Trotsenburg 1911, S. 397 und 399). Ein anderer Transvestit probierte mit einem »Brustvergrößerungsapparat« dasselbe Ziel zu erreichen (Hirschfeld 1918, S. 146). Wieder ein anderer teilte Hirschfeld mit:

Mein Verlangen, *weibliche Formen zu besitzen, war unbezwinglich*. Ich habe unzählige Mittel bis auf den heutigen Tag angewandt, um weibliche Brüste, Becken und Waden zu bekommen. Oft habe ich Nachts *geträumt*, daß ich einen strotzenden Busen besäße; ja sogar *das Verlangen, Mutter zu werden, fehlte nicht*. (ebd., S. 149, H. i. O.)

Hirschfeld berichtet – wie Mühsam – davon, dass bei »virilen Frauen«, also Transvestitinnen, die Tendenz bestehe, »sich die Brüste amputieren zu lassen. Ich kannte ein Mädchen von 25 Jahren, das es schließlich durchsetzte, daß die Ärzte, ein Chirurg in Verbindung mit einem Psychiater, ihr diesen Willen taten« (ebd., S. 132). Außerdem teilt er mit, dass sich die Tendenz zur Körperveränderung bei

---

[16] Das ist ein von Iwan Bloch 1915 entwickeltes, Ovarienextrakt enthaltendes Präparat gegen sexuelle Störungen bei Frauen.

Männern »sogar bis auf den Genitalapparat erstreckt. [...] Kastrationswünsche femininer Männer sind mir oft begegnet« (ebd., S. 132). Im gleichen Zusammenhang zitiert er einen seiner Korrespondenten, der versucht hatte, sich mit der Schere zu kastrieren. Nach dem ersten Schnitt in den Hodensack brach er aus Furcht, »die Blutung nicht stillen zu können«, seinen Versuch ab (ebd., S. 135).

Diese und die von Tange und van Trotsenburg berichteten Selbstversuche des Niederländers wie auch die von Mühsam berichtete Entfernung der Brüste und Gebärmutter – die Frau ließ sich 1921 noch die Ovarien entfernen – und die von Hirschfeld beschriebene 25-Jährige, die dieselben Operationen durchsetzte, markieren den Beginn der chirurgischen Geschlechtsumwandlungen vor dem Ersten Weltkrieg. Eine operative Ausformung der Organe des »anderen« Geschlechts lag zu dieser Zeit noch außerhalb des Vorstellbaren. Hirschfeld war einer der wenigen Sexualwissenschaftler, die diese tendenzielle Veränderung im Wünschen und Verhalten jener Transvestiten nicht nur wahr-, sondern auch ernst nahmen. Auffällig ist bei den ersten Fällen, dass die Frauen sich von Ärzten operieren ließen, während die Männer versuchten, ihre Kastrationen selbst zu realisieren und/oder ihrem Körper weibliche Formen zu geben.

4.6 Hormonwirkungen

Mit dem Aufkommen des endokrinologischen Paradigmas in der Sexualwissenschaft, das Sexualität als Funktion von Hormonwirkungen betrachtete, ging Hirschfeld nicht länger von einer psychischen Entwicklung, sondern von hormonellen Ursachen des Transvestitismus aus (Hirschfeld 1918, S. 176f). Dabei war er zwar einer der ersten, aber durchaus nicht der Einzige, der eine solche Bedingtheit des Phänomens annahm: Havelock Ellis hatte schon 1912 hormonelle Imbalancen als Ursache vermutet. Nach 1918 wurden, anknüpfend an Steinachs Hypothese der zwittrigen Gonaden, Blutuntersuchungen an männlichen Transvestiten vorgenommen, in denen man mit einer von Emil Abderhalden eingeführten Methode Blut und Urin nach Abbaustoffen von »Ovarien« untersuchte (vgl. dazu: Abderhalden 1912). Der erste positive Befund wurde 1918, im selben Jahr wie der entsprechende Band der *Sexualpathologie*, veröffentlicht (Lelever 1918). Weitere Untersuchungen an Transvestiten folgten, auch Abderhalden selbst teilte entsprechende Ergebnisse mit. Die letzten ausführlichen Arbeiten – in denen ebenfalls über »positive« Abderhaldentests bei männlichen und weiblichen Transvestiten berichtet wird – referieren und diskutieren die gesamte diesbezügliche Literatur (Placzek 1927; Binder 1933, S. 149-158). In diesem Zusammenhang soll darauf hingewiesen werden, dass ein Teil der Transvestiten später die endokrinologische Begründung ihrer Neigung begrüßte und verbreitete:

Durch Untersuchungen transvestitischer Personen ist in vielen Fällen festgestellt worden, daß ihr Trieb die Folge einer von der Regel abweichenden Funktion der Sexualdrüsen ist. Der bekannte Forscher Prof. Dr. Abderhalden hat zudem anhand von Blutuntersuchungen bei Transvestiten Resultate gehabt, die im Gegensatz zur äußerlichen Konstitution der untersuchten Person standen. Man kann heute ruhig sagen, daß der Transvestismus eine ganz natürliche Auswirkung innerlicher Organbeschaffenheit sein muss, deren Berechtigung, sich nach außen Geltung zu verschaffen, nicht abgestritten werden kann; handelt es sich doch nicht um krankhafte Organveränderungen. (Weis 1930, S. 1)

Wurde Transvestitismus bislang landläufig wie wissenschaftlich als bizarre Eskapade unbekannter Ursache betrachtet, gelang es über die hormonelle Begründung, ihn als »natürliche Auswirkung« einer zwittrigen Physis darzustellen.[17] Die Transvestiten fühlten sich damit von der vermeintlichen Schuldhaftigkeit ihres Fühlens und Handelns entlastet.

Hirschfeld fragte nach dem Aufkommen jener Vermutungen 1918, ob nicht dem »Vermännlichungs- und Verweiblichungsdrang« durch Hormonkuren – etwa mit den von Bloch in die Praxis eingeführten Präparaten Testogan und Thelygan – besser beizukommen sei:

Auch an operative Transplantationen von männlichem Keimdrüsengewebe bei transvestitischen Männern und Ovarialgewebe bei transvestitischen Frauen könnte man denken, jedoch zeigt die praktische Erfahrung, daß das Verlangen der Transvestiten gerade in die entgegengesetzte Seite geht; die Männer wollen Eierstockgewebe, die Frauen Hodengewebe injiziert oder implantiert haben. *Sie empfinden eben ihren Körper, nicht ihren Geist als ihnen nicht adäquat.* (Hirschfeld 1918, S. 177, H. i. O.)

Die Transvestiten hatten demnach – wie die Mehrzahl der Homosexuellen – nicht den Wunsch, von ihrer Neigung kuriert zu werden, sondern wollten umgekehrt Mittel und Wege finden, um mit ihr in Einklang zu leben. Aufgrund dieses Bestrebens – Hirschfeld schreibt »auf dringendes Ersuchen von Transvestiten« – hatte er sich tatsächlich entschlossen, männlichen Personen »weibliche Organpräparate« zu injizieren, in deren Folge sich Brüste entwickelt haben sollen und der Bartwuchs zurückgegangen sei. Gleichzeitige Versuche, weibliche Transvestiten mit »männlichen Präparaten« zu behandeln, verliefen

---

[17] Hans Scheinmanns Beschreibung der vermeintlichen Auswirkungen der andersgeschlechtlichen Hormone auf die Körper männlicher und weiblicher Transvestiten geht so weit, dass deren Körper deutliche Zeichen des »anderen« Geschlechts tragen (Scheinmann 1929, S. 2).

jedoch ergebnislos. Insgesamt, meint er, »ermutigen die bisherigen Erfolge zu weiteren Versuchen«. Mit dem Ziel, die von den Transvestiten als lästig und nicht zu ihnen gehörig empfundene Funktion der Gonaden zu stoppen, arbeitete Hirschfeld auch mit Röntgenstrahlen – zur Zerstörung der Keimdrüsen –, ohne jedoch »Dauerwirkungen« zu erzielen (ebd., S. 177).

In der Zeit zwischen 1910 und der Institutsgründung begann der Wunsch nach körperlicher Veränderung – eben einer Geschlechtsumwandlung – mehr und mehr an Bedeutung zu gewinnen. Es ist anzunehmen, dass diese Wünsche auch durch die 1912 beginnende Popularisierung der experimentellen Geschlechtsumwandlung an Tieren verstärkt wurden. Über erste Versuche berichteten Tages- und Fachzeitschriften ausführlich. So findet sich beispielsweise im *Jahrbuch für sexuelle Zwischenstufen* von 1914 (das auch als Multiplikator diente) in der speziellen Rubrik »Transvestiten und andere Formen der Geschlechtsübergänge« ein mit »Geschlechtsumwandlungen« betitelter Zeitungsbericht über Steinachs »gelungene« Transplantationsexperimente an Ratten und Kaninchen aus der in Wien erscheinenden *Die Zeit* vom 8.11.1912 (Die Zeit 1912). Es folgten weitere Nachdrucke von Zeitungsberichten über den Fortgang dieser Experimente, der nächste unter der Überschrift »Sensationelle Geschlechtsumwandlung an Tieren« (Pester Lloyd 1914). Angesichts derartiger »Erfolge« bei Tieren schienen auch Geschlechtsumwandlungen am Menschen nicht mehr utopisch.

Dass jene Zeitungsberichte über die Tierversuche bei einigen Transvestiten Wünsche nach analogen Operationen wachriefen, lässt sich besonders eindringlich am Beispiel eines 1916 von Max Marcuse beschriebenen Transvestiten belegen. Angeregt durch die Transplantationsversuche Eugen Steinachs an Ratten und Meerschweinen in Wien, versuchte der Direktor des Dresdener Zoologischen Gartens (1912–1934) und Professor an der dortigen Tierärztlichen Hochschule Gustav Brandes bei jungen Dammhirschen die Ergebnisse zu wiederholen.[18] Er wählte diese Tierart, weil der Geschlechtsdimorphismus in der Geweihbildung besonders hervorsteche. Brandes transplantierte einem weiblichen Jungtier Hoden und einem männlichen Ovarien. Als sich bei dem vormals weiblichen Tier nach der Implantation ein »männlicher« Kehlkopf und Ansätze von Geweihknospen ausbildeten, während genau jene Merkmale bei dem vormals männlichen Jungtier nach der Ovarienimplantation fehlten, berichtete Brandes im *Berliner Tageblatt* ausführlich über diese operative »Verwandlung«. Andere Zeitungen[19] übernahmen die Mitteilungen. Im Hinblick auf die Übertragbarkeit der

---

18 Das berichtete Hirschfeld, der mit Brandes korrespondierte (Hirschfeld 1918, S. 100).
19 Im *Jahrbuch für sexuelle Zwischenstufen* (XIV, 1914, S. 324–326) findet sich ein Bericht ähnlichen Inhalts über Brandes' Versuch in der Zeitung *Pester Lloyd* vom 28. Mai 1914. In einer wissenschaftlichen Zeitschrift veröffentlichte Brandes diese Versuche auch später nicht (Lipschütz 1919, S. 273).

Methode vom Tier auf den Menschen wie auch der damit zu erzielenden Ergebnisse schrieb Brandes:

> Als zweifellos dürfte gelten, dass solche Transplantationen von Geschlechtsdrüsen beim Menschen ebenso gut möglich sind wie bei Tieren und ebenso gut wie die Verpflanzung anderer menschlicher oder auch tierischer Gewebe auf den menschlichen Körper. Und nicht weniger überzeugt bin ich von der großen Bedeutung, die solche Transplantationen für die Menschheit gewinnen können. Man denke nur an alle diejenigen, oft tief unglücklichen Personen, welche in sexuellen Dingen nicht normal empfinden, [...]. (Brandes 1914, o. S.)

Während sich Brandes durch eine »erfolgreiche Einpflanzung von etwas normalem Drüsengewebe« die Heilung der sexuellen »Anomalie« erhoffte, sahen Transvestiten in der Implantation vielmehr eine Möglichkeit, ihren Körper in der gewünschten Richtung verändern zu lassen. Der von Marcuse beschriebene Transvestit erfuhr von der Machbarkeit dieser Eingriffe aus dem zitierten einzigen Beitrag Brandes' zu diesem Thema:

> Die im Mai v. J. durch die Presse gegangene Notiz von den *Brandesschen* Experimenten der Vermännlichung einer Ricke und der Verweiblichung eines Dammhirsches veranlasste Herrn A., mich darüber zu konsultieren, ob eine derartige Operation nicht auch am Menschen mit Erfolg ausgeführt und er auf diese Weise zu einem Weibe gemacht werden könnte. (Marcuse 1916, S. 176)

Jener Transvestit, den das »Vorhandensein des Gliedes und der Hoden oft zur Verzweiflung« brachte, suchte Marcuse in kurzen Intervallen mit demselben Anliegen immer wieder auf. Er sei völlig beherrscht von der »Idee der Verweiblichung und ihrer Herbeiführung auf operativem Wege«, schreibt Marcuse.

> Seine letzte Hoffnung gründet sich auf den Erfolg der Brandesschen Experimente, und der Gedanke, »von Glied und Hoden befreit zu werden und weibliche Keimstoffe in seinen Körper eingeführt zu erhalten«, macht ihn »selig« [...]. (ebd., S. 179)

Obwohl Max Marcuse den Eingriff aus verschiedenen medizinischen und ethischen Überlegungen noch ablehnte, rückte die Geschlechtsumwandlung beim Menschen immer mehr in den Bereich des Möglichen. Marcuse schlug als weniger invasive Methode zunächst eine Hormonbehandlung vor. Er verabreichte ein aus tierischen Eierstöcken gewonnenes Ovarialpräparat »Oophorin« (von Dr. Freund und Dr. Redlich), von dessen Wirksamkeit er ausging.

Der von Marcuse beschriebene Fall wie auch die entsprechenden Mitteilungen Hirschfelds machen deutlich, dass die Initiative zur medikamentösen und operativen körperlichen Veränderung von den Transvestiten ausging. Sie wandten sich an geeignete Ärzte zwecks Realisierung ihrer Wünsche, was in der Folgezeit zu einer Kooperation zwischen Ärzten und Transvestiten führte, in der es darum ging, die Körper operativ mit dem jeweiligen Wunschgeschlecht in Übereinstimmung zu bringen. Hirschfeld spielt bei der medizinischen Begleitung dieser Versuche eine wichtige Rolle. Einige der Ärzte experimentierten mit Techniken und Methoden, die mit ganz anderen Zielen entwickelt und eingesetzt worden waren. Dabei spielte das bei der Behandlung von Kriegsverletzten erworbene Wissen aus den Bereichen kosmetische Medizin, Sexualchirurgie und angewandte Endokrinologie eine Schlüsselrolle.

Kapitel 5

Die Transvestiten im Institut für Sexualwissenschaft

5.1 Entwicklungslinien des Instituts

Die folgenden Kapitel haben die Positionen Magnus Hirschfelds und seiner Mitarbeiter vom Institut für Sexualwissenschaft zum Gegenstand. Für die Einordnung der verschiedenen Aktivitäten in das Institutsgeschehen sollen dessen Entwicklungslinien kurz umrissen werden.[1]

Im Mai 1919 eröffnete Hirschfeld im Berliner Tiergarten das weltweit erste Institut für Sexualwissenschaft als private Einrichtung (Abb. 21). Mit diesem – von der Euphorie der Umbruchszeit – angeregten politisch, ökonomisch wie auch wissenschaftlich gewagten Unterfangen versuchte er zur Anerkennung der Sexualwissenschaft als eigenständigem Fach beizutragen, gleichzeitig aber auch den Forderungen nach sexualpolitischen Veränderungen institutionellen Rückhalt zu geben.

Bereits mit der Herausgabe der *Zeitschrift für Sexualwissenschaft* (1908) – in der Hirschfeld erstmals sein Konzept dieser Disziplin vorlegte – hatte er sich an der Etablierung des Faches beteiligt. Ein weiterer Schritt war die 1913 erfolgte Gründung der ersten sexualwissenschaftlichen Fachorganisation, der bereits mehrfach erwähnten Ärztlichen Gesellschaft für Sexualwissenschaft und Eugenik, an der er ebenfalls mitwirkte (Pretzel 1997). Doch es gab zum Zeitpunkt der Institutseröffnung weder einen Lehrstuhl für Sexualwissenschaft an einer Universität noch eine andere Institution, in der Sexualforschung und Lehre systematisch betrieben wurden. Auch die Bemühungen der sexualreformerischen Organisationen, die sich um die Jahrhundertwende zu gründen begannen (unter anderen das Wissenschaftlich-humanitäre Komitee 1897, die Deutsche Gesellschaft zur Bekämpfung der Geschlechtskrankheiten 1903, der Bund für Mutterschutz 1905), um eine Reform des Sexualstrafrechts sind in der Kaiserzeit erfolglos geblieben.

Angesichts der veränderten politischen Verhältnisse schien die Verwirklichung dieser Ziele in der jungen Weimarer Republik durchaus aussichtsreich.

---

[1] Detaillierte Angaben über das Institut für Sexualwissenschaft finden sich in folgenden Arbeiten: Herrn & Dose in Vorbereitung; Herrn 2004; Magnus-Hirschfeld-Gesellschaft 2002.

Sie aufnehmend beschrieb Hirschfeld das Institut bei seiner Einweihung als eine »*Forschungsstätte*, eine *Lehrstätte*, eine *Heilstätte* und eine *Zufluchtsstätte*« (Hirschfeld 1919, S. 54, H. i. O.).

Abb. 21: Zeichnung des Instituts für Sexualwissenschaft um 1921. Es umfasste sowohl das Eckgebäude In den Zelten 10/Beethovenstraße 3 wie ab 1921 auch das Wohnhaus links daneben, In den Zelten 9a.

Hirschfelds Absicht war es, das Institut in eine wissenschaftliche und eine medizinisch-praktische Hälfte zu gliedern. Der wissenschaftliche Teil sollte vier so genannte Abteilungen umfassen, nämlich für Sexualbiologie, Sexualpathologie, Sexualsoziologie und Sexualethnologie; der medizinisch-praktische, den er auch als ärztliches Ambulatorium bezeichnete, die therapeutischen Abteilungen für seelische respektive körperliche Sexualleiden sowie die Ehe- und Berufsberatung und die Beratung für ehemalige Geschlechtskranke. Zusätzliche physio-, psycho- und organtherapeutische Einrichtungen – Hirschfeld nannte sie Hilfsstellen – waren zur Unterstützung der Abteilungen gedacht.

Fest angestellt war nur der Institutspsychiater Arthur Kronfeld. Die anderen ärztlichen Mitarbeiter, zunächst der Röntgenologe Ernst Bessunger und der Dermatologe Friedrich Wertheim, hatten lediglich Räume im Institut angemietet und arbeiteten auf eigene Rechnung. Obwohl es von der Öffnung bis zur Schließung des Instituts eine hohe Personalfluktuation gab, lassen sich die eingangs erwähnten praktischen Abteilungen fast durchgehend belegen sowie entsprechende Mitarbeiter zuordnen. Kurzzeitig sind auch weitere Abteilungen, wie die für Sexualchirurgie und die für Forensik, nachweisbar. Im Unterschied dazu hat es die wissenschaftliche Hälfte des Instituts in der geplanten Form wohl nie gegeben: Nachweisbar sind für die gesamte Institutszeit lediglich drei Mitarbeiter, die für jeweils kurze Phasen wissenschaftlichen Abteilungen zugeordnet werden können. Der Menschenkundler Hans Friedenthal leitete zwischen 1920 und 1921 die entsprechende Abteilung nebenamtlich, der Physiologe Arthur Weil zwischen 1921 und 1923 die Abteilung für »Innere Sekretion« (Endokrinologie) und Ferdinand Freiherr von Reitzenstein die sexualethologische Abteilung zwischen 1923 und 1925. Danach wurden wissenschaftliche Arbeiten entweder von den praktisch tätigen Ärzten oder Doktoranden und Praktikanten veröffentlicht; eigene wissenschaftliche Abteilungen, die der Sexualforschung gewidmet waren, fehlten. Eine ähnliche Entwicklung lässt sich bei den Lehrangeboten nachzeichnen. Sie waren zunächst als spezialärztliche Zusatzausbildung ausgelegt, hatten ab Mitte der 20er Jahre aber mehr und mehr die Aufklärung der Bevölkerung zum Ziel.

Das zunehmende Ungleichgewicht zwischen Forschung und Praxis hatte folgenden Grund: Zur Finanzierung der wissenschaftlichen Arbeit hatte Hirschfeld 1919 eine Dr. Magnus-Hirschfeld-Stiftung eingerichtet, deren Zinsen den Forschungsetat ausmachen sollten. Doch während der Inflation schmolz das Stiftungsvermögen auf wenige hundert Mark, so dass keine nennenswerten Beträge für die wissenschaftliche Arbeit mehr verfügbar waren. Obwohl der preußische Staat die Dr. Magnus-Hirschfeld-Stiftung 1924 als gemeinnützig anerkannte, hatte sich Hirschfelds lange gehegter Wunsch nach Übernahme oder Finanzierung durch ihn zu dieser Zeit bereits zerschlagen. Vor allem deshalb war an einen Ausbau der wissenschaftlichen Arbeit seither nicht mehr zu denken.

Obwohl Hirschfelds sexualpolitisches Engagement seit der Jahrhundertwende bestand und das Institut gleich nach der Eröffnung entsprechende Aktivitäten entfaltete, fuhrte erst die Verabschiedung des amtlichen Entwurfs eines neuen Reichsstrafgesetzbuches 1925 zur Fokussierung der Arbeit auf die Sexualreform. Im Institut wurde eine entsprechende Abteilung eingerichtet, von der ein Zusammenschluss linker sexualreformerischer Kräfte im »Kartell für eine Reform des Sexualstrafrechts« ausging, das 1927 den so genannten *Gegenentwurf* für ein Sexualstrafrecht erarbeitete.

Gleichzeitig wurden neue Institutsmitarbeiter gewonnen, deren besondere Qualitäten in den Bereichen Aufklärung und Beratung lagen: Max Hodann, Ludwig Levy-Lenz und Felix Abraham.

Das Institut für Sexualwissenschaft veränderte sein Profil etwa 1926 von einer wissenschaftlich-praktischen Einrichtung zu einer reinen Behandlungseinrichtung, von der aufklärende Angebote und politische Aktivitäten ausgingen. Verstärkt wurde dieser Trend mit der Gründung der Weltliga für Sexualreform 1928, die ihren Sitz ebenfalls im Institut hatte. Nachdem es 1929 aus dem WhK zu heftigen Anwürfen gegen Hirschfeld gekommen war, so dass er dessen Vorsitz niederlegte, trat er 1930 eine Weltreise an. Der Institutsbetrieb wurde jedoch – trotz seiner Abwesenheit – bis zur Plünderung durch die Nazis am 6. Mai 1933 aufrecht erhalten. Hirschfeld, der seine Reise 1932 beendete, ging direkt ins Exil in die Schweiz und später nach Frankreich, wo er 1935 starb.

Abb. 22: Drei Transvestiten und eine Transvestitin am rechten Seiteneingang des Instituts für Sexualwissenschaft im September 1921. Die Aufnahme Willy Römers entstand aus Anlass des ersten Kongresses »Sexualreform auf sexualwissenschaftlicher Grundlage«, zu dem die Abgebildeten wahrscheinlich zu »Demonstrationszwecken« eingeladen wurden, vielleicht aber auch nur als Gäste anwesend waren.

Mittlerweile liegen einige Veröffentlichungen über die Arbeit und die Bedeutung des Instituts im Kontext der Sexualreformbewegungen, der Eheberatung, der Schwangerschaftsverhütungs- und Abtreibungsdiskussion in den 20er Jahren vor (von Soden 1988; Usborne 1994; Grossmann 1995). Auch über

Hirschfelds Rolle für die Homosexuellenbewegung wurde gearbeitet (Baumgardt 1984; Herzer 1997 und 2001; Mildenberger 2002; Herrn 2002), allerdings nicht über seine Bedeutung für die Transvestiten. Dabei ergibt sich aus seinem Engagement für diesen Personenkreis ganz von selbst, dass sich das Institut für Sexualwissenschaft ab 1919 zur zentralen Anlaufstelle entwickelte (Abb. 22).

Abb. 23: Eine bisher unveröffentlichte Aufnahme eines unbekannten Fotografen, die Magnus Hirschfeld (2. v. rechts) zwischen kostümierten Frauen und Männern zeigt. Er hält die Hand seines Lebensgefährten Karl Giese, der eine Art Bluse trägt (8. von rechts). Das Foto dokumentiert die freundschaftlich-ausgelassene Atmosphäre im Institut für Sexualwissenschaft, wie auch das von Hirschfeld bevorzugte egalitäre Verhältnis zu Kollegen, Gästen und Patienten.

Nach den ersten Erfahrungen über die Zusammensetzung der Institutsklientel berichtet Hirschfeld 1920: Von den 3.500 Personen, die das Institut im ersten Jahr seines Bestehens aufsuchten, gehörten 30% »weder dem einen, noch dem anderen Geschlecht an, sondern den intersexuellen Varianten [...]« (Hirschfeld 1920, S. 55). Dieser Sammelbegriff umfasst Transvestiten, Homosexuelle und Metatropen genauso wie die Pseudohermaphroditen, die Bartdamen und Gynäkomasten. Exakte Angaben über die im Institut verkehrenden Transvestiten und jene, die es wegen einer Behandlung oder Beratung aufsuchten, sind freilich nicht überliefert. Doch wenn Felix Abraham mitteilt, »Die Zahl der Transvestiten ist größer als man vermuten sollte. – Allein in Berlin sind uns

1000 Fälle bekannt geworden« (Anonym 1930, S. 165), wird deutlich, dass sie eine beträchtliche Gruppe der Institutsbesucher ausgemacht haben.

Wenn Hirschfeld das Institut – wie eingangs erwähnt – auch als Zufluchtsstätte begriff, so ging diese Funktion über das übliche professionelle Verständnis von Sexualwissenschaft hinaus (Abb. 23).

5.2 Die Erforschung der Transvestitinnen. Zweiter Versuch

Offenbar regte Hirschfeld unmittelbar nach der Eröffnung des Instituts eine Untersuchung über Transvestitinnen an.[2] Dafür hatte er den gerade approbierten Arzt Hans Abraham[3] gewonnen. Zwar hatte Hirschfeld im Jahrbuch für sexuelle Zwischenstufen ab 1915 eine sehr ausführliche Berichtsfolge unter der Überschrift »Frauen als Soldaten im Weltkriege« veröffentlicht, doch blieben die Transvestitinnen – in Ermangelung heterosexueller Fallbeispiele – in seinen grundlegenden Publikationen (*Die Transvestiten, Sexualpathologie*) stark vernachlässigt. Obwohl Hans Abraham in der Einleitung einer 1920 publizierten Zusammenfassung von »einer demnächst erscheinenden größeren Arbeit« schreibt, die »auf Veranlassung von Herrn San.-Rat Dr. Hirschfeld« entstanden sei, wurde sie vielleicht infolge der Inflation nie veröffentlicht, möglicherweise aber auch, weil das Ergebnis nicht den Erwartungen Hirschfelds entsprach. Letztere Vermutung gründet darauf, dass in der vom Institut herausgegebenen Reihe *Sexus* 1921 drei Bände, darunter zwei Dissertationen, erschienen, in die Abrahams Studie hineingepasst hätte (Abraham 1920, S. 53). Die maschinenschriftliche Fassung der Dissertation befindet sich in der Bibliothek der Humboldt-Universität zu Berlin.

Abraham stellt in seiner Untersuchung zwölf in Berlin lebende Transvestitinnen vor, die, mit Ausnahme der von Hirschfeld 1910 porträtierten Helene N., von ihm selbst beobachtet wurden und bis dahin unveröffentlicht waren. Auf welche Weise Abraham Kontakt zu diesen Personen bekam, lässt sich nur vermuten: Wahrscheinlich suchten sie Hirschfeld und das Institut wegen eines

---

[2] Aus der Datierung der dieser Arbeit zugrunde liegenden Befragungen lässt sich schließen, dass bereits 1919 damit begonnen wurde. Die Arbeit wurde 1920 fertiggestellt und 1921 an der medizinischen Fakultät der Friedrich-Wilhelm-Universität zu Berlin, der späteren Humboldt-Universität, bei Karl Bonhoeffer eingereicht (Jahresverzeichnis der Deutschen Universitätsschriften, 1921).

[3] Verwandtschaftliche Beziehungen zwischen dem Psychoanalytiker Karl Abraham, dem Promovenden Hans Abraham und dem späteren Institutsmitarbeiter Felix Abraham sind nicht bekannt.

Abb. 24: Fotografie Hans Abrahams von drei Transvestitinnen aus seiner Kasuistik mit der knappen Bildlegende »Felix F. Fall 4, Max Sch. Fall 7, Ernst K. Fall 6 (photogr. vom Verf.)«. Im Text wird nicht auf die Fotos eingegangen. Die Bildinszenierung erinnert weniger an Traditionen der medizinischen Fotografie – in der sie schließlich entstand – als an Korporations- und Erinnerungsbilder. Man beachte die bis ins kleinste Detail perfekte männliche Ausstattung in Kleidung, Accessoires und Körperinszenierung.

Gutachtens für den Transvestitenschein und/oder die Vornamensänderung auf. Denn die meisten von ihnen besaßen ein solches von der Polizei ausgefertigtes Schreiben, das wahrscheinlich auf ein Gutachten Hirschfelds zurückgeht – es ist außer ihm und seinen Kogutachtern Iwan Bloch und Ernst Burchard kein weiterer Arzt bekannt, der in dieser Zeit dafür in Frage käme (Abraham 1921, S. 5 und 17). Nach Abrahams Angaben hatte Hirschfeld eine der Porträtierten auch gebeten, einen Lebenslauf zu schreiben.

Ungewöhnlich an der Darstellung Abrahams ist, dass er seine Protagonistinnen entsprechend ihrer gewählten Geschlechtszugehörigkeit teils mit weiblichen, teils mit männlichen Vornamen und im Text durchgängig mit den entsprechenden Personalpronomen »sie« oder »er« beschreibt. Sie werden wie folgt vorgestellt: »Jenny St., Dentistin, 21-jährig«, »Charlotte K., Flugzeugführer, 21-jährig«, »Amanda B., Briefträger, 29-jährig«, aber: »Felix F., Krankenpfleger, 53 Jahre«, »Karlheinz K., Metallarbeiter«, »Ernst K., Kutscher, 33 Jahre«, »Max Sch., Zahntechniker, 25 Jahre«[4], »Hans M., Kellner, 33 Jahre«, »Franz K., Restaurateur, 46 Jahre«, »Helene N., 40 Jahre«, »Gehse, 36 Jahre, Konfektionsarbeiter«, »Lier, 21 Jahre, Fabrikarbeiter« (vgl. auch Abb. 24). Die Mehrzahl hatte sich nicht nur einen männlichen Namen, sondern auch einen »männlichen« Beruf zugelegt. Während die meisten der von Hirschfeld beschriebenen männlichen Transvestiten wünschten, eine gegengeschlechtliche Rolle zu übernehmen, wurde das von den Transvestitinnen einfach gelebt, ohne ihrer Umwelt Rechenschaft darüber abzulegen. Die männlichen Namen hatten sie sich offenbar selbst zugelegt, denn es war für sie juristisch unmöglich, einen weiblichen Vornamen in einen eindeutig männlichen umschreiben zu lassen.[5]

Was die sexuelle Neigung der Transvestitinnen angeht, befand sich Abraham in Erklärungsnöten. In der gesamten Einleitung ist das Bemühen deutlich spürbar, Hirschfelds Trennung der Transvestiten von den Homosexuellen aufrecht zu erhalten. Doch nachdem er seine Protagonistinnen vorgestellt hat,

---

[4] Max Sch., der einen Transvestitenschein besaß, hatte nach Abrahams Bericht bereits einige Suizidversuche hinter sich. Er ließ sich kurze Zeit vor der Befragung Brüste und Ovarien entfernen (S. 24). Diesen Eingriff hatte wahrscheinlich Richard Mühsam vorgenommen, der 1926 von einem »weiblichen Transvestiten (Zahnarzt), welcher ebenfalls mit Erlaubnis der Behörde in Männerkleidung einherging«, berichtet, den er operierte und der nach seiner Meinung »aus Verzweifelung über ihr verfehltes und unbefriedigtes Leben durch Selbstmord« endete (Mühsam 1926, S. 455).

[5] Abraham (1921) erwähnt, »dass einige von der Polizei die Erlaubnis erhalten haben, [...] einen männlichen Vornamen zu führen« (S. 5). Dabei könnte es sich um einen Irrtum handeln, zumindest finden sich keine Anhaltspunkte dafür, dass es jemals eine derartige Regelung in Deutschland gab. Vgl. dazu den folgenden Abschnitt über die juristischen und polizeilichen Liberalisierungen.

schreibt Abraham im analytischen Teil seiner Arbeit: »Es fällt vor allem auf, daß – bis auf den 10. Fall[6] – alle weiblichen Transvestiten homosexuelle Triebrichtung haben« (ebd., S. 44). Angesichts solch eindeutiger Ergebnisse will Abraham dennoch glauben machen, dass es »natürlich nur als reiner Zufall angesehen werden kann, daß die mir zur Kenntnis gelangten Fälle von weiblichem Transvestitismus homosexueller Natur sind [...]« (ebd., S. 44). Nun, Zufall war es offenbar nicht, sonst hätte Hirschfeld längst heterosexuelle Transvestitinnen beschrieben. Er und Abraham kannten sich in der Berliner Szene bestens aus, mit Sicherheit hätten sie auf ihnen zur Kenntnis gelangte Fälle verwiesen. Auch Arthur Kronfeld, der nicht wenige Transvestiten in seiner Praxis sah, schreibt, dass ihm zwar viele heterosexuelle Transvestiten, aber »kein einziger weiblicher zu Gesicht gekommen ist« (Kronfeld 1923, S. 70). Vielleicht liegt hier der Grund, warum Abrahams Arbeit nicht veröffentlicht wurde;[7] sie wäre Wasser auf die Mühlen von Hirschfelds Kritikern gewesen.

1924 wird eine weitere Dissertation aus dem Institut über einen männlichen Transvestiten verfasst, die hier im Kontext der operativen Geschlechtsumwandlungen vorgestellt wird. Entsprechend der bereits beschriebenen allgemeinen Abnahme wissenschaftlicher Arbeiten aus dem Institut für Sexualwissenschaft ab Mitte der 20er Jahre lassen sich ansonsten nur kleinere Veröffentlichungen von Kronfeld über Transvestiten sowie eine Wiederveröffentlichung der von Hirschfeld und Burchard bereits (1912a) publizierten »Fallstudie« über Emil Kellner einschließlich dem typischen Gutachten nachweisen (Kronfeld 1922, 1923, 1923a; Hirschfeld 1926).

---

[6] Es handelt sich um die bereits von Hirschfeld 1910 beschriebene Helene N., die Abraham in seine Kasuistik aufnahm (S. 26-39). Hirschfeld wollte sie als heterosexuell durchgehen lassen. »Bezüglich ihres Geschlechtslebens gibt sie an, dass ihr Trieb zwischen beiden Geschlechtern gewechselt habe; sexuelle Träume hätten sich allerdings auf Frauen erstreckt, wobei sie dann ganz als Mann empfunden habe. Doch seien ihr Männer sexuell nicht unsympathisch [...]« (Hirschfeld 1910, S. 126; Abraham 1921, S. 39).

[7] Unbekannt ist, auf welchem Wege einige dieser unveröffentlichten Fälle dennoch zur Publikation gelangten. 1924/25 publizierte Lothar Goldmann, wahrscheinlich ein Berliner Arzt, der nach New York übergesiedelt war, eine später auch als Buch erschienene Aufsatzfolge »Über das Wesen des Umkleidestriebes« in der Zeitschrift *Geschlecht und Gesellschaft* (Bd. XII). Die einzigen von ihm dort beschriebenen Transvestitinnen sind Fälle, die sich auch in Abrahams Kasuistik finden. Die bei Abraham als »Felix P.« (S. 13–17) vorgestellte Transvestitin heißt bei Goldmann »Frau R.« (S. 361–364), die bei Abraham als Tante respektive Nichte vorgestellten »Gehse« und »Lier« (S. 39-43) finden sich bei Goldmann als »Fall III und IV« (S. 365–366).

5.3 Die Transvestitenberatung

Im Institut wurde gleich zu Beginn die erste Ehe- und Sexualberatungsstelle in Deutschland eröffnet. Ein grundlegender Unterschied zu den anderen, ab 1924 nach und nach gegründeten derartigen Einrichtungen der Weimarer Zeit besteht in der Beratung Homosexueller und Transvestiten; das gab es sonst nirgendwo. Das deutet Karl Giese, seit 1918 Hirschfelds Lebensgefährte und späterer Institutsarchivar, in der Einleitung seines Beitrages »Transvestitismus und Eheberatung« etwas verklausuliert an:

> Allem Anschein nach wird aber in den meisten Eheberatungsstellen das eugenische resp. bevölkerungspolitische Moment in den Vordergrund gerückt, während die Anziehungsgesetze der Liebe in ihrer großen Mannigfaltigkeit weniger berücksichtigt werden. (Giese 1930, S. 66; vgl. auch Hirschfeld 1926a, S. 4)

Die professionelle Beratung und gegebenenfalls Behandlung von Homosexuellen und Transvestiten wurden von Magnus Hirschfeld, Arthur Kronfeld und später von Felix Abraham durchgeführt.

Abb. 25: Felix Abraham berät einen Transvestiten in seinem im Obergeschoss des Instituts befindlichen Behandlungszimmer. Im Original hat das Bild die Unterschrift: »Ein männlicher Transvestit in Frauenkleidern beim Arzt«.

Während das Behandlungsziel gängiger psychotherapeutischer Methoden – von der Psychoanalyse bis zur Hypnose- und Suggestionstherapie – in der Regel darin bestand, die Betreffenden von ihrer Homosexualität oder ihrem Transvestitismus zu »heilen«, hielt Hirschfeld diese Verfahren schon aufgrund der konstitutionellen Verwurzelung der Neigungen für untauglich. Das brachte ihn in Übereinstimmung mit seinem emanzipatorischen Ansatz dazu, Homosexuelle und Transvestiten in dem zu bestärken, was sie sind.

Bereits 1910 hatte sich Hirschfeld dafür ausgesprochen, Transvestiten auch aus therapeutischen Gründen die Möglichkeit zu geben, die gewünschte Kleidung zu tragen. »Wir sahen an mehreren Beispielen, wie ganz außerordentlich beruhigt und zu ihrem Vorteil verändert sich die Transvestiten fühlen, wenn dies zuweilen geschieht« (Hirschfeld 1910, S. 302). Insofern kann man seine Empfehlung, ihnen das Tragen der gewünschten Kleidung zu gestatten, sowie seine Bemühungen um eine dementsprechende juristische Regelung auch als therapeutischen Beitrag betrachten.

1914 legte Hirschfeld einen Ansatz vor, den er zunächst »Adaptationsbehandlung (Anpassungstherapie)« nannte, später »psychische Milieutherapie«[8] Er beschreibt sie wie folgt:

Die adäquate Milieutherapie sucht den Patienten in eine Umgebung zu bringen, die dem entspricht, was er ist. Sie ist persönlichkeitsbejahend [...]. Die persönliche Milieutherapie bezieht sich auf den Personenkreis, in dem und mit dem jemand lebt. Sie ist der wichtigste Faktor. Zunächst kommt hier der verständnisvolle Arzt in Frage, der zwischen sich und dem Patienten ein Vertrauensfluidum herzustellen weiß [...]. Dieser Einfluss kann naturgemäß nur ein vorübergehender sein. Deshalb muss eine Ablösung des Arztes stattfinden, durch Personen, die dem Patienten gleichfalls Verständnis und Toleranz entgegenbringen, mit denen er sich ebenso vertrauensvoll aussprechen kann wie mit dem Arzt selbst. Besonders eignen sich hierzu ›Leidensgefährten‹, die bereits eine höhere Stufe der Erkenntnis errungen haben. [...] Wirken diese beiden Personengruppen bereits in erheblichem Grade auf einen seelisch leidenden Menschen harmonisierend, seine Arbeitskraft und Lebenslust steigernd ein, so verstärkt sich dieser Einfluss der persönlichen Umgebung, wenn sich darunter jemand befindet, auf welchen der Patient, sei es bewusst oder unbewusst, auch psychoerotisch überträgt. (Hirschfeld 1927, S. 692)

---

8 Hirschfeld entwickelte das Konzept der »Anpassungstherapie« ausschließlich für Homosexuelle (Hirschfeld 1914a, Kap. 23, S. 439–461). In der zweiten veröffentlichten Fassung werden die Homosexuellen als Zielgruppe nicht mehr erwähnt. Hirschfeld beansprucht mit seinem Konzept allgemeine Übertragbarkeit (Hirschfeld 1927, S. 691–692, auch in: Hirschfeld 1928, S. 578–582).

Hirschfelds therapeutische Strategie basiert, wie in der Sexualberatung heute gang und gäbe, zunächst auf der Akzeptanz der sexuellen Neigung und der Selbstwertsteigerung. Der Therapeut soll zum Vertrauten des Patienten und danach zum Vermittler von Kontakten zu Gleichgesinnten und subkulturellen Einrichtungen werden. Seine letzte Aufgabe sei es, den Patienten unabhängig und damit sich selbst überflüssig zu machen.[9] Mit diesem Behandlungskonzept begab sich Hirschfeld in offene Opposition zur Mehrzahl der Therapeuten.

Arthur Kronfeld war der einzige Institutsarzt mit einer psychiatrischen Ausbildung, nur er beherrschte die klassischen psychotherapeutischen Verfahren (Kronfeld 1924). Über seine Behandlung von Transvestiten liegen nur wenige Mitteilungen vor. Sie betreffen besonders jene Patienten, die den Wunsch hatten, sich kastrieren zu lassen, sowie jene, die suizidgefährdet waren. Kronfeld versuchte, sie mit den ihm zur Verfügung stehenden psychotherapeutischen Verfahren von dem einen wie dem anderen abzubringen, was ihm wohl nicht in jedem Falle gelang, wie noch zu zeigen sein wird. Dass er auch versuchte, Transvestiten durch Psychoanalyse zu »heilen« – und damit Methoden anwendete, die Hirschfeld ablehnte –, geht aus seinen Beschreibungen dieser Personengruppe hervor (Kronfeld 1923, S. 68-71). Wie Kronfeld Hirschfelds Adaptationsbehandlung einschätzte und inwiefern er sie bei Transvestiten einsetzte, ist allerdings nicht bekannt.

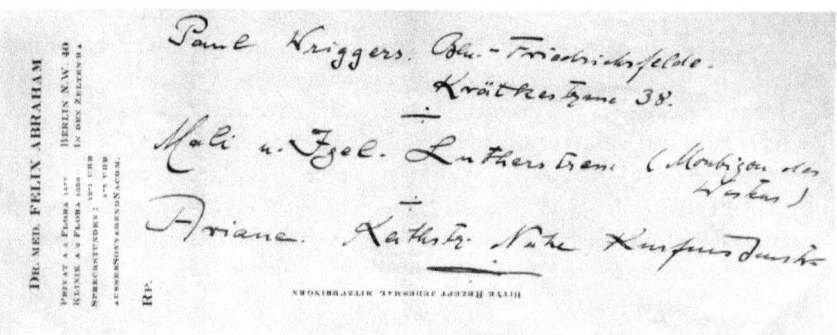

Abb. 26: Auf dem gedruckten Rezept Felix Abrahams für die junge Transvestitin Eva Katter steht: »Paul Wriggers. Bln.-Friedrichsfelde. Krätkestrasse 38 ./. Mali u. Igel. Lutherstrasse (Monbijou des Westens) ./. Ariane. Keithstr. Nähe Kurfürstenstr.« Nach Auskunft Katters war Paul Wriggers in der Transvestitenvereinigung Club D'Eon aktiv. »Mali und Igel« sowie »Ariane« waren Transvestitenlokale im Berliner Westen.

---

[9] Eine ausführliche Darstellung von Hirschfelds Therapiekonzept findet sich bei Dose 1989.

Besonders ausgeprägt findet sich Hirschfelds Ansatz der Milieutherapie in der Beratungs- und Behandlungspraxis bei Felix Abraham wieder, der, nachdem Kronfeld das Institut 1926 verlassen hatte, ab 1928 diesen Aufgabenbereich übernahm und bis 1933 mit großem Engagement ausfüllte (Abb. 25). Grundsätzliche Veröffentlichungen Abrahams dazu liegen zwar nicht vor, aber als ein Beleg für seine Haltung in dieser Frage kann sicher folgendes von ihm ausgestelltes Rezept gelten. Darauf hat er – wahrscheinlich als Empfehlung – einem seiner Klienten den Namen der bekannten Transvestitenbar »Mali und Igel« geschrieben wie auch den der Transvestitenvereinigung Club D'Eon (Abb. 26).

Entsprechend Hirschfelds Ansatz ging Abrahams Engagement – wie noch ausführlich dargestellt wird – weit über die eigentliche Beratung hinaus. Er fungierte durch seine medizinischen Gutachten als »ärztlicher Anwalt« und durch seine Mitgliedschaft im Ehrenkomitee der noch vorzustellenden Transvestitenvereinigung Club D'Eon als direkter »Vermittler« zur Transvestitenszene.

Abb. 27: Im Original nebeneinander gestellte Atelieraufnahmen eines Transvestiten in Männer- und Frauenkleidern, die mehrfach in verschiedenen Transvestitenzeitungen publiziert wurden. Diese Abbildung verwendete Giese als visuellen Beleg für seine These von der Untauglichkeit Homosexueller für die Ehe. Er versah sie mit der Unterschrift: »Hochgradig femininer für die Ehe ungeeigneter Mann«. Hirschfeld verwendete die Fotos mit der Legende »Temporärer Transvestitismus« (Hirschfeld 1930a, S. 588).

Eine Besonderheit der Beratung bestand in der Frage nach der »Ehetauglichkeit«. Wenn Ratsuchende mit Heiratsabsichten ins Institut kamen, wurde hinsichtlich des Beratungszieles zwischen heterosexuellen und homosexuellen Transvestiten unterschieden. Nach Karl Gieses Auffassung, die sich mit denen der anderen Mitarbeiter decken dürfte, seien homosexuelle Transvestiten »für eine Ehe von vornherein unbrauchbar« (Giese 1930, S. 68).

Anders verhalte es sich bei heterosexuellen Transvestiten, gegen deren Verehelichung prinzipiell keine Bedenken zu erheben seien (Abb. 27 und 28). Das war Hirschfelds Standpunkt seit 1910, doch schon damals schränkte er ihn wie folgt ein:

> Unbedingt muss gefordert werden, dass ein Transvestit, bevor er heiratet, seine Frau über sich aufklärt; es kann einem Weibe nicht zugemutet werden, dass sie unvorbereitet eines Tages der bizarren Eigenart ihres Mannes gegenübersteht. Ich habe mich gewundert, dass sich manche Frauen allerdings verhältnismäßig leicht darin gefunden haben, mit ihren weiblich gekleideten Ehemännern sogar zu verreisen oder mit ihnen abends am Familientisch zu sitzen, beide Ehegatten in Frauentracht. (Hirschfeld 1910, S. 302)

Abb. 28: Mit dieser Abbildung sollte die ideale Ergänzung heterosexueller männlicher und weiblicher Transvestiten (wobei es heterosexuelle Transvestitinnen nach bisheriger Kenntnis nicht gab) in der so genannten Transvestitenehe illustriert werden. Giese versah es mit der Bildlegende: »Transvestitisches Ehepaar in glücklicher Ehe. ›Sie‹ ist der Mann, ›Er‹ die Frau. (Bart angeklebt)«. Hirschfeld ordnete das Foto der Rubrik »Metatropischer Transvestitismus« zu (Hirschfeld 1930a, S. 620).

Die Aufforderung zur rechtzeitigen Aufklärung der zukünftigen Ehefrau findet sich in nahezu allen Beiträgen über die Transvestitenberatung aus dem Institut, denn Ehefragen bildeten auch in den 20er Jahren einen Schwerpunkt, wie Felix Abraham hervorhebt (Anonym 1930, S. 165). Das war schließlich auch der Grund, die Einrichtung einer speziellen Eheberatungsstelle für Transvestiten in das Zehnpunkteprogramm der Transvestitenvereinigung D'Eon aufzunehmen (Weis 1930a).

Im Kontext der »Eheeignung« der Transvestiten spielte aber auch das »eugenische Moment« eine Rolle, das in den anderen Beratungsstellen als sehr wichtig erachtet wurde. Damit relativiert sich Karl Gieses eingangs getroffene Unterscheidung zwischen der Institutsberatung und der von anderen Einrichtungen der Weimarer Zeit etwas. Weil bei den Transvestiten der »andersgeschlechtliche Einschlag besonders beträchtlich ist«, hegte Hirschfeld grundsätzliche Bedenken »hinsichtlich der Zweckmäßigkeit dieser Ehen«, insbesondere was die Folgen für die Nachkommenschaft betrifft. Es waren eugenisch motivierte Vorbehalte, die er 1910 äußerte.[10] Auch wenn Transvestitismus »selbst noch nicht als Entartung angesprochen werden soll«, so könne doch erwartet werden, dass er bei den »Nachkommen zu psychisch uneinheitlichen, gelockerten, labil degenerierten Individuen führen kann. Einen Beweis für diese mehr theoretischen Erwägungen entspringende Vermutung kann ich allerdings nicht bringen, im Gegenteil, die Kinder der Transvestiten, welche ich sah, machten auf mich einen gesunden Eindruck« (Hirschfeld 1910, S. 303).

Im Hinblick auf Hirschfelds eugenische Ressentiments gibt es eine Parallele zu seinen Anschauungen zur Homosexualität. In einigen frühen Arbeiten versuchte er die Klassifizierung der Homosexualität als Degeneration – wie sie von der Mehrzahl der Psychiater vorgenommen wurde – sogar mit eigens angestellten Untersuchungen zu widerlegen. Ab 1914 ging er jedoch dazu über, Homosexualität als von der Natur eingerichteten Schutz, »als Vorbeugungsmittel der Degeneration« darzustellen. Damit verhindere »die Natur« die Fortpflanzung jener, deren Nachkommen »Degenerationserscheinungen« wie »geistige Minderwertigkeit« befürchten ließen (Hirschfeld 1918, S. 215).[11] In diesem Sinne wurde angesichts der Diskussion um die Einführung von Ehetauglichkeitszeugnissen Anfang der 20er Jahre vom WhK sogar eine Resolution gegen die Ehe Homosexueller »mit Rücksicht auf ihre Frauen und ihre Nachkommenschaft« verabschiedet (Hirschfeld 1922, S. 103).

---

[10] Hirschfelds eugenische Positionen, die in der Rezeption der letzten Jahre zu intensiven Auseinandersetzungen über seine Person führten, finden sich bei Seeck 2003 dokumentiert.

[11] Erstmals erwähnt er die Argumentation in: Hirschfeld 1914a, S. 392.

Bezogen auf Transvestiten hielt Hirschfeld an dieser Sicht auch später fest. Ihr schloss sich Felix Abraham an, mit dem zusätzlichen Argument, »einer Vererbung dieser Veranlagung aus dem Wege zu gehen« (Anonym 1930, S. 165). Karl Giese fragte darüber hinaus: „Wie soll man den Kindern den Vater in Frauenkleidern erklären?« (Giese 1930, S. 68).

5.4 Liberalisierungen: Juristische und kriminalistische Regelungen der Weimarer Zeit

Wie beschrieben war es bereits um 1908/1909 durch Hirschfelds Fürsprache gelungen, Transvestiten mit Hilfe ärztlicher Gutachten ein polizeiliches Legitimationsschreiben zu verschaffen, mit dem sie in der Öffentlichkeit weitgehend unbehelligt blieben, wenn sie die Kleidung des anderen Geschlechts trugen. Diese Praxis des Transvestitenscheins ist offenkundig sehr verbreitet gewesen, entsprechende Mitteilungen finden sich häufig, Zahlenangaben liegen jedoch nicht vor. Schwierigkeiten bei der Bewilligung scheint es auch in der Weimarer Zeit kaum gegeben zu haben, sofern ein befürwortendes Gutachten vorlag. Verweigerungen entsprechender Anträge sind nicht überliefert. Nur in einem Fall, nämlich dem noch vorzustellenden der Amanda Balitzki, kann nachgewiesen werden, dass ein derartiger Schein in der Weimarer Zeit zurückgezogen wurde. Obwohl es keinen Paragraphen gab, der das Tragen von Männerkleidern untersagte, sprach das Gericht ein dahingehendes Verbot gegen Balitzki aus.

Im Unterschied zum Transvestitenschein gab es hinsichtlich der von einigen Transvestiten angestrebten Vornamensänderung bisher keine befriedigende Lösung. Die 1912 bei Louis Sch. erstmals erfolgreich umgesetzte Strategie, mittels Gutachten Transvestiten als Zwitter zu deklarieren und damit eine Namens- und Personenstandsänderung zu erreichen, konnte zunächst nicht wiederholt werden. Noch 1918 berichtete Hirschfeld über das Problem:

Wirtschaftlich und gesellschaftlich unabhängige Transvestiten finden meist Mittel und Wege, um über die Schwierigkeiten hinwegzukommen, die ihnen aus dem Missverhältnis zwischen Tracht und Namen erwachsen. Einige legen sich auch wohl einen neutralen Namen bei, wie Toni (gleichzeitig eine Abkürzung von Anton und Antonie) oder Gert (Abkürzung von Gertrud oder Gerhard); andere setzen es durch, daß auf ihren Ausweispapieren der Vorname nur mit dem Anfangsbuchstaben verzeichnet ist. Vielfach aber stoßen im Berufsleben stehende Transvestiten in dieser Hinsicht auf so große Schwierigkeiten, daß sie sich lediglich aus diesem Grunde gezwungen sehen, von der Umkleidung Abstand zu nehmen. So kannte ich [...] eine Hedwig W., die in Berlin zwei Jahre als Mann lebte, während welcher Zeit sie sich Herbert W. nannte. Da aber auf ihren Papieren Hedwig stand, war es ihr unmöglich, eine neue Stellung zu finden; diejenigen, die einen Herren engagieren wollten, nahmen an ihrem Namen, die, welche eine Dame wünschten, an ihrer Kleidung Anstoß. [...] Bei dieser Sachlage ist es wohl begreiflich, daß manche Transvestiten einen langen und erbitterten Kampf um ihren Namen führen. (Hirschfeld 1918, S. 171)

1920 gab es in dieser Hinsicht eine Veränderung. Der Institutsanwalt Walther Niemann, der sich auch um die Anerkennung ärztlicher Atteste durch die Polizei und die daraufhin zu veranlassende Ausstellung von Transvestitenscheinen bemühte, berichtet, dass auch hinsichtlich der Namensänderung eine Einzelfalllösung durchgesetzt sei. Zwar gab es seit dem 3. November 1919 für preußische Staatsbürger die vor allem von so genannten Ostjuden und Polen genutzte Neuregelung für die Änderung des Familiennamens, nicht jedoch eine für die Änderung des Vornamens. Diesbezügliche Anfragen beantworteten einige preußische Amtsgerichte damit, dass sie nicht zuständig seien. Das änderte sich im Nachklang einer Verfügung des preußischen Justizministers Hugo am Zehnhoff vom 21. April 1920, womit die Amtsgerichte »zur Prüfung und eventuellen Änderung des Vornamens ermächtigt« wurden[12] (Niemann 1920, S. 145).

Niemann versuchte daraufhin mit einem Sammelmandat mehrerer weiblicher Transvestiten, die bereits die »Ermächtigung des Polizei-Präsidenten besaßen, die Kleidung des anderen Geschlechts zu tragen«, beim Amtsgericht Berlin-Mitte die Änderung der Vornamen zu beantragen. Weil sich das Gericht trotz der Anweisung für unzuständig erklärte, hielt Niemann mit dem Justizministerium Rücksprache. Von dort erging die Auskunft, dass es keinen Erlass des preußischen Justizministers gebe, wonach »Personen zweifelhaften Geschlechts die generelle Ermächtigung erteilt [wird], einen neutralen Vornamen anzunehmen [...]« (ebd., S. 146). Vielmehr behalte sich der Justizminister – mit dem Gestus eines Souveräns – persönlich vor, über »die Bewilligung des Gesuchs« im Einzelfall zu entscheiden. Nachdem sich nunmehr einige Transvestiten an ihn gewandt hätten, lehnte er es ab – im Unterschied zu der Transvestitenscheinregelung des Polizeipräsidenten –, die Namensänderung von einem ärztlichen Gutachten abhängig zu machen. Vielmehr erklärte er sich bereit, »soweit es das äußere Fortkommen solcher Personen im Einzelfall

---

12 Walther Niemann bezieht sich hier auf folgende Veröffentlichung des Justizministers: »Allgemeine Verfügung vom 21. April 1920, betreffend die Erteilung der Ermächtigung zur Änderung von Vornamen« (Justiz-Ministerial-Blatt für die preußische Gesetzgebung und Rechtspflege 1920, S. 166 sowie 1921, S. 522–523).

dringend erheischt, [...] sie zur Führung eines neutralen Vornamens zu ermächtigen, der sowohl eine weibliche, wie eine männliche Person bezeichnen kann. (Theo, Alex, Toni, Geerd u. dergl. mehr)« (ebd., S. 146). Auch wenn der Justizminister die Gutachten nicht als Grundlage seiner Entscheidung anerkannte, waren es doch Hirschfelds Argumente, die er seiner Entscheidungspraxis zugrunde legte. Niemann berichtet, dass er infolge dieser Regelung »in zirka 6 Fällen eine Änderung bisheriger weiblicher Voramen in Alex und Gerd erlangt« habe und, »nun die Anträge im allgemeinen schnell erledigt und eine Änderung des Vornamens meist in einigen Wochen durchgeführt werden konnte« (ebd., S. 146).

[67519]
Ich ermächtige die Gertrud Grete Jakobine Boralewski in Berlin O. 112, Gabelsbergerstraße 7, geboren am 1. November 1886 zu Berlin, an Stelle der Vornamen Gertrud Grete Jakobine den Vornamen Gerd zu führen.
Berlin, den 18. September 1920.
Der Justizminister.
Im Auftrage: (Unterschrift).
(Ermächtigung:
Auf Anordnung des Amtsgerichts Berlin-Mitte, Abteilung 96, bekanntgemacht.

[72585]
Ermächtigung — III d 1830.
Ich ermächtige die Dentistin Klara Helene Jenny Stacke in Berlin, Friedrich-Wilhelm-Straße 6, geboren am 9. Februar 1898 zu Erfurt, an Stelle der Vornamen Klara Helene Jenny den Vornamen Alex zu führen.
Berlin, den 26. August 1920.
Der Justizminister.
Im Auftrage: Steuber.
Veröffentlicht:
Berlin, den 31. August 1920.
Amtsgericht Berlin-Mitte.
Abteilung 111. 111. X. 97. 20.

[83300] Beschluß.
Der am 23. Februar 1891 zu Berlin geborenen Bertha Emma Charlotte Buttgereit in Berlin, Wöhlertstraße 11, wird die Ermächtigung erteilt, an Stelle ihrer Vornamen den Vornamen Berthold zu führen.
Berlin, den 8. November 1920.
Amtsgericht Berlin-Mitte. Abteilung 96.
Fechner.

Abb. 29: Vornamensänderungen mussten wie jede genehmigte Namensänderung bis 1923 auf Kosten der Antragsteller im »Deutschen Reichsanzeiger und Preußischen Staatsanzeiger« veröffentlicht werden. Mit der Veröffentlichung ihrer nun geschlechtsneutralen Vornamen wurden die Transvestiten gleichsam amtlich »geoutet«. Die entsprechenden Anzeigen enthielten auch das Geburtsdatum und die postalische Adresse der Betreffenden.

Diese Regelung, von der in der Folge vor allem weibliche Transvestiten (Abb. 29) und später auch Männer, die sich einer operativen Geschlechtsumwandlung unterzogen hatten, Gebrauch machten, blieb unverändert für die Weimarer Zeit erhalten. Über das Ausmaß der behördlichen Genehmigung von Vornamensänderungen liegen keine verlässlichen Angaben vor; es dürfte sich jedoch um eine überschaubare Zahl gehandelt haben.[13] Drei entsprechende Verfahren lassen sich im unmittelbaren Anschluss an die Bekanntgabe der Regelung anhand von Akten dokumentieren: zwei Genehmigungen und eine Ablehnung. Obwohl der Justizminister seine Entscheidung ausdrücklich nicht von ärztlichen Experten abhängig machen wollte, geht aus den Akten hervor, dass in allen drei Antragsverfahren Gutachten erstellt wurden. In jenen Gutachten, die von Institutsmitarbeitern stammen, lässt sich die 1912 erstmals von Hirschfeld angewendete Strategie, die Antragstellenden als Personen zweifelhaften Geschlechts auszuweisen, deutlich ablesen.

Im Falle von Gertrud Boralewski, Jahrgang 1886, lief das Verfahren schnell und glatt ab. Hirschfelds Gutachten ist vom 5. September 1920 datiert. Bereits am 18. September erteilte der Justizminister die Genehmigung, »den Vornamen Gerd zu führen«. Sie wurde noch am selben Tag vom Amtsgericht an den Antragsbevollmächtigten, Rechtsanwalt Dr. Walther Niemann, weitergeleitet (LAB A Rep. 341-04, Acc. 4360, Nr. 1111).

Bei der 1891 in Berlin geborenen und in Köln wohnhaften Bertha Buttgereit gestaltete sich das Verfahren etwas komplizierter. Buttgereit hatte bereits 1912 den Transvestitenschein dank eines Gutachtens von Magnus Hirschfeld und Ernst Burchard bekommen. Zur Beantragung der Vornamensänderung holte sie neuerliche Gutachten ein, eines von Ernst Burchard und F. Lehmann, das auf den 18. August 1919 datiert ist, ein weiteres vom Gerichtssachverständigen und Psychiater Arthur Leppmann. Ihren Antrag reichte sie noch vor der Neuregelung der Vornamensänderung am 22. August 1919 ein. In beiden Gutachten wird betont, dass Bertha Buttgereit bereits seit 1912 ganz als Mann lebte und als solcher nie aufgefallen sei. Sie führe seither den Vornamen Berthold und habe die Absicht, ihre Freundin standesamtlich zu heiraten, sobald ihr Vorname im Standesregister geändert sei. Selbst an ihrer Arbeitsstelle, wo sie sich in eine leitende Position vorgearbeitet hatte, »haben ihre jetzigen Mitarbeiter [...] keine Idee, dass sie ein weibliches Wesen ist« (LAB A Rep. 341–04, Acc. 4360, Nr. 1087, S. 5). Ein Jahr später, am 19. September 1920, war ihr Antrag immer noch in Bearbeitung. Zur Beschleunigung des Verfahrens legte sie ihrem Schreiben den 1919 auf den Namen »Berth. Buttgereit« in Köln ausgestellten »Transvestiten-Reisepaß« bei (Abb. 30).

---

[13] Hirschfeld schreibt 1924 dazu recht unkonkret: »Von diesem Entgegenkommen haben bereits eine grössere Reihe männlicher und weiblicher Transvestiten Gebrauch gemacht« (Hirschfeld 1924, S. 40).

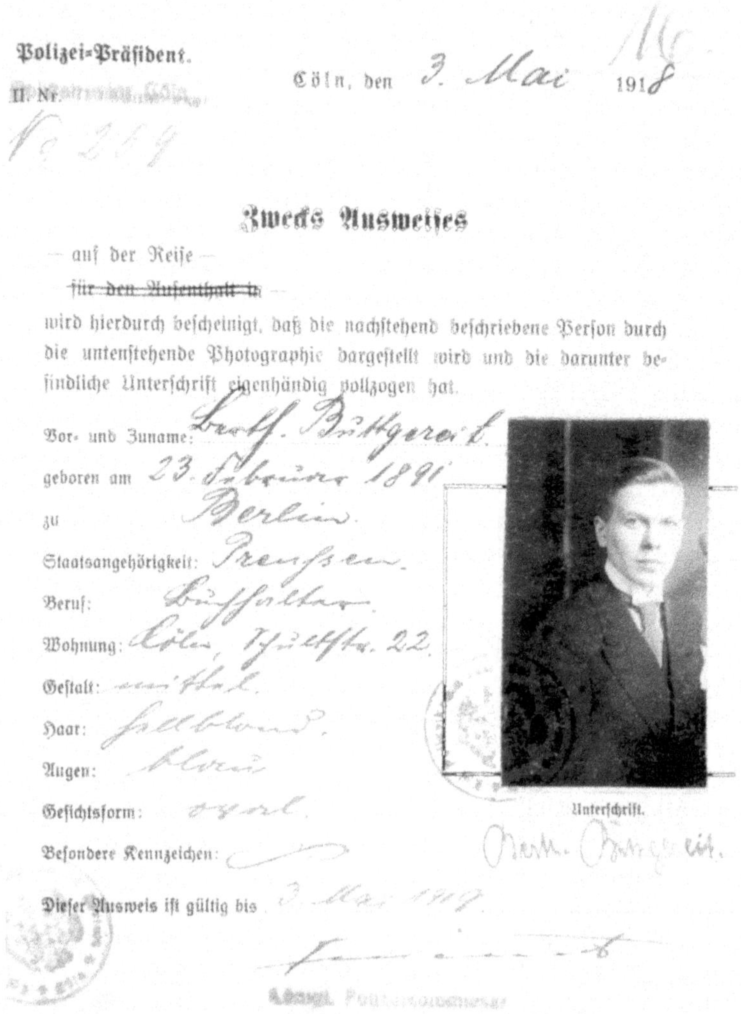

Abb. 30: Transvestiten-Reisepass von Berth. Buttgereit (Hirschfeld 1930a, S. 593, Abb. 883 und 884). Auf der Rückseite findet sich der handschriftliche Vermerk »Bertha Buttgereit, der Inhaberin des Ausweises ist das Tragen von Herrenkleidung nicht untersagt, P.[olizei] Pr.[äsident] Cöln III=7480 v. 26.8.1912«. Hirschfeld zeigt zwei Fotos von Berthold Buttgereit, eines in Frauen- und eines in Männerkleidern, in seiner Geschlechtskunde im Abschnitt »Totale Transvestiten«, ohne den Namen zu nennen (Hirschfeld 1930a, S. 593, Abb. 883 und 884).

Das exakte Bewilligungsdatum der Vornamensänderung in Berthold findet sich in der amtlichen Bekanntgabe durch den *Deutschen Reichsanzeiger und Preußischen Staatsanzeiger*. Es ist der 8.11.1920, an diesem Tag bedankte sich Buttgereit beim Amtsgericht Berlin-Mitte auch schriftlich für die Genehmigung. Direkt im Anschluss an die Namensänderung wollte er seine Freundin heiraten. Als sich das Standesamt jedoch weigerte, die Anmeldung zur Trauung anzunehmen, wandte er sich nochmals mit der Bitte um Eintragung der Namensänderung in die Geburtsurkunde an das Amtsgericht Mitte. Über den Ausgang eines sich daran anschließenden Verfahrens, in dem Walther Niemann Buttgereit vertrat, finden sich dort allerdings keine Angaben.

Zwar wurde bei dieser Vornamensänderung im Sinne des Antragstellers entschieden, doch gab es auch Anträge, die abgelehnt wurden. Darunter befindet sich auch einer, bei dem sich die Institutsmitarbeiter nachdrücklich dafür einsetzten, wie das folgende Beispiel zeigt.

Im November 1921 stellte Walther Niemann als Bevollmächtigter von Amanda Balitzki den Antrag auf Berechtigung, den »Vornamen ›Amandus‹ zu führen«, sowie die »Berichtigung der Geburtsurkunde dahin [...], dass nicht ein Kind weiblichen Geschlechts, sondern männlichen Geschlechts geboren sei«.[14] Hirschfeld veröffentlichte ihren »Fall« zuerst in der *Sexualpathologie*, bezeichnet sie dort aber als »Hermaphroditische Vorstufe« und zeigt eine Serie eigens angefertigter sie nicht anonymisierender Fotos (Hirschfeld 1918, S. 21–23 und Tafel I; auch in: Hierschfeld 1930a, S. 471, vgl. Herrn 2005, S. 69). In der Dissertation über Transvestitinnen von Hans Abraham ist Balitzki als »Amanda B. Briefträger, 29-jährig« ausführlich beschrieben (Abraham 1921, S. 10–13).

Erstmals wurde Amanda Balitzki am 17. Oktober 1919 vom Berliner Polizeipräsidenten »die Annahme und Führung des Vornamens ›Amandus‹ gestattet« (ebd., S. 2, Antrag von Walther Niemann vom 22. November 1921). Auch in der in Stettin 1890 ausgestellten Geburtsurkunde wurde der neue Vorname eingetragen, wobei die bisher vermerkten »Vornamen, Amanda Christine Henriette sämtlich in Wegfall kommen« (ebd., S. 5, Geburtsurkunde Rückseite). Grundlage dafür war ein – leider nicht überliefertes – Gutachten von Arthur Kronfeld und Magnus Hirschfeld, in dessen Behandlung Balitzki seit dem Frühjahr 1917 stand, vom Februar 1919. Dieses Gutachten, so lassen es die Unterlagen vermuten, dürfte so abgefasst gewesen sein, dass Amandus als Person unbestimmten Geschlechts, als eine Art Zwitter erschien. Die beiden Gutachter werden dementsprechend mit der Aussage kolportiert, »dass die

---

[14] Den Aktenfund verdanke ich Ralf Dose, der mir seine handschriftlichen Aufzeichnungen freundlicherweise zur Verfügung gestellt hat. LAB: A Rep. 41 Acc. 4360 Nr. 431 32. Zitiert wird hier nach den durchnummerierten Seiten der Akte. S. 2, Antrag von Walther Niemann vom 22. November 1921.

weiblichen wie männlichen Charaktere in der Körperbeschaffenheit der Untersuchten so durcheinander gehen, dass aufgrund dieses eine Geschlechtsbestimmung nicht mit Sicherheit getroffen werden könne« (ebd., S. 30-31, Bericht an den Justizminister). Amandus sei also bei Geburt zunächst dem weiblichen Geschlecht zugewiesen worden, die Ambiguität der Geschlechtsmerkmale des Erwachsenen rechtfertige es aber, ihn nun dem männlichen Geschlecht zuzuordnen.

Die Mutter Amandus', selbst Hebamme und daher vielleicht in ihrer Standesehre verletzt – schließlich gehörte die Geschlechtsbestimmung von Säuglingen zu ihren Aufgaben –, war mit der Umschreibung, vor allem aber mit deren Begründung nicht einverstanden. Sie beantragte im Februar 1921 eine weitere medizinische Untersuchung ihrer »Tochter«. Amandus wurde daraufhin vom Kreisarzt Dr. Schreber untersucht. Dieser unterstellte ihm betrügerische Absichten, indem er befand, dass »die Antragstellerin zweifellos weiblichen Geschlechts sei und sie durch unrichtige Angaben die Ärzte zu einer falschen Auffassung veranlasst habe« (ebd., S. 31–32, Bericht an den Justizminister). Als Ergebnis wurde im April 1921 die bereits »erteilte Genehmigung, fortan den Vornamen Amandus zu führen, [...], da sie unter irrigen Voraussetzungen erteilt worden ist, zurückgezogen. Sie haben daher nunmehr wieder Ihre alten Vornamen Amanda Christine Henriette zu führen« (ebd., S. 6, Schreiben des Polizeipräsidenten, Polizeiamt Friedrichshain vom 5.4.1921). Das war ein herber Rückschlag für Amandus Balitzki. Doch weil sein Antrag bereits 1919, noch vor der Regelung des preußischen Justizministers, gestellt worden war, dürfte er sich – vielleicht von Institutsmitarbeitern ermutigt – von einem Neuantrag eine zweite Chance auf Bewilligung erhofft haben.

Dem neuerlichen Antrag vom November 1921 fügte Walther Niemann zur Bekräftigung eine Abschrift des bereits zitierten Erlasses des Justizministers zur Vornamensänderung sowie ein neues befürwortendes Gutachten von Magnus Hirschfeld bei. Außerdem verwies Niemann auf die Akte eines analogen Falles, »in welchem in gleicher Lage der Berichtigungsbeschluss ergangen ist«.[15]

Hirschfelds Gutachten, das große Ähnlichkeit mit dem bereits wiedergegebenen von Louise Sch. aufweist, verdeutlicht seine Strategie, die Eigenschaften der von der begutachteten Person gewünschten Geschlechtszugehörigkeit dominieren zu lassen. Auch in diesem zweiten Gutachten spielt er – trotz der das Gegenteil behauptenden Expertise des Kreisarztes Schreber – weiterhin mit der Ambiguität des biologischen Geschlechts. Schrebers Gutachten erwähnt er mit keiner Silbe. Hirschfeld endet mit der Zusammenfassung:

---

[15] Dabei handelt es sich um das Vornamensänderungsverfahren von Berthold Buttgereit (Landesarchiv Berlin: A Rep. 41 Acc. 4360 Nr. 431 32, S. 3).

Gutachterlich ist zu sagen: Der Untersuchte bietet eine gewisse Diskongruenz der körperlichen und seelischen Geschlechtsmerkmale, ist aber mit überwiegenden Gründen dem männlichen Geschlecht zuzurechnen. Aus diesem Grunde ist es ärztlich berechtigt und den Tatsachen besser entsprechend, seine Geschlechtsbezeichnung im Standesregister in die des männlichen Geschlechts zu berichtigen. (ebd., S. 8–17, Institut für Sexualwissenschaft, Ärztliches Gutachten vom 2.10.1921)

Als sich Walther Niemann über den Stand des Verfahrens erkundigte, legte er die Abschrift einer vom 1. Dezember 1921 datierten »Anerkennungsurkunde« bei (ebd., S. 21, Schreiben von Walther Niemann vom 14.1.1922 an das Amtsgericht Berlin-Mitte, Abt. Namensberichtigung). Darin erklärt Amandus Balitzki:

Ich erkenne an, der Vater des von der Näherin Erna Blumenthal am 24. Mai 1921 geborenen unehelichen Kindes, namens Günther Sally Blumenthal zu sein, und als solcher Kraft Gesetzes verpflichtet zu sein, für das Kind den der Lebensstellung der Mutter entsprechenden Unterhalt zu gewähren. (ebd., S. 22, Abschrift des Schreibens vom Amtsgericht Berlin-Mitte vom 1.12.1921)

Mit dieser Urkunde wollte Niemann beweisen, »dass Balitzki zeugungsfähig ist, auch ein Kind, Günther Blumenthal gezeugt hat. Diese Tatsache soll zur Unterstützung meines Antrages dienen« (ebd., S. 21, Schreiben von Walther Niemann vom 14.1.1922 an das Amtsgericht Berlin-Mitte, Abt. Namensberichtigung). Das war kein geschickter Schachzug, das Verfahren zu befördern. Der vermeintliche Männlichkeitsbeweis wurde, so scheint es, von den Behörden als ebenso durchschaubares wie überzogenes Manöver betrachtet. Sie drohten Amandus sogar mit der Einleitung juristischer Sanktionen wegen § 271 RStGB, mittelbarer Falschbeurkundung (ebd., S. 29, Aktenvermerk vom 15.4.1922, und S. 32, Bericht an den Justizminister). Für die Einleitung eines entsprechenden Verfahrens finden sich in der Akte jedoch keine Hinweise. Vielleicht wurde davon abgesehen, weil die Vormundschaft durch den frühen Tod des Kindes im Februar 1922 hinfällig geworden war (ebd., S. 25).

Im Ausgang der Antragstellung auf die Vornamensänderung entschied im Mai 1922 der Vertreter des Preußischen Justizministers – das Schreiben ist mit dem Namen »Versen«[16] unterzeichnet – jedenfalls negativ. Er habe »keinen Anlass gefunden«, der »Ermächtigung zur Führung des Vornamens Aman-

---

[16] Versen war in dieser Zeit Ministerialdirektor der Abteilung II des Preußischen Justizministeriums, die unter anderem auch für »Namenssachen« zuständig war (Handbuch über den Preußischen Staat 1922, S. 65).

dus« stattzugeben, insofern habe die »Antragstellerin« ihre weiblichen Vornamen weiterhin zu führen (ebd., S. 23, Schreiben vom 24. 5. 1922 an das Amtsgericht Berlin-Mitte). Damit nicht genug: Bereits im Januar 1922, noch vor der ministeriellen Entscheidung über die Vornamensänderung, wurde Amandus auch die »Genehmigung«, männliche Kleidung zu tragen, wieder entzogen. »Der Antragstellerin ist weiterhin aufgegeben worden, fortan wieder weibliche Kleidung zu tragen«(ebd., S. 24, Schreiben des Amtsgerichts Mitte an den Polizeipräsidenten vom 10.1.1922, Rückseite). Über die Einhaltung dieser Anweisung wurde zunächst sogar Polizeiprotokoll geführt.

Amandus Balitzki entschied sich dafür, den abschlägigen Bescheid seines Antrages gar nicht erst entgegen zu nehmen. Ob ihm Walther Niemann dazu geraten hatte, muss dahingestellt bleiben. Amandus verschwand jedenfalls. Die entsprechenden Schreiben des Amtsgerichts, das ihm die Entscheidungen zuzustellen hatte, sind mit den Vermerken des Einwohnermeldeamtes versehen »am 29.4.1922 von Friedenstraße 90 [nach] unbekannt verzogen« (ebd., S. 40 und 41, Schreiben des Amtsgerichtes vom 10.6.1922 und vom 22.9.1922 an das Einwohnermeldeamt).

Auch in den Transvestitenzeitungen der 20er und 30er Jahre wurden Schwierigkeiten bei der Namensänderung beklagt. Anlässlich des Todes von Lili Elbe, der ein außerordentliches Presseecho fand – wie noch gezeigt werden wird, einem der ersten Männer, die sich einer operativen Geschlechtsumwandlung unterzogen –, moniert Paul Weber, dass nicht alle Transvestiten ein ähnliches Entgegenkommen von den Behörden erführen. Exemplarisch verweist er auf einen Mann, dessen Namensänderung von Wilhelm in Toni zwar vom Justizminister 1922 genehmigt, doch danach vom zuständigen Amtsgericht abgelehnt wurde (Weber 1931). Dieser Fall erregte um so mehr Aufmerksamkeit, als im Blut des Mannes – nach Abderhaldens Methode – biochemisch Spuren des »Eierstockabbaus« nachgewiesen worden seien. Das Gericht begründete die Ablehnung damit, dass das biologische Geschlecht dennoch eindeutig »männlich« sei. Der Antrag auf Rücknahme der amtsgerichtlichen Entscheidung wurde nunmehr damit begründet, dass der Antragsteller aufgrund des biochemischen Befundes »als Zwitter angesprochen werden müsse« (Anonym 1929, S. 63–64). Auch in der Fachpresse wurde speziell dieser Fall ausführlich diskutiert.

Die behördliche Anerkennung der Transvestiten

Nicht nur im Hinblick auf die Möglichkeiten der Vornamensänderungen gab es eine Liberalisierung in der Weimarer Zeit, sondern auch in der Bewertung der Transvestiten und im polizeilichen Umgang mit ihnen.

Abb. 31: Undatierte, nach modernem Muster angefertigte, kriminalpolizeilich-erken-
nungsdienstliche Bilderfolge eines Transvestiten (Profil, frontal, mit und ohne
Kopfbedeckung) in Männer- und Frauenkleidern, mit dem Lothar Goldmann den
knappen Bildteil zu seinem Transvestitenaufsatz beginnen lässt. Er gibt den Fotos
die Unterschrift »Einer der zuerst bekannt gewordenen Fälle von Transvestitismus.
Dieselbe Person oben als Mann, unten als Weib gekleidet.« Zuschnitt des Mantels
und Schiebermütze verweisen jedoch auf die Zeit nach dem Ersten Weltkrieg.

Unabhängig vom Justizministerium wurde 1922 eine Dienstanweisung des
Berliner Polizeipräsidiums über die »Behandlung der so genannten ›Transvestiten‹« verabschiedet. Darin wird nochmals darauf hingewiesen, dass es nach
geltendem Recht keine Handhabe gegen das Tragen der Kleidung des anderen Geschlechts gebe. Die Paragraphen über die Störung der öffentlichen
Ordnung (§ 360, 11 StGB) oder die Erregung öffentlichen Ärgernisses (§ 183
StGB) dürften nur angewendet werden, wenn diese Tatbestände auch wirklich
erfüllt seien (Abb. 31). Das gelte jedoch für die Mehrzahl der Transvestiten

nicht, denn: »Im allgemeinen bleiben die in Rede stehenden Personen (›Transvestiten‹) von der Öffentlichkeit unbeachtet, da sie sich in ihrem ganzen Wesen
meist so sehr dem anderen Geschlecht nähern, daß sie diesem vom Publikum
ohne weiteres zugezählt werden« (Polizei Präsidium Abt. IV 1922, S. 347).
Und weiter heißt es, Hirschfelds Standpunkt vertretend:

> Sieht man von der männlichen Prostitution ab, so hat der Transvestizismus [sic] im
> allgemeinen keine kriminelle Bedeutung. Die im Publikum noch verbreitete
> Meinung, daß es sich bei den verkleideten Personen um verkappte Verbrecher
> (Taschendiebe, Spione, Mädchenhändler usw.) handele, ist hinfällig. Hinsichtlich
> der männlichen Transvestiten ist nach neueren Erfahrungen nicht einmal mehr die
> früher als eine Selbstverständlichkeit vertretene Ansicht haltbar, daß die Frauen-
> kleidung tragenden Männer durchweg als Homosexuelle anzusprechen seien. Es
> hat sich neuerdings ein Teil dieser Individuen als geschlechtlich normal, wenn auch
> mit starkem weiblichen Einschlag versehen, erwiesen. Aus dieser Erkenntnis ergibt
> sich die Pflicht zur schonenden Behandlung der Transvestiten, soweit sie nicht der
> männlichen Prostitution zuzuzählen sind. Es ist aber in allen Fällen, in denen ein
> Transvestit bei irgendeiner Gelegenheit zur Feststellung gelangt, der Kriminalpo-
> lizei Mitteilung zu machen, vorausgesetzt, daß der Betreffende nicht im Besitz
> einer Bescheinigung ist des Inhalts, daß er der zuständigen Dienststelle bereits
> bekannt ist. (Polizei Präsidium Abt. IV 1922, S. 347)

Diese Mitteilung, die sogleich über die kriminalistische Presse verbreitet
wurde (Deutsche Strafrechts-Zeitung 1922), ist die erste amtlich veröffentlichte Verlautbarung einer preußischen Behörde über den Umgang mit
ausdrücklich so bezeichneten »Transvestiten« überhaupt. Erst mit dieser
Dienstanweisung immunisierte der Transvestitenschein seine Inhaber gegen
polizeiliche Festnahmen (Abb. 32 und 33). Damit erhielt er nun tatsächlich
den Status einer Erlaubnis, der ihm schon früher fälschlich zugeschrieben
worden war. Es war nunmehr um so nützlicher, eine derartige Bescheinigung
zu besitzen. Hirschfeld schreibt darüber:

> Auf alle Fälle empfiehlt es sich, dass Menschen mit transvestitischen Neigungen auf
> Grund eines Sachverständigengutachtens ihren Zustand der Behörde klarlegen
> und sich so gewissermassen als Transvestiten anmelden. Das Verfahren der Berliner
> Polizeibehörde kann in dieser Hinsicht als vorbildlich gelten. Die jahrzehntelan-
> gen guten Beziehungen, die zwischen dem wissenschaftlich-humanitären Komitee,
> dessen Vorsitzender ich seit 26 Jahren bin, und den zuständigen Abteilungsleitern
> im Berliner Polizeipräsidium bestehen, haben zu einem völligen Verständnis dieser
> eigenartigen Menschentypen und Vorkommnisse geführt, und namentlich die von
> dem letzten langjährigen Chef dieses Ressorts, Dr. Heinrich Kopp, ausgegangenen

Bestimmungen tragen den Stempel wissenschaftlicher Erkenntnis und wahren Menschentums. (Hirschfeld 1924, S. 38-39)

Die »Dienstanweisung«, die insgesamt auf einen liberalen Umgang der Polizei mit den Transvestiten und deren Entkriminalisierung zielte, ging also auf den Kriminalkommissar Heinrich Kopp[17] zurück. Kopps Fürsprache unter anderem bei der Bewilligung von Transvestitenscheinen ist ab 1912 belegbar.[18] Kurz nach der Dienstanweisung, am 1. Oktober 1922, wurde Heinrich Kopp ins Innenministerium versetzt, Grund genug, ihm eine Komitee-Versammlung zu widmen (Hirschfeld 1923a, S. 203). Ein Anlass für Kopps Dienstanweisung könnte der schikanierende Umgang einiger Polizisten mit den Transvestiten gewesen sein. Darüber berichtet zumindest der Journalist PEM in seinen Memoiren:

Einmal saßen wir im »Mikado« in der Puttkamerstraße, dem Treffpunkt der Transvestiten, der Männer in Frauenkleidung, zumal der männlichen Prostituierten unter ihnen, im Bereich der südlichen Friedrichstadt. Die Herren, die in großen Abendkleidern tanzten, genierte es nicht, wenn ein Kriminalbeamter unter ihnen weilte. Sie hatten offiziell die Erlaubnis, in ihren Lokalen in ihrer abwegigen Kostümierung zu verkehren. Nur auf der Straße durften sie nicht promenieren. Aus diesem Umstand hatte der »dicke Maier« eine Sondernummer gemacht. Er ließ in jener Nacht ein paar Beamte vor dem »Mikado« warten, und, wenn ein Jüngling in Frauenkleidern dennoch auf die Straße ging, diesen verhaften. Die »Herren« wußten ja, daß sie es nicht durften.
Am nächsten Morgen rief uns der »Dicke« in den Redaktionen an und lud uns ein, schnell mal zu ihm zu kommen. Da stand er schon vor einem Seitenausgang und lächelte in Erwartung der kommenden Dinge vor sich hin. Die am Abend zuvor Verhafteten sollten entlassen werden; er hatte sie ja nur aus Spaß hochgehen lassen. Da huschten sie auch schon aus dem großen Steinbau in ihren ausgeschnittenen Abendkleidern; der Bart war ihnen auf den geschminkten Wangen inzwischen gewachsen. Sie genierten sich furchtbar. Wie von Furien gepeitscht, sprangen sie in den nächsten Friseurladen, um sich zuerst einmal rasieren zu lassen. (PEM 1962, S. 198)

---

[17] Zur Biografie von Heinrich Kopp vgl. Dobler 2000.

[18] Im 1919 für Bertha Buttgereit erstellten Gutachten zur Vornamensänderung von E. Burchard und F. Lehmann heißt es: »Im Einvernehmen mit dem Kriminalkommissar Dr. Kopp erreichten wir es dann auch schon damals (1912), dass Buttgereit die Erlaubnis zum Tragen männlicher Kleidung erhielt« (LA Berlin A Rep. 341–04 Acc. 4360 Nr. 1087, S. 9).

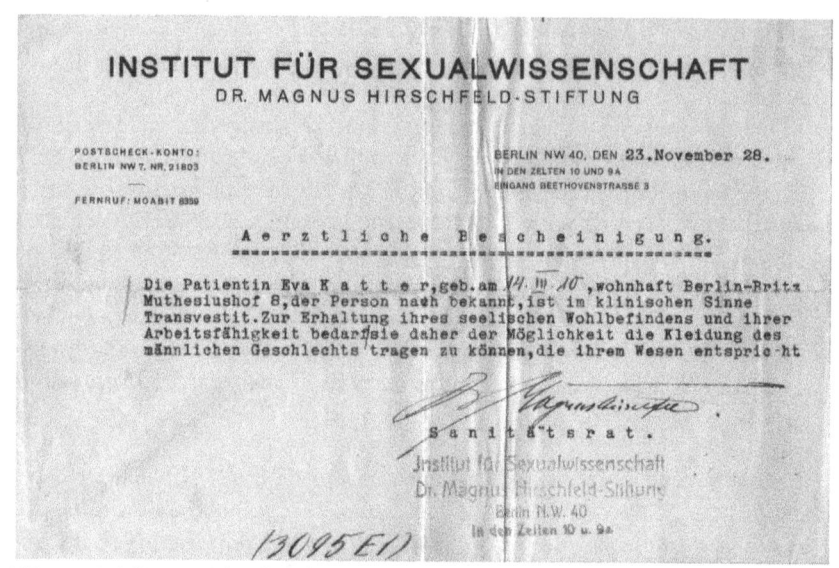

Abb. 32: Bei diesem Schreiben handelt es sich um einen Kurztext, der ein mehrseitiges Gutachten Hirschfelds zusammenfasst. Es diente zur Beantragung des Transvestitenscheins bei den Behörden.

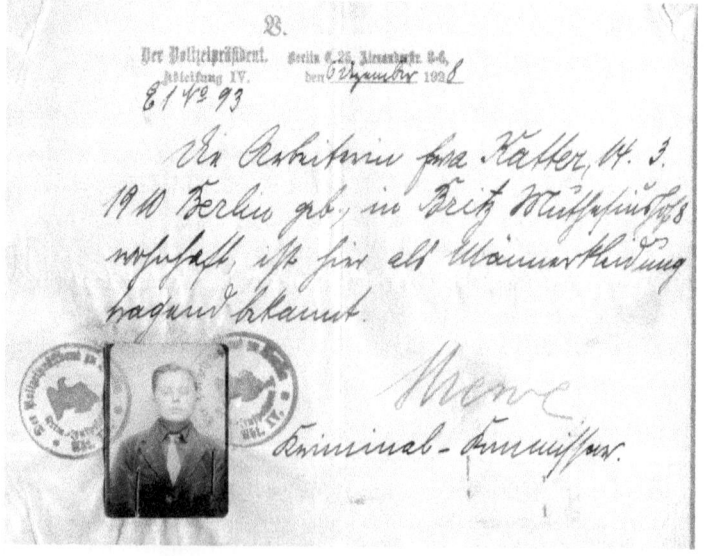

Abb. 33: Die als »Transvestitenschein« bezeichnete, von der Polizei ausgefertigte Beglaubigung. Aussteller des Legitimierungsschreibens ist: »Der Polizeipräsident Abteilung. IV, Berlin C 25, Alexanderstr. 3-6, den 6. Dezember 1918«. Der

handschriftliche Text lautet: »Die Arbeiterin Eva Katter, 14.3.1910 Berlin geb., in Britz Muthesiushof 8 wohnhaft, ist hier als Männerkleidung tragend bekannt. Kriminal-Kommissar.« Die Bescheinigung ist mit »Strewe« unterzeichnet. Bernhard Strewe war der Amtsnachfolger von Heinrich Kopp (Dobler 2000, S.6–7).

Über die bisherigen Erleichterungen hinaus scheint es in Einzelfällen auch eine Zusammenarbeit des Instituts mit den Berliner Behörden gegeben zu haben. So wird – um nur ein Beispiel herauszugreifen – darüber berichtet, dass der minderjährige Herbert W., den die Neuköllner Fürsorge in ein Erziehungsheim schickte, »durch Vermittlung unseres Instituts die Erlaubnis bekam, sich in eine Herta[19] umzuwandeln«.[20] »Unerquickliche Familienverhältnisse« in »einfachsten Neuköllner Kreisen« führten dazu, dass er wegen seines »weibischen Gebarens«, das man als Zeichen der »Verwahrlosung« deutete, in eine »Erziehungsanstalt« eingeliefert wurde. Dort »bekam er ein eigenes Zimmer, weil man ihn weder unter die Jungen noch unter die Mädchen einreihen wollte.« Nachdem sich seine Neigungen auch nach der Pubertät nicht änderten und der Wunsch, »als Frau zu leben, immer stärker wurde, wandte er sich an unser Institut. Durch unsere Vermittlung gelang es, daß ihm das Wohlfahrtsamt Frauenkleider verschaffte und ihm erlaubte, sich nun Herta zu nennen, was »ihr«, abgesehen von dem praktischen Gesichtspunkt, daß der männliche Name sonst im Widerspruch zur Kleidung stünde und zu Konflikten Anlass gäbe, auch gefühlsmäßig sehr angenehm ist.« Inwieweit sich in diesen Fragen eine systematische Zusammenarbeit zwischen einzelnen Behörden und dem Institut entwickelte, ist anhand der Quellenlage nicht zu entscheiden.

Im Übrigen galten die Regelungen zunächst vermutlich nicht für ganz Deutschland, Namensänderungen waren beispielsweise Ländersache. Die Vornamensregelung galt nur für Preußen. Die Ausstellung von Transvestitenscheinen oblag aber der lokalen Polizeibehörde. Doch, wie gezeigt wurde, bekam Bertha Buttgereit 1919 in Köln ihren Transvestiten-Reisepass aufgrund des 1912 in Berlin ausgestellten Transvestitenscheins ausgefertigt. Insofern scheint es, dass einmal bewilligte Genehmigungen unbefristet waren und innerhalb eines Landes auch andernorts erneuert werden konnten. Bis Mitte der 20er Jahre ist ihre Gültigkeit für Hamburg, Potsdam, Köln, Berlin und München belegbar.

Der erste Transvestitenschein wurde in Berlin für eine Frau dank eines Gutachtens von Karl Abraham und Magnus Hirschfeld um 1908/1909 ausgestellt.

---

[19] Inwiefern bei diesem jungen Transvestiten die Namensänderung in Herta, was ja eindeutig auf das weibliche Geschlecht verweist, mit Unterstützung des Wohlfahrtsamtes auch im Geburtsregister eingetragen wurde, ist nicht überliefert.

[20] Dieses und die nächsten Zitate, die den Fall betreffen, sind derselben Quelle entnommen (Hirschfeld 1930b, S. 81).

Den ersten Transvestitenschein für einen Mann hatte ja Josef Meißauer aufgrund eines von Iwan Bloch und Magnus Hirschfeld ausgefertigten Gutachtens bereits vor 1912 vom Münchener[21] und Berliner Polizeipräsidenten bekommen. In Potsdam ist die erste Anerkennung des Transvestitenscheins für 1913 belegt. Dort hatte der Regierungspräsident dem in Hirschfelds Behandlung stehenden 20-jährigen Georg von Zobeltitz (Berliner Tageblatt 1912) aufgrund eines Gutachtens »die offizielle Erlaubnis zum Tragen weiblicher Kleidung erteilt« (Berliner Börsen-Kourier 1913). In einer Buchbesprechung erwähnt der Rezensent, dass die Regelung auch für Hamburg gelte (Knack 1927, S. 47). Auch jenseits der preußischen Metropolen fanden solche Anerkennungen in der zweiten Hälfte der 20er Jahre Verbreitung. So berichtet eine Transvestitenzeitung über einen in Essen lebenden Transvestiten, den Caféhausbesitzer Toni Simon; der bekam – allerdings auf ein Jahr begrenzt – aufgrund eines ärztlichen Gutachtens die polizeiliche Legitimation, die »amtlich konzessionierten seidenen Bemberger Strümpfe[22] und den Knierock« zu tragen (Ebertin [um 1933], S. 43, 47-48, 50). Einzelne Mitteilungen deuten darauf hin, dass sowohl der Transvestitenschein als auch die Namensänderung in »geschlechtsneutrale« Namen Ende der 20er Jahre über Preußen hinaus reichsweit anerkannt waren (Hirschfeld 1930b, S. 81).

Über juristische Regelungen außerhalb Deutschlands liegen keine systematischen Angaben vor. Die erste auf ein medizinisches Gutachten gestützte behördliche Genehmigung für das Tragen von Frauenkleidern wurde einem Schweizer[23] 1920 erteilt, der auf Abbildung 34 zu sehen ist (Bing & Schönberg 1922, S. 1255).

---

[21] Weitere Fälle aus Bayern liegen nicht vor.

[22] Warum Toni Simon erlaubt wurde, gerade diese Strümpfe zu tragen, konnte genauso wenig in Erfahrung gebracht werden wie das Besondere dieser Strümpfe. Anlässlich eines Verfahrens wurde in einer Transvestitenzeitschrift sein Foto veröffentlicht. Es zeigt ihn in einem schlichten Kleid mit Strickjacke, Perlenkette, einfacher Frisur und den üblichen Seidenstrümpfen (Simon 1929). Toni Simon erhielt nach Ende des Zweiten Weltkrieges in der Bundesrepublik erneut den Transvestitenschein und die Genehmigung, seinen bürgerlichen Vornamen Anton in Toni zu ändern. Als Rentnerin zählte sie in den 50er und 60er Jahren zu den prominentesten Schmugglerinnen »schwuler Pornos aus Dänemark nach Deutschland« (Wolfert 1997, S. 236).

[23] Die starke Anlehnung der Selbstdarstellung des heterosexuellen »Transvestiten«, der sich als »homosexuell empfindende Frau im männlichen Körper« bezeichnet, bis hin zur Wortwahl an Hirschfelds Beschreibungen, ist ein Beleg für die Rezeption des Konzeptes außerhalb Deutschlands. Es zeigt außerdem ein weiteres Mal, wie stark der medizinische Entwurf die Autobiographie überformt.

Abb. 34: Ohne Bildlegende veröffentlichtes, für private Zwecke oder für das polizeiliche Legitimationsschreiben angefertigtes Atelierfoto des Mannes, der in der Schweiz den ersten Transvestitenschein erhielt.

Über einen weiteren Schweizer, der, nachdem er auf eigenen Wunsch kastriert worden war, den behandelnden Ärzten mit Selbstmord drohte, falls sie seine Namensumschreibung von Franz in Martha nicht gutachterlich unterstützten, berichtet Hans Binder. Die Namensänderung wurde im Oktober 1931 vom Regierungsrat des Heimatkantons bewilligt (Binder 1933, S. 149). Der dänische Staatsbürger Einar Wegener, auf dessen operative Geschlechtsumwandlung noch eingegangen wird, erhielt 1931, erst nach deren Abschluss und auf den persönlich in Kopenhagen eingereichten Antrag, die »königliche Bewilligung, ihren Namen [Lili Elbe] unangefochten [zu] tragen«[24] (Elbe 1932, S. 224). In Österreich hat es weder eine Preußen vergleichbare allgemeine noch der

---

[24] Bereits einige Monate zuvor, unmittelbar nachdem sich Elbe in der Dresdener Frauenklinik der Eierstockstransplantation unterzogen hatte – sie wurde vorher in Berlin kastriert –, schreibt sie, dass sie von der dänischen Gesandtschaft einen Brief mit ihrem neuen Pass bekam. Der sei auf ihren neuen Namen ausgestellt und enthalte ein sie als Frau abbildendes Foto (Elbe 1932, S. 162).

Schweiz analoge individuelle Regelung gegeben. Als im Sommer 1927 mehrere Wienerinnen an die dortige Polizei und den Magistrat Gesuche, ständig Männerkleider tragen zu dürfen, gerichtet hatten, wurde das mit der Begründung abgelehnt: Da keine gesetzliche Bestimmung dies verbiete, könne auch keine amtliche Bewilligung dafür ausgestellt werden (Palkow & Marchand 1933, S. 942).

5.5 Die Welt der Transvestiten

Der im vorangegangenen Abschnitt beschriebene liberalere Umgang mit Transvestiten wirkte zunächst zweifelsfrei auf deren zunehmendes Selbstbewusstsein zurück. Ab Mitte der 20er Jahre begann sich erstmals eine auch öffentlich sichtbare, differenzierte Subkultur herauszubilden, die über die bisherigen Treffen in privaten Kreisen und geschlossenen Gesellschaften hinausging und sogar zur Attraktion für Berlinbesucher wurde. Sie umfasste neben einschlägigen Lokalen, Zeitschriften, Bekleidungshäusern und kosmetischen Einrichtungen auch den Aufbau einer Organisationsstruktur, in deren Rahmen gesellige Veranstaltungen stattfanden. Darüber hinaus sollte sie der Identitätsfindung und -stärkung, der Artikulation von Alltagsproblemen und politischen Ziele dienen.

Bereits ab der zweiten Hälfte des 19. Jahrhunderts sind für Berlin verschiedene Veranstaltungen belegt, meist getrennt für männliche und weibliche homosexuelle Transvestiten; so genannte »Kostümballe« zählten zu den beliebtesten (Hirschfeld 1904, 55-57; Sternweiler 1997, S. 72-73). Zwar hat es in der Kaiserzeit auch einige öffentliche Orte, wie entsprechende Restaurants, gegeben, doch betreffen sie wiederum nur homosexuelle Transvestiten und Transvestitinnen. Und selbst dazu sind die Überlieferungen nur spärlich. Paul Näcke erwähnt 1912 ein Lokal, von dem angenommen werden kann, dass Transvestitinnen dort verkehrten. Aus Beschreibungen eines Zeitzeugen der Kaiserzeit geht hervor, dass in einem Berlin-Kreuzberger Lokal »Mikado« zu Weihnachten »Herren in Damenkleidern religiöse Lieder sangen« (Dobler 2003, S. 48). Sie wurden von besagtem Willibald von Sadler-Grün, der sich auch »die Baronin« nannte, am Klavier begleitet.

Im Unterschied dazu finden sich für die Kaiserzeit nur sehr wenige Angaben zur Infrastruktur von heterosexuellen Transvestiten, ihren subkulturellen Einrichtungen wie auch den privaten Netzwerken. An einer bereits zitierten Stelle berichtet Hirschfeld (1918, S. 142) über die Schwierigkeiten zwischen homo- und heterosexuellen Transvestiten in den »transvestitischen Vereinigungen«. Rückblickend hält er noch 1924 daran fest, dass »sich [die heterosexuellen] Transvestiten untereinander kaum kennen, – erst seit Erscheinen meines Buches haben sich einige gruppenweise zusammengefunden und sich sogar zeitweise in einer kleinen Organisation, die den bezeichnenden Namen ›Zwei Seelen‹ führte, vereinigt« (Hirschfeld 1924, S. 42).

Lothar Goldmann berichtet 1924, dass sich erst »mit dem politischen Umschwung und der fortschrittlichen Forschung« (Goldmann 1924/25, S. 294), d. h. mit der Gründung der Weimarer Republik, viele Transvestiten – nunmehr in ihrem Selbstbewusstsein gestärkt – trauten, an die Öffentlichkeit zu gehen. Er erinnert daran, dass kurz vor dem Krieg ein »in aller Heimlichkeit tagender Frauenklub [in dem sich auch Transvestitinnen trafen] polizeilich ausgehoben wurde« (ebd., S. 353). Diesen repressiven Umgang gab es in den 20er Jahren nicht mehr in gleicher Weise, von den zitierten Schikanen einmal abgesehen. Dennoch konstatiert Goldmann, dass zwar »besonders nach dem Kriege in allen Gegenden Berlins« eine »Unmenge von Tanzdielen und Lokalitäten« für Homosexuelle eröffnet habe, es aber »für den Transvestiten kaum eine ähnliche Stätte« gebe (ebd., S. 353). So blieben für die heterosexuellen Transvestiten vorerst die privaten Zirkel bestehen, in denen sie bisher verkehrten, denn: »Der heterosexuelle Transvestit mit der Neigung zur normalen Frau meidet meist homosexuelle Kreise« (ebd., S. 349). Nachdem Goldmann von einer derartigen privaten Feier berichtet hat, schreibt er zum Vergleich über einen so genannten Kostümball, für den eigens ein Lokal angemietet wurde:

> Offizielle Veranstaltungen ähnlicher Art verlaufen oft ebenso heiter, der dezente Charakter privater, abgeschlossener Zirkel geht ihnen natürlich verloren. Derlei großzügig angelegte Festabende sind oft von vielen hundert Personen beiderlei Geschlechts besucht. Erst kürzlich fand ein solches Vergnügen in der Philharmonie Berlins statt [...]. (ebd., S. 353–354)

Im Berlin der Weimarer Zeit hatte sich zunächst das »Mikado« zu einem »reinen Transvestitenlokal« entwickelt. Es soll wegen der »Exotik auch von vielen Außenstehenden« besucht worden sein. Das trifft in der zweiten Hälfte der 20er Jahre auch für das »Eldorado«– als wohl bekanntestes dieser Art – zu (vgl. Abb. 40). Das »Dorian Gray«, die »Silhouette« und die »Taverne« sind weitere Transvestitenlokale, über deren gesamte Entwicklung Sternweiler (1997a) und Dobler (2003) einen Überblick geben. Rückblickend ist freilich nicht mehr festzustellen, ob homo- und heterosexuelle Transvestiten gleichermaßen dort verkehrten. Doch angesichts der bei ihrer Selbstorganisation wiederholt aufbrechenden Konflikte wegen der verschiedenen sexuellen Orientierungen ist dies eher unwahrscheinlich.

5.6 Der Zusammenschluss

Wesentlich für die Herausbildung einer eigenen Infrastruktur war der Zugang zu den Medien. In den 20er Jahren kamen erstmals auch eine Reihe von unterhaltenden Homosexuellenzeitschriften ohne wissenschaftlichen oder künstlerischen Anspruch auf den Markt. Einige davon produzierte der Radszuweit-Verlag, dessen Inhaber, Friedrich Radszuweit, zugleich Vorsitzender der mitgliederstärksten Homosexuellenorganisation der Weimarer Zeit, des Bundes für Menschenrecht war. Ab 1924 erschien im Radszuweit-Verlag die erste Zeitschrift für Lesben *Die Freundin*, die von Beginn an eine Beilage *Der Transvestit* enthielt. Sie heißt später (1927) vorübergehend *Meinungsaustausch der ›Transvestiten‹* oder *Transvestit* und ab 1929 *Die Welt der Transvestiten*. Mit dieser Zeitschrift, die – abgesehen von jenen Phasen (etwa 1928), in denen sie unter die Zensur fiel – im Handel erhältlich war, entstand das erste öffentliche Forum für Transvestiten.

Diskutiert wurden neben Fragen zu juristischen Regelungen wie der Namensänderung und dem Verhalten der Polizei vor allem Alltagsprobleme und -erlebnisse, von der »Kleiderfrage« bis zu Ehekonflikten. Auch über einschlägige aktuelle Gerichtsverfahren wurde informiert. Dieses öffentliche Forum ermutigte die Transvestiten, selbstbewusst für ihre Belange einzutreten.

So berichtet der im letzten Kapitel erwähnte Toni Simon anlässlich eines Verfahrens gegen ihn, »dank unserer Zeitschrift war mir jede Schüchternheit genommen und ich konnte frei auftreten [...].« Zusammen mit seinem Brief veröffentlichte er sogar sein Foto und holte sich bei den Lesern Rat für den Fortgang des Verfahrens: »Da ich einen Rechtsanwalt nicht bezahlen kann, bitte ich meine Mitschwestern um Ratschläge, wie ich mich weiter zu verhalten habe und ob ich zur nächsten Verhandlung wieder als Dame auftreten soll« (Simon 1929, o. S.).

Besonders wichtig für die Schwerpunktsetzung des Transvestitenteils der Zeitschrift waren Aufforderungen der Redaktion an die Leserschaft, sich zu speziellen Themen zu äußern. In den jeweiligen Leserbriefen entfaltet sich in der Folgezeit das gesamte Panorama der »Welt der Transvestiten«. In den Anzeigenteilen des Blattes finden sich sogleich die ersten Kontaktwünsche, in denen sich die Inserierenden selbstbewusst als »Transvestit« oder »Transvestitin« bezeichnen, aber auch Arbeits-, Wohn- und Ehegesuche wie allerlei Angebote diverser, teils dubioser, medizinischer und kosmetischer Dienstleister. Letztere, sich meist als »Schönheitsinstitute« annoncierende Einrichtungen boten Brustvergrößerungen, Bartbeseitigung, Perücken und ähnliches an. Auch Bekleidungshäuser und Friseure inserierten dort neben Lokalen, in denen man sich traf oder Bälle veranstaltete. Außerdem findet sich eine immer länger werdende Liste der wissenschaftlichen und populären Literatur zum

Thema, die zumeist über den Herausgeber der Zeitschrift, den Radszuweit-Verlag, zu beziehen war. Wahrscheinlich wurden Fotos aus ökonomischen Gründen nur sparsam abgebildet.

Am Rande sei darauf hingewiesen, dass die fotografische Inszenierung von Transvestiten bestimmte handwerkliche Fähigkeiten und Erfahrungen voraussetzte. Das geht aus dem Bericht eines auf dem Land lebenden Lesers hervor, der es bedauert, seinen Schriftbeitrag ohne entsprechendes Foto einsenden zu müssen:

> Würde auch gerne ein Bild von mir in weiblicher Kleidung beilegen, habe deren sechs Stück anfertigen lassen, da der betreffende Photokünstler aber nie in seinem Leben einen männlichen Transvestiten vor seinem Objektiv hatte, so sind die Bilder leider so ausgefallen, daß ich sie nicht gerne an die Öffentlichkeit bringe. So geht es eben in einem Provinznest, besonders in einem so elenden [...]. (A. N. 1929, o. S.)

In den 20er Jahren gab es daher einzelne Ateliers, die sich auf diese Klientel spezialisierten. Eines davon ist das von Gertrud Liebherr, die im Berliner Osten, in der Greifswalder Straße, »moderne Fotokunst« herstellte, wofür sie wiederholt in *Die Welt der Transvestiten* annoncierte (Abb. 35).

Abb. 35: Werbung des Fotoateliers Gertrud Liebherr, das sich auf Transvestitenfotos spezialisiert hatte.

Die meisten im Transvestitenteil abgebildeten Fotos könnten unter das Motto gestellt werden: Wer verkörpert eine Frau/einen Mann am perfektesten?

Unter Aufbietung höchster Kunstfertigkeit des Schmink-, Friseur- und Schneiderhandwerks und nicht zuletzt der Fotografie, quasi als Einlösung der

Versprechen der annoncierenden Institute, sollen alle diese Fotos, die auch von Hirschfeld vertretene Behauptung beweisen: Niemand würde am vermeintlichen Geschlecht der Abgebildeten zweifeln (Abb. 36). Immer wieder stellt sich beim Betrachter die verblüffte Reaktion her: Eine absolut perfekte Frau/ein absolut perfekter Mann, kaum zu glauben, dass sie ein Mann, dass er eine Frau ist.

Die Frau als Mann   Foto: G. Liebherr, Berlin.

Abb. 36: Aufnahme aus dem Atelier Liebherr, die bei Transvestitinnen für die Herstellung perfekter Männlichkeit werben soll, mit Originalbildunterschrift. Man beachte die sorgfältige Inszenierung des »jungen Mannes« aus der Oberschicht in Kleidung und Accessoires: vom Monokel bis zur Gamasche; der Körperhaltung: von der Blickrichtung bis zur Bein- und Armstellung; in Ausstattung und Beleuchtung: schwere, gediegene Materialien, gedämpftes Licht.

Ein Versuch aus dem Leserkreis, eine Organisation zu gründen, findet sich dennoch erst 1927 nach dreijährigem Erscheinen. Bisher, so konstatiert LINA ES, die viele redaktionelle Beiträge schrieb, gab es »keine eigene Interessenvertretung der Transvestiten. Vor einigen Tagen ist nun endlich der Zusammenschluss der

Transvestiten unter Anschluss an den Bund für Menschenrecht erfolgt. Es werden noch einwandfreie Mitglieder aufgenommen. Räumlichkeiten zum Kleiderwechsel stehen zur Verfügung« (Es 1927, o. S.). In den Nummern der nächsten Wochen und Monate finden sich noch zahlreiche Aufrufe an die »Schicksalsgefährten im Deutschen Reiche und Deutsch-Österreich« zur Mitwirkung. 1929, zwei Jahre nach diesem ersten Versuch der Selbstorganisation, wird sogar die Gründung eines »Internationalen Transvestiten-Bundes« als Unterorganisation des Bundes für Menschenrecht in Aussicht gestellt. Dort findet sich die Erklärung, dass »das Unternehmen schwieriger sein [wird] als wie für die Homosexuellen. [Weil] das Anlegen weiblicher Kleidung [...] viel schwieriger und eigentümlicher [ist] und [...] darum vom Publikum viel weniger verstanden [wird]«[25] (A. N. 1929, o. S.). Doch die Bemühungen, eine stabile Transvestitenorganisation zu gründen, waren zunächst wenig erfolgreich. 1929 scheint es zu einem nur kurz währenden Zusammenschluss gekommen zu sein. Noch im Frühjahr des Jahres erklärte »Der Hauptvorstand« des Bundes für Menschenrecht resigniert:

> *Transvestiten*, wollt ihr euch weiterhin gefallen lassen, daß man über eure Veranlagung spottet und euch verhöhnt? Wir haben seinerseits darauf hingewiesen, daß eine Transvestitenvereinigung gegründet werden soll. Leider sind die Meldungen bisher sehr spärlich eingegangen und wir fordern daher an dieser Stelle noch einmal auf, werdet Mitglieder zunächst im Bund für Menschenrecht, E. V. Sondergruppe Transvestiten, bis die neue Vereinigung so stark ist, daß sie sich selbstständig machen kann. (Hauptvorstand 1929, o. S., H. i. O.)

Und auch die Transvestiten ließen es nicht an Pathos fehlen, ihre »Leidensgenossen« zu mobilisieren: »Unsere Organisation lässt sich leiten, von den idealen Gedanken der Tüchtigmachung zum Dienste am Nächsten und jeder, der der Organisation fernbleibt, versündigt sich an sich selbst, an uns, am ganzen Volke« (Es 1929, o. S.).

Ende 1929 fand sich dann die erste Gruppe zusammen, als am 3. Oktober im »Florida« zum »I. großen Transvestitenball« eingeladen wurde (Abb. 37). Eine Woche später, auf dem »II. großen Transvestitenball« war dann die Gründung vollzogen.

---

[25] Dieser Versuch wird ein Jahr später wiederholt, als es darum ging, Abonnenten für die Transvestitenzeitschrift *Das dritte Geschlecht* zu gewinnen (Internationaler Transvestiten-Bund 1930).

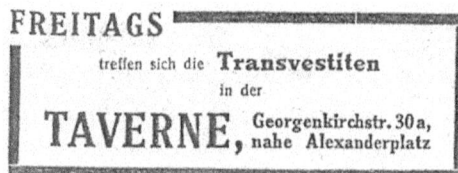

Achtung!   Transvestiten!
Am Freitag, den 2. September findet in den
Gesamträumen des Alexander-Palais, Landsberger-
straße 39, der
I. große Transvestitenball
statt. Auswärtige Gäste wollen sich rechtzeitig bei der
Geschäftsstelle des B.f.M., Berlin S 14, Neue Jakobstr. 9,
anmelden!

FREITAGS
treffen sich die **Transvestiten**
in der
TAVERNE, Georgenkirchstr. 30a,
nahe Alexanderplatz

Abb. 37: Links: Faksimile der ersten Anzeige eines auch so bezeichneten Transvestitenballs. Rechts: Faksimile der ersten Anzeige für einen der expliziten Transvestitentreffs.

Dazu waren wenigstens »60 Damen und Herren« gekommen. Als Versammlungsleiterin wurde Charlotte Hahm gewählt. Sie betonte, dass »die zu bildende Transvestitengruppe [...] rein von unlauteren Elementen sein« müsse, womit der Ausschluss von sich in Frauenkleidern prostituierenden Männern (Abb. 38), den so genannten »Puppenjungen« und »Tanten« – gegen die der BfM gerade angesichts des verabschiedeten Entwurfes für die Neuregelung des § 175 RStGB lautstark polemisierte –, gemeint war.

Abb. 38: Zwei Transvestiten, mit denen Lothar Goldmann seinen Aufsatz illustrierte. Die Legende »Teubler und Schröder (›Edith‹), zwei homosexuelle Transvestiten (Prostituierte)« verweist, wie die bereits gezeigten erkennungsdienstlichen Fotos (Abb. 31), auf die vermeintlich kriminellen Implikationen des Transvestitismus. Das Foto entstand offensichtlich nicht im Kontext polizeilicher Maßnahmen, sondern als Atelieraufnahme im Stile der Freundschafts- und Erinnerungsfotografie, möglicherweise als Künstlerpostkarte.

Die Ziele dieser Transvestitengruppe beschrieb eine ihrer Wortführerinnen, Käthe Kroneberg, wie folgt:

> Als Hauptaufgabe neben der Geselligkeit an bestimmten Abenden, soll die Einwirkung auf Behörden und Öffentlichkeit bei sich bietenden und bestimmten Anlässen sein, Schutzmaßnahmen und Beratungen, Informierung der Presse und dergleichen. (Kroneberg 1929, o. S)

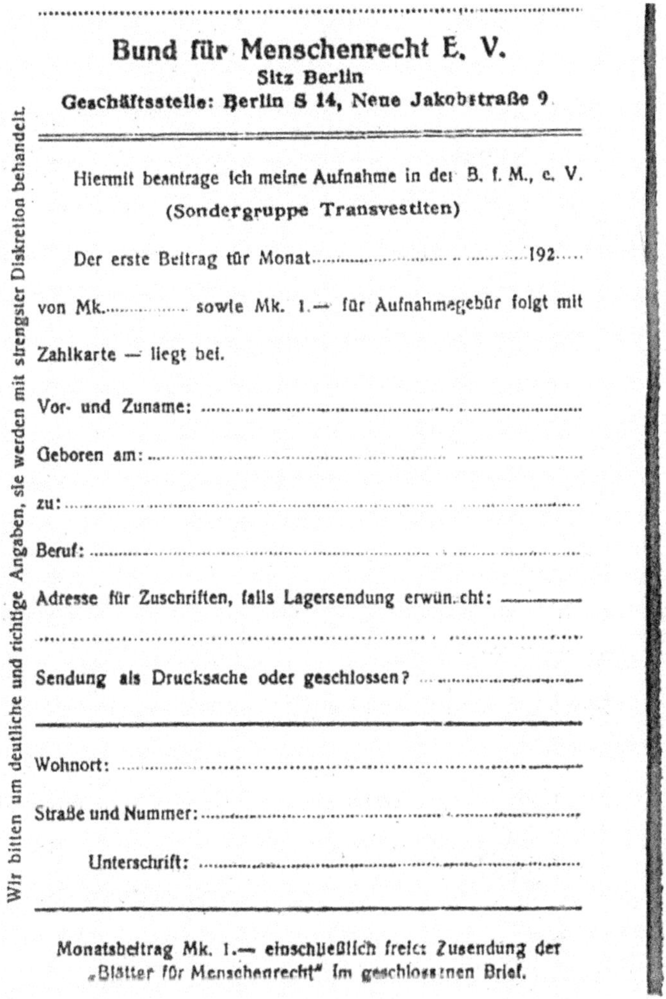

Bund für Menschenrecht E. V.
Sitz Berlin
Geschäftsstelle: Berlin S 14, Neue Jakobstraße 9

Hiermit beantrage ich meine Aufnahme in dei B. f. M., e. V.
(Sondergruppe Transvestiten)

Der erste Beitrag für Monat .... 192....

von Mk............ sowie Mk. 1.— für Aufnahmegebür folgt mit

Zahlkarte — liegt bei.

Vor- und Zuname: ....

Geboren am: ....

zu: ....

Beruf: ....

Adresse für Zuschriften, falls Lagersendung erwün.cht: ....

....

Sendung als Drucksache oder geschlossen? ....

Wohnort: ....

Straße und Nummer: ....

Unterschrift: ....

Monatsbeitrag Mk. 1.— einschließlich freier Zusendung der „Blätter für Menschenrecht“ im geschlossenen Brief.

Wir bitten um deutliche und richtige Angaben, sie werden mit strengster Diskretion behandelt.

Abb. 39: Faksimile eines Aufnahmeantrags in die »Sondergruppe Transvestiten« des Bundes für Menschenrecht.

Vor dem Hintergrund der bereits mehrfach beschriebenen Feindseligkeiten zwischen homo- und heterosexuellen Transvestiten wurde auf der Gründungsversammlung sogleich die Frage diskutiert, »ob sich die homosexuelle Gruppe bei der heterosexuellen wohlfühlen würde oder auch umgekehrt« (ebd., o. S). Das glaubten offenbar die wenigsten. Weil die Mitgliederzahl der jeweiligen Fraktionen zu gering sei, um regelmäßige Treffs zu veranstalten, erging der Vorschlag, dass sich die heterosexuellen Transvestiten der Lesbengruppe »Violetta« anschließen möchten und die homosexuellen der »Herrengruppe des B.f.M.«. Die Dissonanzen bestanden demnach fort. Festgelegt wurde weiterhin, dass monatliche Gesellschaftsabende stattfinden sollten, wie auch eine eigene Zeitschrift vom Radszuweit-Verlag in Planung sei. Der provisorische Vorstand setzte sich aus drei nicht namentlich genannten Personen zusammen; ihm oblag der Entwurf einer Satzung und eines Finanzierungsplans. Als Kontaktpersonen fungierten Charlotte Hahm und Käthe Kroneberg.

Angesichts der verschiedenen Interessenlagen der Fraktionen weiblicher und männlicher, homo- und heterosexueller Transvestiten und der Streitigkeiten zwischen ihnen kam man jedoch schon wenige Wochen später überein, dass »eine besondere Transvestitengruppe unerwünscht ist«. Damit war der erste Anlauf zur Selbstorganisation mit emanzipatorisch-politischen Zielen bereits nach kurzer Zeit gescheitert. Dem Geselligkeitsbedürfnis könnten die jeweiligen Gruppen bei den regelmäßig stattfindenden Transvestitenbällen in der »Zauberflöte« oder im Damenclub »Violetta« nachgehen (Redaktion 1929, o. S.). Belegen lassen sich in der Folge zahlreiche gesellige Veranstaltungen. Außerdem kündigte Radszuweit noch für dasselbe Jahr die Herausgabe einer »selbstständigen Monatsschrift ›Transvestiten‹« an (Redaktion und Friedrich Radszuweit-Verlag 1929, o. S.). Um für letztere ausreichend Abonnenten zu akquirieren, unternahm Charlotte Hahm 1930 einen weiteren Versuch, eine Transvestitengruppe zu gründen, von der sich auch einige Aktivitäten wie Vortragsabende,[26] gesellige Veranstaltungen und Transvestiten-Modenschauen durch Ankündigungen in den folgenden Nummern von *Die Freundin* nachweisen lassen (H.[ahm] 1930, o. S.).

Die neue Transvestitenzeitschrift *Das 3. Geschlecht*, die unregelmäßig vom Mai 1930 bis 1932 als Illustrierte in fünf Nummern erschien, ging aus dem nicht verkaufsträchtigen Vorläuferblatt *Das dritte Geschlecht* hervor, das – ebenfalls vom Radszuweit-Verlag herausgegeben – zwischen 1928 und 1929 als Boulevardzeitung über allerlei sexuelle Skandale und Skandälchen Heterosexueller – wie Eifersuchtsdramen und so genannte Lustmorde – berichtete, ohne sich den sexuellen Minderheiten zu widmen. Dank der üppigen Illustrationen

---

[26] So beispielsweise den zum Thema »Umkleidungstrieb und Sexualempfinden des Transvestiten«, vgl. Hahm 1930a.

scheint die Transvestitenzeitschrift jedoch ein Verkaufserfolg gewesen zu sein. Das geht zumindest aus einer Verlagsmeldung 1932 hervor, die Nummern seien ausverkauft. Leider ist von dieser Illustrierten keine einzige Ausgabe in einer Bibliothek der Bundesrepublik nachgewiesen. Der Autor ist für diesbezügliche Hinweise dankbar.[27]

Abb. 40: Ein von Hirschfeld 1933 veröffentlichtes Foto zeigt eine Gruppe perfekt als Frauen zurecht gemachter männlicher Transvestiten im legendären Homosexuellen- und Transvestitenlokal »Eldorado« um 1929. Er versah das Foto mit der Unterschrift: »Eine Gruppe von Stammgästen im Eldorado in Berlin«.

Friedrich Radszuweit schaffte mit der Einrichtung des Sonderteils *Der Transvestit* eine erste Möglichkeit für den Meinungsaustausch. Das trug – auch wenn es nur schleppend voranging – zur Konstituierung der Transvestiten als

---

[27] Während das Vorläuferblatt *Das dritte Geschlecht* in einigen Bibliotheken nachgewiesen ist, wurde *Das 3. Geschlecht* – die Titel unterscheiden sich nur in der Schreibweise – bisher nicht gefunden. Die Titelseiten von *Das 3. Geschlecht* sind in den entsprechenden Ausgaben der Zeitschrift *Die Freundin* abgedruckt, die des letzten Heftes (5) in: Die Freundin, 1932.

soziale Minderheit mit diversen subkulturellen Strukturen bei (Abb. 40). Dabei scheint das Engagement des Vorsitzenden des Bundes für Menschenrecht vor allem kommerziell motiviert: Ihm ging es darum, eine ökonomische Nische zu erschließen. Er versuchte eine Transvestitenorganisation aufzubauen, um damit eine Leserschaft für die von ihm herausgegebenen Zeitschriften und die über seine Verlagsbuchhandlung vertriebenen Bücher sowie Besucher für die vom BfM veranstalteten Transvestitenbälle zu rekrutieren. Das monierten einige Transvestiten wie beispielsweise Alex Starke, als er/sie zur Gründung eines nicht »Nur-›Vergnügungsclubs‹« aufrief (Starke 1930, o. S.). Beratungsangebote oder politische Verlautbarungen im Interesse der Transvestiten – beim Aufruf der Gruppengründung als Ziele benannt – lassen sich nicht nachweisen.

Diesen emanzipatorisch-politischen Aufgaben widmete sich eine zweite Gruppe. Auch in der Konkurrenzzeitschrift von *Die Freundin*, der vom Hirschfeld-nahen »Deutschen Freundschafts-Verband« herausgegebenen Wochenschrift für homosexuelle Frauen *Frauenliebe*,[28] wurde ausführlich über Transvestiten berichtet. Dass die Zeitschriften in Konkurrenz standen, lässt sich daraus ableiten, dass in *Die Freundin* kein einziger Hinweis auf entsprechende Angebote der Zeitschrift *Frauenliebe* zu finden ist, während in letzterer bissige Anspielungen auf erstere gedruckt wurden.

Der auch in *Frauenliebe* eingerichtete Extrateil *Der Transvestit* enthält 1930 zunächst den Hinweis, dass sich »Tausende von Personen im Magnus Hirschfeldschen Institut für Sexualforschung [sic] meldeten, welche sich als Transvestiten bekannten und in ihrer seelischen Bedrängnis um Beistand baten« (Weis, 1930, S. 1). Die Autorin, Maria Weis, ruft dazu auf, sich zur Verbesserung der Stellung in der Gesellschaft wie auch für Erleichterungen bei der behördlichen Anerkennung zusammenzuschließen. Dazu empfahl sie, der gerade gegründeten »Vereinigung ›D'EON‹« beizutreten (vgl. Abb. 41).

Es mag überraschen, dass keines der Ehrenmitglieder selbst Transvestit war, sondern alle nur als deren Interessenvertreter fungierten. Für Transvestiten war es offenbar noch zu heikel, in der Öffentlichkeit zu ihrer ungewöhnlichen Neigung zu stehen. In dieser Hinsicht gibt es Parallelen zur Praxis des Wissenschaftlich-humanitären Komitees in den Anfangsjahren, dessen Vorstand sich ebenfalls nicht offen zur eigenen Homosexualität bekannte. Und wie im *Jahrbuch für sexuelle Zwischenstufen* einige Autoren unter Pseudonym schrieben, wählten die Transvestiten für ihre Zeitungsbeiträge ebenfalls Phantasienamen, die für sie allerdings eine weitere Bedeutung im Sinne der gewünschten Geschlechtszugehörigkeit besaßen.

---

[28] Ende 1930 wurde der Sonderteil *Der Transvestit* in das Beiblatt von *Frauenliebe*, *Garçonne* ausgelagert.

**Aufruf
der Vereinigung „D'EON".**

Nach monatelanger sorgfältiger Vorbereitung hat
sich die obige Vereinigung konstituiert.

Sie hat sich die Aufgabe gestellt, alle einwandfreien Transvestiten zusammenzufassen, um mit ihnen
gemeinsam für die wirtschaftlichen und gesellschaftlichen Rechte der Transvestiten einzutreten.

**Die Vereinigung wendet sich daher an alle
Transvestiten mit der Bitte, sich mit ihr zwecks Er-
werbung der Mitgliedschaft in Verbindung zu setzen.**

Die Größe, Vielseitigkeit und Unerschlossenheit
des Arbeitsgebietes, auf welches sich die Vereinigung
begibt, erfordert die Hilfe jedes einzelnen, dem es
ernst um die Verfechtung seiner Interessen ist.

Kein ernstzunehmender Transvestit darf es ver-
säumen, sich uns anzuschließen.

Wegen genauer Auskunft wende man sich an die
Vereinigung „D'EON"
Berlin. Friedrichstraße 135 a, I.

Mitglieder des Ehrenkomitees sind u. a.:
Dr. med. Felix Abraham,
Rechtsanwalt Dr. Walter Bahn,
San.-Rat Dr. Magnus Hirschfeld,
Justizrat Dr. Werthauer.

Abb. 41: Aufruf zur Gründung und zum Beitritt zur Transvestiten-Vereinigung
D'Eon.[29]

Die Vereinsgründung bewirkte, dass sich viele Transvestiten mit ihren Problemen an die Aktivisten wandten. Tatsächlich begann die Gruppe unmittelbar
danach ein Vereinsleben zu entfalten. Dazu gehörten zunächst Vorträge wie der
über Transvestitismus, der im »Dorian Gray«, das zum Vereinslokal avancierte,
gehalten wurde (Frauenliebe 1930). Da vorerst die angekündigten Beratungsangebote nicht realisiert werden konnten, mussten die Anfragenden vertrö-
stet werden (Vereinigung D'Eon 1930). Von einer ersten Zusammenkunft im
Institut für Sexualwissenschaft, dem nunmehrigen Sitz der Vereinigung, an der
neben den Vertretern des Ehrenkomitees, Felix Abraham und Magnus
Hirschfeld, auch das »Vorstandmitglied« Maria Weis sprach, wird am 15.
Oktober 1930 berichtet.

---

[29] In der gleichlautenden Anzeige der nächsten Ausgabe von *Frauenliebe* (Jg. 5, Nr.
13, o. S.) werden als »Mitglieder des Ehrenkomitees« außerdem »Dr. Leune,
Kopenhagen« (Jonathan Høegh Leunbach, der mit Hirschfeld in der Weltliga für
Sexualreform zusammenarbeitete) und »Rechtsanwalt u. Notar Dr. Walther
Niemann« genannt.

Ein Schwerpunkt der Diskussion lag auf den Möglichkeiten, das als schlecht eingeschätzte Image der Transvestiten in der Öffentlichkeit zu verbessern. Hirschfeld schlug vor, eine Presseveranstaltung im Institut einzuberufen, auf der sich die Organisation vorstellen sollte. Für eine solche Pressekonferenz konnten zwar keine Hinweise gefunden werden, aber tatsächlich lassen sich aus dieser Zeit einige populäre Aufsätze und Mitteilungen über Transvestitismus von Institutsmitarbeitern in der von Hirschfeld mitherausgegebenen Zeitschrift *Die Aufklärung* nachweisen (Abraham 1929 und 1930; Die Aufklärung 1930; Giese 1930; Hirschfeld 1930b).

Weitere Programmpunkte waren »die Einführung regelmäßiger Gesellschaftsabende in Abständen von vier Wochen«, »Veranstaltungen von Vorträgen im Haeckelsaal« und »Belehrungen über Kosmetik« (Vereinigung D'Eon 1930a). Auf der nächsten Versammlung am 15. November 1930 standen diese Themen auch auf dem Programm (Weis 1930b, S. 10). Darüber hinaus brach auch hier der bestens bekannte Streit »zu einem ganz unnötigen Problem« auf, nämlich dem, »wie die Interessen der homosexuellen und der heterosexuellen Transvestiten in Übereinstimmung gebracht werden sollen« (Vereinigung D'Eon 1930b, S. 10). Der Berichterstatter empört sich über diese Kleinlichkeit, indem er/sie die wenig hilfreiche Frage stellt: »Wie können sie aber erwarten, dass man ihnen das geforderte Verständnis entgegenbringt, wenn sie es ihren eigenen Artgenossen versagen?« Das Problem blieb ungelöst, dennoch setzte die Vereinigung ihre Tätigkeit fort. Noch vor der Veranstaltung wurde ein Arbeitsprogramm verabschiedet, das folgende Punkte enthielt:

1. Erfassung aller einwandfreien Transvestiten durch eine planmäßige Werbeorganisation.
2. Zusammenfassung aller derjenigen Personen, die sich für das Problem des Transvestitismus interessieren.
3. Sicherung der Mitarbeit der Tagespresse.
4. Errichtung eines Mitgliederheims in eigener Verwaltung, das Ankleideräume vorsieht.
5. Schaffung einer Warenbezugsstelle.
6. Eheberatungsstelle.
7. Rechtsberatung.
8. Ärztliche Beratungsstelle (bereits in Tätigkeit, für Mitglieder kostenlos).
9. Berufsberatung.
10. Herausgabe einer eigenen Zeitung. (Weis 1930a, S. 10)

Mit diesen programmatischen Zielen, so Maria Weis, setze sich die Vereinigung D'Eon dezidiert von den bisher existierenden Transvestitenorganisationen ab, da »insbesondere die vom ›Bund für Menschenrecht‹ nicht nur nicht geeignet sind, die gesellschaftliche und wirtschaftliche Anerkennung der Transvestiten durchzusetzen, sondern da diese Art von Vereinen die intersexuellen Menschen aufs schwerste kompromittieren« (Weis 1930a, S. 10). Die Gründe für diesen Bannspruch blieb die Verfasserin allerdings schuldig. Insofern scheinen die Unvereinbarkeiten zwischen den Homosexuellenorganisationen WhK und BfM von deren Aktivisten auf die Transvestitenorganisationen übertragen worden zu sein.

Aus Anlass der Veröffentlichung des Zehnpunkteprogramms beschrieb Maria Weis auch die Gründe, die einige Transvestiten – trotz des offensichtlichen Zulaufs, den die Organisation nach einjährigem Bestehen verzeichnen konnte – davon abhielten, ihr beizutreten. Vor allem sei es die Scheu vor der Öffentlichkeit. Den Ängsten versuchte man Rechnung zu tragen, indem »die Mitgliedskarten auf den von ihnen gewünschten Frauennamen bzw. Männernamen« lauteten. Außerdem werde die Post an die Mitglieder »neutral« und auf Wunsch auch postlagernd versandt (ebd., S. 10).

Welche der angegebenen Ziele die Vereinigung tatsächlich umsetzen konnte, lässt sich nicht in vollem Umfang ermitteln. Zumindest die Angebote der – für Mitglieder kostenlosen – ärztlichen und rechtlichen Beratung, die von den Institutsmitarbeitern abgedeckt wurden, legen nahe, dass es der Organisation tatsächlich um die Verbesserung der Lebenssituation der Transvestiten ging. Dennoch sind auch monetäre Interessen des Ehrenkomitees nicht ganz auszuschließen: Die Institutsmitarbeiter waren nahezu die einzigen, die für ein nicht unbedeutendes Honorar die zahlreich anfallenden ärztlichen Gutachten für den Transvestitenschein ausstellten. Und die im Ehrenkomitee genannten Rechtsanwälte Walther Niemann und Walter Bahn waren es schließlich, die Transvestiten bei der Umsetzung ihrer Interessen vor den Behörden vertraten.

Die Organisation muss auch in der Folgezeit gewachsen sein. Anlässlich eines späteren Treffens, das nun wieder im »Dorian Gray« stattfand, war dieses Lokal bereits zu klein, »um die Mitglieder und Freunde der Vereinigung D'Eon so aufzunehmen, daß die Behaglichkeit darunter nicht leidet« (Vereinigung D'Eon 1931, S. 12).

Weil die Zeitschrift *Garçonne*, in der die Vereinsmitteilungen veröffentlicht wurden, nicht vollständig vorliegt, lassen sich über den Fortgang des Vereinslebens keine Angaben machen. Über den Abbruch der Arbeit nach dem Machtantritt der Nationalsozialisten ist nichts bekannt. Wahrscheinlich wurden die Aktivitäten, wie die der Homosexuellenorganisationen und -zeitschriften, stillschweigend eingestellt, nachdem das Institut im Mai 1933 geplündert und geschlossen worden war. Über das Schicksal mitarbeitender Transvestiten liegen keine Informationen vor. Felix Abraham, der Motor der Vereinigung, blieb zwar noch bis 1937 in Berlin, wo er unter verschiedenen Adressen praktizierte, eine Fortsetzung seines Engagements für Transvestiten ist jedoch nicht belegt.[30] Später wählte Abraham das schwedische Exil, 1938 nahm er sich in Italien das Leben.

Ansätze einer öffentlich sichtbaren Subkultur der Transvestiten lassen sich erst in der zweiten Hälfte der 20er Jahre nachweisen, nachdem sich eine kollektive Identität herauszubilden und juristisch-kriminalistische Liberalisierungen durchzusetzen begannen. Bereits seit der Jahrhundertwende wurde im *Jahrbuch für sexuelle Zwischenstufen* und den *Monatsberichten des Wissenschaftlich-humanitären Komitees* über Cross-Dressing beziehungsweise Transvestitismus berichtet. Damit war zwar ein Forum geschaffen, das sowohl der wissenschaftlichen Kategorienbildung wie der Selbstdefinition diente; im Vergleich zu populären Zeitungen der 20er Jahre entfaltete es aber nur wenig Breitenwirkung, da es auf eine gebildete Leserschaft zielte (Keilson-Lauritz 1997). Vor allem das regelmäßige Erscheinen von Transvestitenzeitungen war – neben juristischen Erleichterungen – die Voraussetzung für die Netzwerk- und Subkulturbildung wie für die Gründung von Interessengemeinschaften. Erst damit begannen sich die Transvestiten – wenn auch äußerst zaghaft – als soziale Minderheit in einer Semi-Öffentlichkeit zu konstituieren. Die Unterstützung ihrer Selbstorganisation in Form von Fürsprache, Beratung und Unterbringung der Vereinigung im Institut ist eine konsequente Folge von Hirschfelds therapeutischem Ansatz.

Es ist wiederum bezeichnend für das Verhältnis zwischen homosexuellen Männern, Transvestiten und Transvestitinnen, dass beide Transvestitenblätter Bestandteil der Zeitschriften für homosexuelle Frauen waren, denen die heterosexuellen Transvestiten mit ihrer Vorliebe für Frauengesellschaften und selbstverständlich auch die Transvestitinnen näher standen.

Wie bei den Homosexuellen hatten Vereinzelung und mangelnde Kommunikationsmöglichkeiten zunächst einer Formierung der Transvestiten als soziale Minderheit entgegengewirkt. Doch anders als bei den Homosexuellen gab es für sie – jenseits vergleichbarer Stigmatisierungs- und Diskriminierungserfahrungen – weder einen »gemeinsamen Feind« in Form von Gesetzen, gegen den kollektiv vorzugehen gewesen wäre, noch genau definierte Ziele, deren Umsetzung ihr Leben wesentlich erleichtert hätte. Sie suchten hauptsächlich soziale Räume, in denen sie ihre Neigung ausleben konnten, und vor allem Kommunikationsmöglichkeiten zum Austausch ihrer Erfahrungen und zur Solidarisierung. Mit dem Transvestitenschein und der Vornamensänderung dürften viele Transvestiten auch zufrieden gewesen sein, so dass sie keine Notwendigkeit zur weiteren Politisierung ihrer Neigung sahen. Hinzu kommt selbstverständlich auch der simple Umstand, dass heterosexuelle Transvestiten, anders als homosexuelle Frauen und Männer, ihre Sexualpartner gerade nicht unter »Gleichgesinnten« fanden, was

---

[30] Zu Plünderung und Schließung des Instituts für Sexualwissenschaft sowie zum Schicksal seiner Mitarbeiter vgl. Magnus-Hirschfeld-Gesellschaft 2002.

einen weiteren wesentlichen Grund für die Netzwerkbildung darstellt. Außerdem bestanden zwischen den verschiedenen Fraktionen die bereits ausführlich dargestellten unüberbrückbaren Konflikte, die einer Solidarisierung entgegenwirkten. Nicht zuletzt sind es diese immer wieder zutage tretenden Unvereinbarkeiten, die deutlich machen, dass es sich bei den Transvestiten um keine einheitliche Gruppe handelte, wie sie vormals von Hirschfeld konstruiert worden war. Gerade diese permanenten Auseinandersetzungen behinderten ihren Zusammenschluss zu einer Transvestitenbewegung, die offenbar viel weniger gebraucht wurde als eine Homosexuellenbewegung. Interessanterweise ging die Initiative zu den Organisationsgründungen der Transvestiten in beiden Fällen von den Protagonisten der Homosexuellenbewegung aus, Magnus Hirschfeld und Friedrich Radszuweit. Sie versuchten ihr Modell der Selbstorganisation einfach auf die Transvestiten zu übertragen.

5.7 Exkurs: Transvestiten in der NS-Zeit

Systematische Untersuchungen über Kontinuitäten im Umgang mit Transvestiten aus der Weimarer Zeit im Nazi-Deutschland sowie über entsprechende Brüche liegen nicht vor. Erlasse, Gesetze oder interne Richtlinien, die den Umgang neu geregelt hätten, sind nicht bekannt. Daher sollen hier einige Ergebnisse mitgeteilt werden, obwohl sie über den zeitlichen Rahmen dieser Studie hinausgehen.

Insgesamt deuten die aufgefundenen Informationen auf einen widersprüchlichen Umgang mit den Transvestiten und Transvestitinnen. Das betrifft sowohl die Inanspruchnahme der vor 1933 ausgestellten behördlichen Genehmigungen durch die Transvestiten als auch ihre offenbar willkürliche Anerkennung/Ablehnung durch die NS-Behörden sowie die Neubewilligung von Anträgen nach 1933.

Die Polizei hatte seit jeher ein besonderes Interesse an den Transvestiten. Sie genossen trotz der Liberalisierungsphase in den 20er Jahren so viel Aufmerksamkeit, dass man über sie vielerorts genaue Statistiken angefertigte, in denen Geschlecht, sexuelle Orientierung und Anlass der polizeilichen Erfassung vermerkt waren. Das wird deutlich, als ein junger Hamburger Arzt am gerichtsmedizinischen Institut der Hansischen Universität, Hermann Ferdinand Voss, 1938 seine Dissertation zum Thema »Ein Beitrag zum Problem des Transvestitismus« veröffentlicht. Voss, für den Transvestiten schlichtweg therapiewürdige »Asoziale« waren,[31] richtete, um seine Einzelfallstudie mit einigen

---

[31] Am 14.12.1937 wurde ein »Grunderlaß« zur Verfolgung als asozial klassifizierter Menschen durch die Kriminalpolizei eingeführt (Wagner 1996, S. 254ff.), woran sich die Aktion »Arbeitsscheu Reich« durch die Gestapo im März 1938 und die

empirischen Angaben zu untermauern, eine »Anfrage an die Polizeibehörden der großen Städte Deutschlands« mit der Bitte, ihm detailliert Bericht zu erstatten (Voss 1938, S. 13-14). Mit Ausnahme der Berliner Polizei, die zweifellos über die meisten Fälle verfügte – jedoch trotz großem Interesse an der Studie nicht in der vorgegebenen Frist antwortete –, gingen Berichte aus 22 Städten über die Häufigkeit von Transvestiten, meist aus den letzten 15 Jahren, ein. Die Liste – ohne Berlin – führt Hamburg (einschließlich Altona) mit 104 Fällen an, gefolgt von München mit jährlich einem Fall in den letzten 15 Jahren, Dresden »11 Fälle seit 1928« und Düsseldorf, das 10 Fälle aus den letzten 15 Jahren mitteilte.[32] Die erstaunlich niedrigen Zahlen lagen offenbar unter den Erwartungen Voss', weshalb er sie wie folgt kommentierte:

Die mir gemeldeten Tr[ansvesti]ten-Zahlen stellen wahrscheinlich nur einen Teil der wirklich vorhandenen dar. Die Tr[ansvesti]ten sind äußerst vorsichtige Personen, die jeder Berührung mit der Polizei sorgsam aus dem Wege gehen, und sie werden daher häufig nicht zur Erkennung gelangen. Ueber die Kriminalität der Tr[ansvesti]ten gingen kaum Angaben ein. Die meisten Berichte lassen erkennen, dass es sich bei den bekannt gewordenen Tr[ansvesti]ten um Homosexuelle, teils auch um Prostituierte handelt. Nur der Königsberger Transvestit gab an, dem Verkleidungstrieb zu huldigen, um sich auf diese Weise Frauen leichter nähern zu können. (ebd., S. 15)

Zunächst ist es wichtig, darauf hinzuweisen, dass der Homosexualitätsverdacht trotz aller Aufklärungsarbeit der 20er Jahre innerhalb der Polizei an den Transvestiten offenbar weithin haften geblieben war. Denn Voss bezweifelte die Behauptung der erfassenden Behörden, nahezu alle gemeldeten Transvestiten seien homosexuell, weil diese Einschätzung von den jeweiligen Polizeidienststellen getroffen wurde und nicht durch so genannte sachverständige Mediziner. Er ging vielmehr davon aus, »dass die Zahl [homosexueller Transvestiten] tatsächlich erheblich viel tiefer liegen dürfte« (ebd., S. 17).
Dass die Polizeibehörden generell annahmen, Transvestiten seien homosexuell, wird bei der Analyse einiger Berliner Gerichtsakten deutlich. Aus einigen Verfolgungsakten von Männern, die wegen homosexueller Delikte angeklagt waren – und daher nur einen Ausschnitt des Umgangs mit Transvestiten repräsentieren –, geht zunächst hervor, dass es – zumindest in Berlin – auch

---

Kripo im Juni 1938 anschloss (S. 279ff.). Auf diese Diskussion dürfte sich Voss bei seinen Ausführungen bezogen haben. Die entsprechende Quellenedition mit den Erlassen und Dokumenten finden sich bei Ayaß 1998.

[32] Die entsprechenden Angaben sind den Seiten 14–15 der Studie (Voss 1938) zu entnehmen, deren Auswertung und Interpretation auf den folgenden Seiten.

nach 1933 eine Transvestitenszene gab. Nachweislich fanden bis 1940 gelegentlich Bälle in einschlägigen Lokalen statt, die allerdings, sofern die Polizei Kenntnis davon erhielt, observiert wurden und zu Festnahmen führten (vgl. dazu: LAB A Pr. Br. Rep. 30 198a 5. Allg., Nr. 106; Dobler 2003, S. 182–190). Nicht grundlos befürchteten einige jener Männer, die vor 1933 einen Transvestitenschein erhalten hatten, nach 1933 wegen des Tragens von Frauenkleidern sistiert zu werden.[33] Denn die NS-Verfolgungsinstanzen betrachteten dies als explizite Form der Effeminierung, die als deutliches Indiz dafür gewertet wurde, dass der Betreffende in strafbare homosexuelle Handlungen verwickelt war. Dementsprechend wurde die »Täter«-Klassifikation mit dem Zusatz »Transvestit« versehen (Pretzel 2000, S. 46–47).

Die Anklageschrift gegen den 1937 denunzierten Arthur Glöckner, der 1917/1918 die polizeiliche Legitimation zum Tragen von Frauenkleidern erhalten hatte, beginnt mit den Sätzen:

> Der Angeschuldigte Glöckner ist der Polizei seit 1909 als Homosexueller und Transvestit bekannt. Er besuchte in Berlin bekannte Lokale für Transvestiten und ist nach seiner eigenen Angabe bis zu den Jahren 1926/27 ein bis 2 mal in der Woche in Frauenkleidern ausgegangen. (LAB A Rep. 358-02 Nr. 127808)

Dabei hatte der Angeklagte im Verhör – wohl wissend um die Gefahr – zu Protokoll gegeben, seit acht bis neun Jahren kein Bedürfnis mehr zu spüren, in Frauenkleidern auszugehen. Auch eine Äußerung des im Rahmen desselben Verfahrens angeklagten Oskar Gades, der von der Geheimen Staatspolizei als »Transvestit« geführt wurde, legten die Behörden im Sinne der Homosexualität gegen ihn aus: »Bis zu meiner damaligen Festnahme, am 25. Mai 1935, bin ich in Frauenkleidern ausgegangen [...]. Ich habe wohl Freude an Frauenkleidern und trage dieselben gerne, bin aber deswegen nicht homosexuell« (LAB: A Rep. 358-02 Nr. 33523). Und dies, obwohl er betonte, nur mit seiner Ehefrau in Frauenkleidern spazieren gegangen zu sein. Ein weiterer Mann, Emil Becker, der ein Homosexuellenlokal führte, gab bei seiner Vernehmung zu Protokoll:

> Es entspricht den Tatsachen, daß ich in den Jahren 1930–1933 sehr oft in Frauenkleidern gegangen bin. Ich tat dies hauptsächlich aus geschäftlichen Gründen, um den bei mir verkehrenden Gästen etwas zu bieten. Ich will damit nicht sagen, daß ich es nur aus diesem Grunde getan habe, sondern ich hatte auch Freude daran. In früheren Zeiten bin ich zu Maskenbällen ebenfalls in Frauenkleidern erschienen. Seit der Machtübernahme habe ich mich aber nirgends mehr als Frau gezeigt. Die

---

[33] Einige Informationen zur Verfolgung von Transvestiten in der NS-Zeit finden sich bei Sternweiler 2000, S. 59–63.

Garderobe, die ich hatte, habe ich zum Teil verschenkt, zum Teil habe ich Kissen davon angefertigt. Die bei mir beschlagnahmten Bilder, die mich als Frau zeigen, sind in den Jahren 1930–1933 angefertigt worden. (ebd.)

Solche in großer Bedrängnis und Gefahr preisgegebenen Geständnisse legen zumindest eines nahe: Es war den Transvestiten bewusst, dass ihre Neigung, auch wenn sie nicht direkt gesetzwidrig war, so doch im Kontext homosexueller Verdächtigungen gegen sie ausgelegt werden konnte. Man versuchte daher begreiflicherweise diesem Generalverdacht entgegenzuwirken. Einige Transvestiten leugneten bei ihren Verhören sogar, nach 1933 überhaupt noch das Bedürfnis, Frauenkleider zu tragen, gespürt oder ihm nachgegeben zu haben.

Der Unterschied im Umgang mit Transvestiten in der Zeit vor und nach der Machtergreifung der Nazis geht am deutlichsten aus der bereits erwähnten, im NS-Jargon geschriebenen Dissertation über Transvestiten hervor. Dort heißt es dazu:

Rechtlich hat sich die Lage der Tr[ansvesti]ten in den Jahren nach der Machtergreifung durch den Nationalsozialismus bei uns geklärt. Mußten sie, wenn sie wegen ihrer Neigung meist mit dem Aergernisparagraphen in Konflikt gekommen waren, nach Abbüßung ihrer Strafen früher immer wieder auf freien Fuß gesetzt werden, so erscheint das heute nicht immer notwendig. Früher konnte sich die Gesellschaft nicht schützen, da sie die Betreffenden nicht einwandfrei als für minder zurechnungsfähig und als unbedingt anstaltsbedürftig erklären konnte. Heute jedoch bietet sich die Möglichkeit, die Betreffenden eventuell in Sicherungsverwahrung zu nehmen oder auch eventuell zu kastrieren oder durch zeitweise »entsprechende Internierung« sie so zu beeindrucken [sic], daß sie es vorziehen, ihre Neigung zurückzustellen. Ihre asoziale Haltung, häufig gepaart mit kriminellen Handlungen rechtfertigt drakonische Maßnahmen von Seiten des Staates. Die praktischen Erfahrungen der letzten Jahre haben bewiesen, daß diese von Erfolg gekrönt sind und der Staat Mittel zur Anwendung bringen kann, die der Notwendigkeit, die Nation auch in dieser Hinsicht zu schützen, entsprechen. Dadurch ist der Tr[ansvestitismus] im Reiche weniger auffällig geworden, und wie sich auch D.[34] wiederholt äußerte, sind es die gefürchteten Maßnahmen, besonders die »Internierung«, die ihn veranlassen, seinem Tr[ansvestitismus] nicht mehr öffentlich nachzugehen. (Voss 1938, S. 44)

---

[34] W. D. (Flugzeugbauer und Konstrukteur) ist das Kürzel für den 1908 in Hamburg geborenen Transvestiten, der im Mittelpunkt von Voss' Untersuchung steht. Nach seinen eigenen Angaben wurde D. jedoch kein einziges Mal von der Polizei behelligt, obwohl er gelegentlich allein oder mit seiner Gattin in Frauenkleidern spazieren ging.

Widersprüchliche Praktiken

Hiernach scheint es um so überraschender, dass in derselben Zeit auch weiterhin Transvestitenscheine ausgestellt wurden, und zwar sowohl für Frauen wie für Männer. So berichten der Psychiater Hans Bürger-Prinz und andere von einem Transvestiten mit dem Wunsch nach Geschlechtsumwandlung (Mann-zu-Frau), der 1934 die Erlaubnis bekam, sowohl den Vornamen (in Toni) zu ändern, als auch die Legitimation, Frauenkleider zu tragen (Bürger-Prinz et al. 1953, S. 23). Außerdem beschreiben sie einen Mann, der 1937 als homosexualitätsverdächtig denunziert worden war und bei dessen »Haussuchung [...] alle seine weiblichen Utensilien beschlagnahmt« wurden. Dieser Transvestit soll im »Reichskriminalamt Berlin (Abt. für Sexualdelikte) [...] verständnisvolle Beamte« gefunden und später schließlich auch die »polizeiliche Erlaubnis zum ständigen Tragen von Frauenkleidern« bekommen haben (ebd., S. 9). Ein weiterer Transvestit, der sich – nach Verbüßung einer vom Landgericht Wien verhängten sechsmonatigen Haftstrafe wegen »Wehrdienstentziehung« – nach 1943 auf eigenen Wunsch »alle menschlichen Geschlechtsteile« entfernen ließ, beantragte in Hannover seine Vornamensänderung (Abb. 42). »Bedenken dagegen wurden von keiner Stelle erhoben. Der Verwaltungsakt wurde in Hannover aber nicht zu Ende geführt, da B. verzog« (Huelke 1949, S. 91–92; vgl. auch von Schmidt 1960, S. 225–226).

Abb. 42: Foto von Hinrich B. alias Henriette B. zwischen 1941 und 1943, das wahrscheinlich im Kontext seiner juristischen und chirurgischen Geschlechtsumwandlung entstand. Huelke, der Autor, fügte es seiner Veröffentlichung von 1949 kommentarlos bei.

Über die Bedingungen dieser Bewilligungen werden keinerlei Angaben gemacht; sie lassen sich jedoch ansatzweise aus den Akten zweier im Landesarchiv Berlin liegender Verfahren erkennen.

Der folgende Vorgang betrifft die in Berlin wohnende Arbeiterin Erna Kubbe, Jahrgang 1887. Sie wurde am 24. Januar 1938 »aufgrund des § 1 der Verordnung des Reichspräsidenten zum Schutze von Volk und Staat vom 28. Februar 1933 (RGBl. 1, S. 83) [...] in Schutzhaft genommen«. Zur Begründung heißt es: »Die Kubbe ist überführt, bis in die letzte Zeit hinein öffentlich Männerkleidung getragen zu haben, obgleich ihr die bisher hierzu erteilte Genehmigung im Jahre 1933 entzogen wurde. Sie hat durch ihr Verhalten die öffentliche Sicherheit und Ordnung unmittelbar gefährdet. Gez. Heydrich.«[35] Erna Kubbe wurde ins »Frauen-Konzentrationslager Lichtenburg, Politische Abteilung« überstellt, kam am 12.10.1938 aber wieder frei. Bei ihrer Entlassung erhielt sie folgende »Einstweilige Genehmigung«:

Ihr wurde die Genehmigung erteilt, Männerkleidung zu tragen, was ihr hiermit zum Ausweis bei Behörden einstweilig bis zur Ausstellung einer offiziellen Genehmigung durch die Gestapa Berlin bescheinigt wird. Die Kubbe ist angewiesen, sich diese aufgrund ärztlicher Gutachten erteilte Genehmigung umgehend nach Eintreffen in Berlin beim Gestapa-Abteilung II D aushändigen zu lassen und diese Bescheinigung der genannten Dienststelle zwecks Einziehung abzugeben.

Leider sind in den Akten weder die medizinische Begründung noch der gutachtende Arzt überliefert. Tatsächlich erhielt Erna Kubbe den »Transvestitenschein«, jedoch unter einer Bedingung:

Auf Befehl des Reichsführers-SS und Chefs der Deutschen Polizei ist der im Betreff genannten Person die Genehmigung erteilt worden, Männerkleider zu tragen unter der Auflage, dass sie öffentliche Bedürfnisanstalten, Bäder und drgl. in Männerkleidung nicht aufsuchen darf.

Absurderweise wurde Erna Kubbe untersagt, jene Orte aufzusuchen, die als Kontaktstellen homosexueller Männer im Visier der Verfolger standen. Kurze Zeit darauf, in einem vom 25. November 1938 datierten Schreiben, bekam sie über den Transvestitenschein hinaus die Erlaubnis, einen geschlechtsneutralen Vornamen zu führen: »Der Reichsminister des Inneren hat durch Erlass vom 1. November 1938 [...] genehmigt, daß die Transvestitin, Erna, Anna, Marie Kubbe in Berlin, geb. am 5.5.1887 in Berlin, an Stelle der bisherigen

---

[35] Alle Zitate über Erna Kubbe sind folgender Akte entnommen: Landesarchiv Berlin, A Pr. Br. Rep. 30 Berlin C Tit. 198a, 5. Allgemein K 195.

Vornamen den Vornamen Gerd führt.« Gleichzeitig mit dieser zweiten Erlaubnis wurde ihre polizeiliche Überwachung angeordnet, nach der sich Gerd Kubbe bis zum 25.2.1939 »einwandfrei geführt« habe. Mit einer Umzugsmitteilung innerhalb Berlins vom 20.6.1939 schließt die NS-Akte. Über die formalen Grundlagen, die diese Genehmigungen überhaupt möglich machten, liegen keine Informationen vor. Dass in ähnlich gelagerten Fällen auch anders entschieden wurde, belegt folgendes Beispiel.

Die als »weiblicher Transvestit« geführte »Postfacharbeiterin« Gertrud Winkelmann, Jahrgang 1906, bemühte sich ab 1935 um die Verlängerung ihres Anfang 1933 ausgestellten Transvestitenscheines. In einem vom Berliner »Bezirks-Wohlfahrtsamt Mitte« an den Polizeipräsidenten adressierten Brief heißt es:

Die oben genannte ledige Unterstützungsempfängerin behauptet, dort einen Antrag eingereicht zu haben, daß ihr das Tragen männlicher Kleidung weiter gestattet wird. Ich bitte den Fall dort zuständigkeitshalber zu entscheiden und gegebenenfalls die am 31.1.1933 vom Bezirksamt Friedrichshain ausgestellte Bescheinigung einzuziehen.[36]

Daraufhin kam es zu einer persönlichen Vorladung von Gertrud Winkelmann, die den drei Beamten dank ihres männlichen Habitus »glaubwürdig« versicherte, »daß sie unauffällig nur in Männerkleidung gehen könne«. »Von einer Einziehung der vors. erwähnten Bescheinigung wurde daher einstweilen Abstand genommen.« Die Überwachung von Gertrud Winkelmann wurde angeordnet und, sofern sich »Veranlassungen zu polizeilichem Einschreiten erkennen lassen, wird das Erforderliche unter gleichzeitiger Benachrichtigung das Bezirksamtes veranlasst werden«. Gertrud Winkelmann durfte damit zunächst ihren Transvestitenschein behalten. Da sie arbeitslos war, schaltete sie – um auch ihren Vornamen behördlich ändern zu lassen – das Arbeitsamt als Fürsprecher ein. Das versicherte im Sinne der Antragstellerin, »daß es uns leider nicht möglich ist, Gertrud Winkelmann in Arbeit zu bringen. Der Hintergrund liegt daran, daß sie nach wie vor einen Mädchennamen führt und in Männerkleidung geht, woran sich jeder Arbeitgeber stösst. Sollte eine Vornamen-Änderung beantragt werden, würden wir das aus dem vorerwähnten Grunde befürworten.«

Die nunmehr geforderte Geheime Staatspolizei, die über diesen Antrag zu entscheiden hatte, beauftragte am 9. April 1936 »Herrn Professor Dr. Müller-Heß, Institut für gerichtliche Medizin (Psychiatrie) Berlin« mit einem

---

36 Die Zitate über Gertrud Winkelmann sind der Akte entnommen: Landesarchiv Berlin, A Pr. Br. Rep. 30. Berlin C Tit. 198a 5. Allgemein, Nr.79.

Gutachten, um feststellen zu lassen, »ob für die W. die Beibehaltung der männlichen Kleidung und damit ihre Namensänderung für notwendig erachtet wird«. Das Gutachten von Müller-Heß, der in vielen Verfahren gegen Homosexuelle als gnadenloser Sachverständiger auftrat, liegt den Akten nicht bei. Jedoch wurde über Gertrud Winkelmanns Antrag erneut verhandelt, nachdem sie in einem ausführlichen Brief, in dem sie ihre Staatstreue betont, um Prüfung ihres Antrages bat. Daraus und aus dem Verhandlungsbericht vom 2.2.1940 lässt sich entnehmen, dass Müller-Heß sie »dem Befund nach zum weiblichen Geschlecht« zugeordnet hatte, so dass sie »als Frau zu leben und [...] [sich] zu kleiden« habe. Nunmehr verlieh Gertrud Winkelmann der »Ungefährlichkeit« ihres Anliegens Nachdruck, indem sie alle gängigen Vorurteile zu entkräften suchte. Einziger Grund ihres Gesuches sei:

Weil ich meinem Aussehen nach ständig für einen Mann gehalten werde und oft dadurch belästigt wurde. In Männerkleidung würde ich mich freier auf der Straße bewegen können. Eine sexuelle Befriedigung habe ich durch das Tragen von Männerkleidung nicht. Ich fühle mich auch mehr zur Männerarbeit hingezogen. Einem Klub homosexueller Frauen gehöre ich nicht an. Ich habe auch kein Verhältnis mit einer anderen Frau.

Im Ausgang dieser Verhandlung unterzeichnete sie einen Bericht, aus dem hervorgeht, »daß mir eine besondere Genehmigung oder Erlaubnisschein zum Tragen von Männerkleidung nicht gegeben werden kann. Sollte ich später doch Männerkleidung tragen, werde ich mich so bewegen, daß ich damit kein öffentliches Ärgernis errege.« Damit hatte Gertrud Winkelmann zumindest wieder das mündliche Zugeständnis, Männerkleidung tragen zu dürfen, auch wenn sie nun darauf bedacht sein musste, nicht in der Öffentlichkeit aufzufallen. Die Erlaubnis, ihren Vornamen zu ändern, bekam sie nicht. Die Akte schließt mit dem Verhandlungsbericht.

Inwiefern der unterschiedliche Umgang mit dem Anliegen der Transvestiten und Transvestitinnen auf eine veränderte Praxis zwischen 1935 und 1940 deutet, lässt sich anhand dieser wenigen Beispiele nicht entscheiden. Für generalisierende Aussagen sind weitere Recherchen notwendig. Es wäre angesichts des mangelhaften Wissensstandes und der in den letzten zehn Jahren intensivierten Forschung über die Verfolgung homosexueller Männer wünschenswert, wenn der Verfolgung der Transvestiten in der NS-Zeit wie auch ihrem Status in den deutschen Nachkriegsgesellschaften mehr Aufmerksamkeit zuteil würde.

Aus allen Mitteilungen aus der NS-Zeit lässt sich entnehmen, dass Transvestiten und Transvestitinnen den NS-Verfolgungsinstanzen gleichermaßen homosexualitätsverdächtig waren, aber besonders bei Männern das Tragen von Frauenkleidern als überdeutliches »Indiz« für gleichgeschlechtliche Delikte fungierte. Darüber hinaus galt das Tragen der Kleidung des anderen Geschlechts auch als »asoziales« Verhalten, zu dessen Bekämpfung 1937 die so genannte Schutzhaft sowie Umerziehungsmaßnahmen zur Verfügung standen.

Einen entsprechenden Erlass, der alle vor 1933 ausgestellten Transvestitenscheine für ungültig erklärte, hat es nach bisheriger Kenntnis nicht gegeben. Vielmehr wurde anhand des »Einzelfalles« willkürlich entschieden. Setzten sich die Transvestiten über die Entscheidung hinweg, drohten drakonische Strafen. Es darf aufgrund der verschärften Bestrafung Homosexueller ab 1935 und der Intensivierung ihrer Verfolgung angenommen werden, dass vor allem Männer große Ängste hatten, den Transvestitenschein überhaupt in Anspruch zu nehmen.

Auch wenn in der NS-Zeit die Praxis der Weimarer Republik nicht gänzlich verworfen wurde und die Behörden sogar aufgrund ärztlicher Gutachten – freilich nur unter Ausschluss des Homosexualitätsverdachtes – Transvestitenscheine und Namensänderungen bewilligten, waren Transvestiten starken Repressionen ausgesetzt. Allein wegen ihrer Zuwiderhandlung gegen die Einziehung ihres Transvestitenscheins wurde Erna Kubbe im Konzentrationslager Lichtenburg in »Schutzhaft« genommen, obwohl man ihr das Recht, in der Öffentlichkeit Männerkleidung zu tragen, später wieder zugestand. In jedem Falle konnten derartige Bewilligungen sofort zurückgenommen werden, mit oder ohne speziellen Anlass. Darüber hinaus standen Transvestiten unter ständiger, besonders strenger polizeilicher Kontrolle.

6. Kapitel

Der lange Weg zum »anderen« Geschlecht – operative Geschlechtsumwandlungen

6.1 Der »planlose« Beginn

Über die ersten operativen Geschlechtsumwandlungen von Frau-zu-Mann, die in der Amputation der Brüste, der Entfernung der Gebärmutter, in Einzelfällen auch der Ovarien bestanden, wurde bereits berichtet. Erste Schritte zur sexualchirurgischen Geschlechtsumwandlung von Mann-zu-Frau, also zur Ausformung der Geschlechtsorgane des »anderen« Geschlechts, lassen sich zunächst nur an einem Beispiel für 1920/21 nachweisen. Obwohl die Umwandlung bei dem Betreffenden nicht bis zur letzten Konsequenz erfolgte – eine Amputation des Penis lehnte der Chirurg ausdrücklich ab –, markiert der Umgang mit dem Patienten exemplarisch das spätere Vorgehen bei ähnlichen Fällen. Das betrifft sowohl die Art der Eingriffe als auch deren Zahl. Zunächst verfolgten die Ärzte bei jenem Mann kein zuvor ausgearbeitetes Konzept, welche Operationen im einzelnen aufeinander folgen sollten. Auch war die operative Geschlechtsumwandlung gar nicht das ursprüngliche Ziel, das man mit den sexualchirurgischen Manipulationen im Auge hatte. Vielmehr führten die Chirurgen sukzessive alle Eingriffe aus, wie sie der Betreffende nach und nach erbat. Sie erhofften sich, auf diesem Wege die bei ihm diagnostizierte »Sexualneurose« zu heilen.

Über den erwähnten Fall liegen mehrere Veröffentlichungen in medizinischen Fachzeitschriften vor. So lassen sich zwar die Fakten über die beobachteten körperlichen und psychischen Veränderungen aus der Sicht der behandelnden Ärzte darstellen, nicht jedoch, ob und wie der Patient jene Veränderungen wahrnahm. Seine Motive, die letztlich den Ausschlag für die Operationen gegeben hatten, und sein Erleben müssen daher unberücksichtigt bleiben. Es handelte sich um einen Institutspatienten, der »von Hause aus zu der Hirschfeldschen Gruppe der Transvestiten« zu rechnen sei und sich bei Arthur Kronfeld in psychotherapeutischer Behandlung befand. Dieser stellt ihn mit den Sätzen vor:

Es handelt sich um einen 25jährigen Offizier, der seelisch völlig gebrochen und haltlos sich an uns wandte, als seine letzte Rettung vor dem Selbstmorde. Er hatte seit frühester Kindheit das Gefühl, ein Weib zu sein. Wegen seines auch im Wesen deutlichen femininen Einschlages hatte er im Kadettenkorps und in der Armee viel zu leiden. Vergeblich versuchte er, durch festen Dienst und militärisches Auftreten seine femininen Neigungen zu unterdrücken. Nach dem Kriege brach er psychisch völlig zusammen, wurde apathisch, las weder Bücher noch Zeitungen, schrieb keinen Brief mehr, traute sich nicht mehr aus seiner Wohnung. – Sein Geschlechtstrieb war ausschließlich auf das weibliche Geschlecht gerichtet, jedoch hatte er niemals einen Liebesverkehr gesucht. Einige schwache Ansätze erwiesen ihn als gänzlich unfähig dazu, weil stets im entscheidenden Moment der Gedanke seines Weiblichseins sich ihm zwingend aufdrängte und ihn gleichsam lähmte. Dafür geriet er an die Selbstbefriedigung in einem Maße, welches immer stärker wurde; er griff dazu, wie ein Morphinist zu seiner Pravazschen Spritze[1] greift, und zuletzt vollzog er sie bis zu achtmal am Tage, und so tagaus tagein. Er machte sich schwere Selbstvorwürfe deswegen, ohne aber seiner Sucht Herr zu werden. Er machte einen in jeder Hinsicht hochgradig nervös erschöpften Eindruck, und so waren auch die objektiven Befunde im einzelnen. Zeitweise hatte er starke Gesichtsneuralgien, Kreuzschmerzen, Mattigkeit, deprimierte Stimmung, mied jeden geselligen Verkehr und zog sich von jedermann zurück. Zur Konsultation kam er mit einem Revolver in der Tasche, wie er uns hinterher gestand; außerdem hatte er ständig Morphium bei sich, um ein Ende mit sich zu machen, falls man ihm die Operation definitiv verweigern werde. Wir zögerten und versuchten alles mögliche andere mit ihm. An der Ernstlichkeit seiner Selbstmordabsichten war um so weniger Zweifel, je genauer wir ihn kennen lernten. Als es sich erwies, daß er psychotherapeutischen Einwirkungen ganz unzugänglich gegenüberstand, wurden endlich beide Geschlechtsdrüsen operativ entfernt. (Kronfeld, 1920, S. 37–38)

Als Grund für die Kastration wird von Kronfeld erstmals der ernstlich drohende Suizid angeführt. Dabei, so scheint es, waren jedoch nicht der Hass des Mannes auf sein Genital, der später bei anderen Transvestiten als Motiv mitgeteilt wird, Anlass für die Selbstmorddrohung, sondern die von ihm als ausweglos erlebten »Onanieexzesse«. Kronfelds erfolglose Versuche, psychotherapeutisch zu intervenieren, veranlassten ihn, dem Wunsch des Patienten nachzugeben. Von seinen Beobachtungen über die Auswirkungen der Kastration auf das Denken und Fühlen des Mannes berichtet er:

Seither ist er ständig bei uns aus- und eingegangen. Er hat sich körperlich gekräftigt, seine Stimmung hat sich gehoben, sein Aussehen hat sich erheblich gebessert. Er hat niemals mehr onaniert. Der Sexualtrieb war maßvoll vorhanden und ist keineswegs erloschen. Er hat mehrmals den Verkehr vollzogen, ohne Schwierigkeiten und ohne

---

[1] 1853 von Pravaz erfundene Spritze zur subkutanen Injektion, die von Morphinisten benutzt wurde.

daß die Partnerin das Fehlen der Testikel bemerkte. Seine Apathie klang ab, sein Selbstbewusstsein stieg, er nahm seine früheren Interessen wieder auf, beschäftigte sich wissenschaftlich, las viel und ging wieder in Gesellschaft und unter fremde Menschen, wovor er vorher eine eigenartige Scheu gehabt hatte. Moralisch fand er festen Halt und Hemmungen sich selbst gegenüber, wie er dies vordem nie gekannt hatte. Auch objektiv genügte er allen an ihn gestellten Leistungsanforderungen. – Interessant ist nun, was aus seinem psychischen Feminismus geworden ist. Der Fall ist ja in vieler Beziehung von Hause aus zu der Hirschfeldschen Gruppe der Transvestiten hinzuzurechnen. Diese Disposition ist nun nach der Kastration keineswegs geschwunden, besteht vielmehr mit unverminderter Stärke fort. Er hat nach wie vor den Wunsch, als Weib zu gelten und zu leben und sich auch äußerlich als solches zu kleiden. Die physiologischen Ausfallerscheinungen der sekundären männlichen Geschlechtszeichen, welche nach der Kastration auch bei ihm eintraten, kamen diesem Wunsche naturgemäß entgegen und führten dadurch zu einer weitgehenden psychischen Entspannung und zu einem ständigen Gefühl der Harmonie und Ausgeglichenheit. Er sieht auch nach dieser Hinsicht hoffnungsvoller in die Zukunft, da die Veränderungen seines Äußeren ihm die Verwirklichung seiner feminin-transvestitischen Neigungen zu erleichtern scheinen.
So ist in subjektiver wie in objektiver Hinsicht im psychischen Bilde dieses Falles durch die Kastration eine Besserung erzielt worden, die nach der Aussage des Kranken für ihn eine Neugeburt bedeutet. Hätte man sie nicht unternommen, so hätte der Kranke zweifellos den letzten moralischen Halt verloren und seinem Leben wohl schon lange gewaltsam ein Ende gesetzt.
Es sei aber nochmals darauf hingewiesen, daß die Heilung dieses Falles durch Kastration eine seltene Ausnahme bedeutet, zu der nur als letztem Mittel gegriffen werden musste; es wäre verfehlt, weitgehende Verallgemeinerungen an sie zu knüpfen. (Kronfeld 1920, S. 37–38)

Die von Kronfeld hier erstmals in einem solchen Falle getroffene Diagnose »schwere Sexualneurose« wird als Ursache des Kastrationswunsches später auch bei anderen Personen mit dem Wunsch nach operativer Geschlechtsumwandlung gestellt. Der zunächst erhoffte »Therapieerfolg«, die Heilung der »Sexualneurose«, wurde jedoch nicht erzielt, wie sich später zeigte: Die Kastration bildete den Beginn und nicht das Ende einer sexualchirurgischen Odyssee. Über diesen Patienten finden sich zwei weitere Berichte des Chirurgen Richard Mühsam, der die Kastration ausführte. Am Rande sei erwähnt, dass dieser schreibt, der »vorgenannte Kranke« sei von Hirschfeld zur Kastration überwiesen worden; aus Kronfelds Beschreibung und der Art der psychotherapeutischen Behandlung lässt sich jedoch eindeutig schließen, dass der Patient von ihm therapiert wurde. 1921 veröffentlichte Mühsam einen ähnlich lautenden Bericht wie Kronfeld, mit dem Zusatz, dass die Untersuchung der Hoden durch den Histologen Carl Benda keine Auffälligkeiten ergeben habe (Mühsam 1921; und 1923). Aus einer weiteren Veröffentlichung fünf Jahre später geht hervor, dass sich der Mann noch drei weiteren sexualchirurgischen Operationen unterzog. Dieser Bericht beginnt mit den Sätzen: »Die Sexualneurose kann den davon Betroffenen das Leben völlig zerstören und ihnen die Entfernung der Hoden als einzige Heilungsmöglichkeit wünschenswert erscheinen lassen. So unerfreulich der Eingriff auch ist, so dürfte er in diesem Falle nicht zu umgehen sein« (Mühsam 1926, S. 452). Sein Vorgehen und die damit erzielten Ergebnisse beschreibt Mühsam wie folgt:

Zu dieser Gruppe geschlechtlicher Überreizung gehört auch ein schwerer Sexualneurotiker, den ich im Jahre 1920 zum ersten Mal operiert habe. Er war damals 23 Jahre alt[2], mütterlicherseits schwer neuropathisch belastet. Seine Mutter kleidete ihn bis zu seinem 5. Jahre als Mädchen. Er gewöhnte sich hieran so sehr, daß es ihm später unangenehm war, Männerkleidung zu tragen. Aus der Kadettenanstalt, in der er erzogen wurde, wurde er wegen Mangels an Schneid entlassen, hat dann aber den Krieg als Offizier mitgemacht, zuletzt als Batterieführer. Er ist verschlossen und hat auch im Felde keine Freundschaften mit Kameraden gehabt. Die Vorliebe für weibliche Kleidung hat sich erhalten. Er trägt ein Korsett, lange Damenstrümpfe und Schuhe mit hohen Absätzen.

Seit seinem 5. Lebensjahre hat er onaniert. Von da ab hat er sich täglich selbst befriedigt und zwar zuletzt 3–8 mal am Tage. Auch im Felde konnte er – selbst in schweren Situationen – seinen Trieb nicht unterdrücken.

Nach dem Kriege begann er Medizin zu studieren, musste aber im Sommersemester 1920 das Studium aufgeben, weil er nicht mehr imstande war, ein Buch zu lesen. Er lag zu Bett und schlief den größten Teil des Tages. Wenn er aufwachte, onanierte er.

Dem weiblichen Geschlecht gegenüber war er nicht gleichgültig. Zum Koitus ist es aber wegen vorzeitigen Aufhörens der Erektion nie gekommen. Bei den häufigen Pollutionen träumte er von sich selbst und sah sich in Frauenkleidern.

Der Kranke, dessen Wesen etwas geziert und weibisch war, wünschte dringend die Kastration, weil er hoffte, dadurch arbeitsfähig und gesund zu werden.

Das Schicksal dieses Mannes klingt wie ein Roman. Es zeigt, daß die lebhafteste Phantasie nicht an das heranreicht, was man bei Sexualneurotikern an Empfindungen, Wünschen und Vorstellungen beobachten kann.

Am 21.6.1920 doppelseitige Kastration.

Am 23.6. hatte Pat. eine Erektion, ohne daß masturbatorische Betätigung vorangegangen war. Er verlangt zum ersten Male seit langer Zeit nach einem Buche.

---

[2] Kronfeld gibt zwar an, dass der Patient 25 Jahre alt sei, doch stimmen ansonsten alle biografischen Details überein, was Zweifel an der Identität des Beschriebenen ausschließt.

Am 26.6. bittet er um medizinische Bücher und liest sie, was seit Monaten nicht vorgekommen ist.

Am 27.6. Entlassung aus dem Krankenhaus. An diesem Tage übte er zum ersten Male in seinem Leben den Koitus aus. Er hatte dabei reichlichen Orgasmus und eine deutliche Ejakulation von Prostatasekret.

Seine Arbeitsfähigkeit besserte sich, er konnte sein Studium wieder aufnehmen. Anfänglich war nach der Operation die Kohabitationsmöglichkeit vorhanden, dann ließ zunächst die Ejakulation, später auch die Erektion nach. Seinem femininen Charakter entsprechend, musste die Frau ihm den Hof machen und beim Akt selbst war er Sukubus [der unten Liegende]. Von August 1920 an war die Kohabitation nicht mehr möglich.

In seinem Äußeren trat eine Veränderung insofern ein, als die Behaarung der Brust, der Linea alba und vielleicht auch der Achselhöhle abgenommen hat. Der Bartwuchs ist geringer geworden; er braucht sich jetzt nur alle 4–5 Tage zu rasieren, während dies früher jeden 2. Tag notwendig war.

Sein transvestitischer Trieb ist stärker als zuvor. Hinter verschlossenen Türen trägt er Bluse und Unterrock und fühlt sich dann entspannt. Die Männerkleidung betrachtet er als Maskerade. Seit der Operation hat er keine onanistischen Neigungen mehr, sein dringender Wunsch geht aber dahin, Ovarium eingepflanzt zu bekommen und dann die Umschreibung seines Personenstandes zu betreiben.

Im März 1921 wurde ihm von anderer Seite ein Ovarium eingepflanzt.[3] Im April 1921 teilte er mit, daß er eine Stelle als ›Hauslehrerin‹ angenommen hat. Er ginge schon meist als Frau, fürchte nunmehr die Entdeckung seines wahren Geschlechtes und bat um Beseitigung des Penis.

Zur Amputation des Penis konnte ich mich nicht entschließen und machte ihm daher den Vorschlag, sich seinen Penis gewissermaßen verstecken zu lassen. Hierauf ging er ein.

Am 13.4.1921 umschnitt ich den Penis und zog seine Haut bis zur Glans [Eichel] ab, dann wurde ein Kanal zum Damm gebildet, durch den der wundgemachte Penis hindurchgezogen wurde. Durch Matratzennähte wurde eine scheidenartige Bildung[4] der Skrotalhaut [Haut des Hodensacks] erzielt.

Die Heilung erfolgte ohne Störung. Am 28.4. wurde Pat. entlassen.

Eine Kehlkopfuntersuchung ergab, daß der Kehlkopf weiblichen Typ hatte und

---

3   Dabei dürfte es sich um eine der ersten Eierstocktransplantationen – wahrscheinlich unter die Bauchdecke – bei einem Transvestiten überhaupt gehandelt haben. Nähere Angaben, wer die »andere Seite« war, die die Operation ausführte, woher das Transplantat kam und was aus dem implantierten Eierstock wurde, finden sich bei Mühsam nicht. Zweifellos wurde die Ovarienimplantation – wie Hirschfeld 1918 berichtete – auf Wunsch des Betroffenen mit dem Ziel der »Verweiblichung« durch die Sexualhormone vorgenommen.

daß die Aryknorpel auffallend dünn waren. Die Prostata war sehr klein. Am 21.6. stellte sich der Kranke vor und gibt an, daß er sexuelle Gefühle als Mann empfinde und keine Neigung zum Transvestitismus mehr habe. Er habe – so unglaublich es klinge – in seinem verborgenen Penis Erektionen und habe auch ein Verhältnis mit einer Studentin.

Am 22.8.1921 kommt der Kranke wieder ins Krankenhaus. Er gibt an, seinen Transvestitismus vollkommen verloren zu haben. Er hat seine weibische Kleidungsart, lange Strümpfe, Schuhe mit hohen Absätzen, seine ans Weibliche erinnernde Haartracht aufgegeben, trägt sich wie ein junger Mann seines Alters und Standes und benimmt sich durchaus ernst und männlich. Sein ganzes Denken und Trachten bezieht sich auf eine Freundin. Beim Gedanken an sie bekommt er Erektionen, zuweilen mit Schleimabsonderungen. Er möchte sich nunmehr den Penis wieder in die alte Lage zurückbringen lassen.

Am 23.8. Operation. Die Skrotalhaut wird abpräpariert, der Penis aus seiner Verbindung mit dem Damm gelöst und nach oben geschlagen. Um ihn herum wurde die lockere Skrotalhaut vernäht. Der Verlauf war glatt und ist dadurch bemerkenswert, daß der Kranke jede Nacht Erektionen hatte. Nach seiner Entlassung hat er koitiert und gibt gelegentlich einer Nachuntersuchung im Januar 1922 an, sich durchaus wohl zu fühlen, sein Medizinstudium aufgenommen zu haben und fleißig zu arbeiten. Er behauptet, kohabitationsfähig zu sein und den Koitus auszuüben.

Er hat inzwischen sein Studium beendet, ist ins Ausland gegangen, wo er sich als Arzt betätigt, und schreibt mir im März 1926 wörtlich: »Gesundheitlich geht es mir gut. Ich bin absolut zufrieden mit mir selbst... und meine Arbeit befriedigt mich sehr. Zwar bin ich nicht Chirurg geworden, sondern Pathologe.«

Alle sexualchirurgischen Operationen des Patienten fanden im Zeitraum von vierzehn Monaten statt, die erste am 21.6.1920, die letzte am 23.8.1921. Bei den ersten drei Eingriffen (Kastration, Ovarienimplantation, »Verstecken« des Penis und Ausformung einer Vagina) handelt es sich um Schritte der operativen Geschlechtsumwandlung von Mann-zu-Frau, beim vierten und letzten, der bereits einen Tag, nachdem der Patient den Wunsch geäußert hatte, erfolgte, um den Versuch, das ganze Prozedere rückgängig zu machen und das »Ursprungsgeschlecht« wieder herzustellen (Abb. 43). Eine psychologische Untersuchung oder gar eine Analyse der Gründe für die Kehrtwende, die Anlass für den letzten Eingriff waren, liegen nicht vor; sie hätten in dieser kurzen Zeit auch kaum vorgenommen werden können. Auch eine »Bedenkzeit« für den Patienten gab es demzufolge nicht. Aus der Mitteilung des ersten

---

[4]   Dies ist die erste nachweisliche chirurgische Ausformung einer Vagina bei einem Mann.

Operationstermins im Juni und der Veröffentlichung von Kronfelds Bericht im November 1920 lässt sich ableiten, dass er zum Patienten noch etwa ein halbes Jahr nach der Operation Kontakt hatte. Bei den folgenden Eingriffen ist eine psychotherapeutische Begleitung jedoch nicht zu ermitteln. Insofern lagen wohl alle weiteren ärztlichen Entscheidungen in den Händen des Sexualchirurgen Richard Mühsam, im Falle der Ovarientransplantation in denen eines unbekannten Arztes.

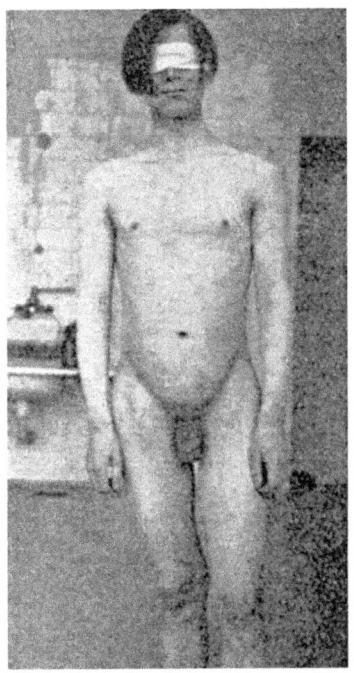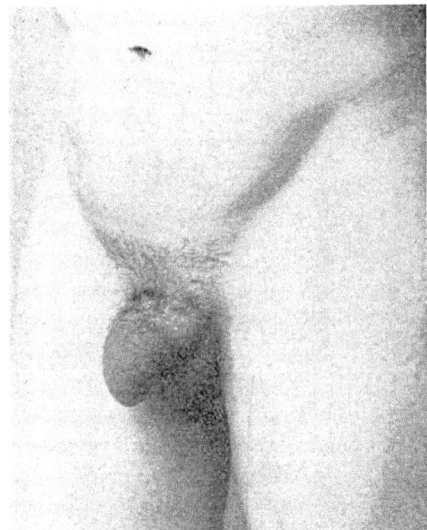

Abb. 43: Ohne Legende abgebildete Fotos des Patienten nach dem »Wiederherstellungsversuch« des Ursprungsgeschlechts. Die Fotos sollen das im Text beschriebene »Ergebnis« dieses bis dahin beispiellosen chirurgischen Versuches dokumentieren.

Mühsam begriff die psychischen Veränderungen als Folge der sukzessiven Operationen und legte somit nahe, dass »Sexualneurosen« sexualchirurgisch therapiert werden können.

Wir haben es also hier mit einer Reihe von chirurgischen Eingriffen zu tun, welche tatsächlich einen schweren Sexualneurotiker aus neuropathisch veranlagter Familie, der unter unseren Augen verschiedene Wandlungen seiner Neurose durchgemacht hat, nicht nur von den schwersten Erscheinungen seiner Neurose geheilt, sondern, da die letzte Operation jetzt mehr als 4 Jahre zurückliegt, zu einem dauernd arbeitsfähigen und mit seinem Beruf und seiner Stellung zufriedenen Menschen gemacht haben. (Mühsam 1926, S. 454)

Das von Mühsam beschriebene Vorgehen, seine Begründung und das Ergebnis scheinen wohl eher ein Paradebeispiel für das verkürzte Verständnis der Sexualchirurgie von Sexualität zu sein, nach dem Operation gleich Therapie sei, wie es Benno Slotopolsky in aller Deutlichkeit beklagte (Slotopolsky 1925). Slotopolsky wandte sich damit gegen eine Entwicklung in der Sexualwissenschaft, die mit der Rezeption von Eugen Steinachs Arbeiten über den hormonellen Einfluss auf die Sexualität zwischen 1910 und 1920 einsetzte und vor allem durch Iwan Bloch, Magnus Hirschfeld und Hermann Rohleder forciert worden war. Infolge dieses Paradigmenwechsels wurden Anfang der 20er Jahre sexualchirurgische und medikamentöse Therapieverfahren entwickelt, die die vermeintlich weniger effizienten psychotherapeutischen Methoden zu verdrängen drohten. Daher meinte Mühsam auch, Neurosen sexualchirurgisch erfolgreich behandeln zu können, doch operierte er nur an den Symptomen. Als dem ersten Wunsch des Patienten nach einer sexualchirurgischen»Lösung« – Kronfelds Beschreibung zufolge handelte es sich quasi um eine Erpressung der Ärzte – entsprochen wurde, hatten sich seine Probleme nur kurzzeitig und scheinbar gelöst. Doch sollte dieser»Lösungsweg« noch mehrfach wiederholt werden, durch die Ovarienimplantation, das plastische Verbergen des Penis und die erneute Penisplastik. Die immer wieder auftauchenden Wünsche nach weiteren operativen Eingriffen hatten längst eine Eigendynamik entwickelt, der Mühsam in seiner ungebremsten Operationsfreudigkeit nichts entgegensetzte. Damit bildet der Mann keinen Einzelfall, auch in der kosmetischen Chirurgie waren solche Operationsketten keine Seltenheit. Gerade deshalb fordert Martin Gumbert, der Leiter der ersten»Entstellungsberatungsstelle«, zehn Jahre später die»Heranziehung psychiatrischer Berater bei der Indikationsstellung zu kosmetischen Operationen«[5] (Gumbert 1931, S. 194).

Es wird auch hierdurch die wohl jedem kosmetisch tätigen Arzt bekannte Gruppe von Kranken eingeschränkt, die unbefriedigt von Arzt zu Arzt laufen oder, da sie einmal einen Erfolg gehabt haben, sich nun immer wieder neue Veränderungswünsche ausdenken und wenn kaum die eine Operation beendet ist, schon wieder neue Mängel beseitigt wissen wollen. (ebd., S. 195)

Für die von Mühsam vorgenommenen aufeinander folgenden Operationen gab es, bis auf die Kastration, keinerlei Erfahrungen, der Patient war ein

---

[5] Mit der gleichen Begründung wurde dies auch von anderen kosmetischen Chirurgen gefordert, vgl. dazu: Buschke et al. 1932, S. 99-100.

Versuchsobjekt an dem er seine chirurgischen Omnipotenzphantasien ausagierte. Sein Fall steht, als zunächst einzigartiger Vorläufer, am Anfang derartiger sexualchirurgischer Eingriffe bei männlichen Transvestiten. Erst knapp zehn Jahre später werden die von Mühsam beschriebenen Operationen wiederholt, dann aber mit dem definierten Ziel der Geschlechtsumwandlung. Das frühe Beispiel findet sich nicht in den Genealogien der Transsexualität, vielleicht weil es sich nicht in die »Erfolgsgeschichte« der chirurgischen Geschlechtsumwandlungen einreihen lässt, sondern bereits ihre problematische Seite aufzeigt.

6.2 Ein gefährliches Zwischenspiel – Transvestiten als Selbst-Operateure

In einem 1926 gehaltenen Vortrag auf dem nunmehr von Albert Moll organisierten »I. Internationalen Kongress für Sexualforschung« berichtet der Hamburger Arzt (vermutlich Otto) Kankeleit »Über Selbstbeschädigungen und Selbstverstümmelungen der Geschlechtsorgane (mit Lichtbildern)« (Kankeleit 1927; und 1927a). Unter anderem werden dort in der Rubrik »sexuell Perverse und Sittlichkeitsverbrecher« 21 ihm aus der jüngsten Vergangenheit bekannt gewordene Fälle vorgestellt. Darunter befinden sich auch einige Transvestiten. Obwohl Kankeleit im stark pathologisierenden Jargon über die Personen berichtet, vermittelt sein Vortrag doch einen weiteren Einblick, zu welchen Methoden vor allem männliche Transvestiten[6] griffen, um die ihnen verhassten Geschlechtszeichen zu beseitigen:

> Besonders interessant ist der Fall eines effeminierten, homosexuellen Transvestiten, der sich in der Haft Hosenknöpfe an den Hodensack genäht hat, um den ihn sehr störenden Hodensack hochzubinden. Er hat auch den Hodensack aufgeschnitten, hat aber die Kastration nicht ausgeführt aus Furcht, geschlechtslos zu werden. Er trat wiederholt an den Referenten heran mit der Bitte, ihn durch Operation völlig in ein Weib zu verwandeln.

Danach wird der Patient aus seiner »Krankengeschichte« mit dem Satz kolportiert:

---

6 Nur in der Langfassung des Aufsatzes (1927a) finden sich auch einige Frauen – darunter zwei Transvestitinnen aus dem Hirschfeld-Institut – ; ihr Anteil an der Gesamtzahl der vorgestellten Fälle liegt deutlich unter dem der Männer.

Mein ganzes Sinnen dreht sich nur um die eine Frage, ob die Wissenschaft schon so einen operativen Eingriff machen kann, das Mäuschen (Penis) und die Hoden wegzunehmen und mir eine 'Muschi' hinzumachen, dann könnte ich doch als richtiges Weib gehen.[7] (Kankeleit 1927, S. 477)

Nachdem Kankeleit über den bereits früher von Tange und van Trotsenburg beschriebenen niederländischen Transvestiten berichtet, der sich in zwei Schritten selbst doppelseitig kastriert haben soll, referiert er über sechs männliche und zwei weibliche Fälle, von denen er von Magnus Hirschfeld und Karl Giese anlässlich eines Besuches im Institut für Sexualwissenschaft erfuhr. Nur von vier dieser Transvestiten, jedoch von keiner Transvestitin, bringt Kankeleit Abbildungen (44–47), die ihm Giese überlassen hatte, deren spezieller Verwendungszweck in der Veröffentlichung unklar bleibt.[8] Darunter befindet sich auch der bereits erwähnte »Rudolf Ri. (genannt Dorchen), ca. 30 Jahre zur Zeit der Kastration«, der versucht hatte, sich selbst sein Genital mit einer Schnur abzubinden. Über ihn heißt es weiter:

Er wandte sich an Dr. Magnus Hirschfeld zwecks Entfernung der Testikel, da er sonst selbst Hand an sich legen würde. Nach erfolgter Operation ruhiges, gleichmäßiges Wesen, Herabminderung der Triebstärke ohne Einfluss auf die [homosexuelle] Richtung. (Kankeleit 1927a, S. 431)

Über die anderen vier Männer, zu denen ansonsten keine einzige Veröffentlichung aus dem Institut nachzuweisen ist, teilt Kankeleit kommentarlos mit:

Oskar Scho. (Ossy), ca. 30 Jahre zur Zeit der Operation. Sehr feminines, infantiles Wesen, fühlt sich als 12–13jähriges Mädchen, homosexuell transvestitisch. [...] War bis zur Operation hypererotisch. Suchte zwangsweise täglichen Geschlechtsverkehr; das ganze Denken drehte sich nur darum. Extrem masochistische Einstellung zu verkommenen Mannspersonen, denen er sich unterwarf. Aus gutem Hause stammend, bestand stets Neigung zu dienenden, unterwürfigen Beschäftigungen. Empfand Geschlechtstrieb und Geschlechtsteile als eines »reinen jungen Mädchens« nicht würdig, litt bis zu Selbstverstümmelungsideen darunter, hoffte auch, durch Operation weiblicher zu werden. Nach erfolgter Hodenexstirpation Abnehmen des Triebes bis zu fast völligem Verschwinden, liebt aber seinen Freund sehr. Fühlt sich mit dem Resultat zufrieden. (ebd., S. 432)

---

7 Diesen Mann beschreibt auch Moll in: Moll 1926, S. 790–791.
8 Es ist allerdings nicht überliefert, ob diese Patienten Karl Giese ermächtigt hatten, Kankeleit neben den Krankenakten auch ihre Privatfotos, auf denen sie zweifelsfrei zu identifizieren waren, zur Veröffentlichung zu überlassen.

 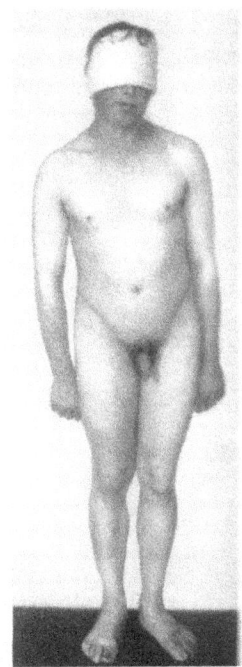

Abb. 44: Dem Text beigefügte Fotos von Dorchen. Beide tragen die identische Bildlegende »Fall 2. ›Dorchen‹ nach der Kastration.« Während die linke, offenbar für private Zwecke hergestellte Aufnahme Dorchen als etwas hausbackene Odaliske zeigt, entstand die rechte – auf der sie hilflos und fragil wirkt – deutlich im medizinischen Kontext. Letztere soll wohl die Auswirkungen der Kastration auf den Körper dokumentieren, was jedoch nur mit Vergleichsbildern unter Angabe des zeitlichen Abstandes aufschlussreich wäre. Die Augenbinde verweist auf Dorchens Wunsch nach Anonymisierung, der durch die Kombination mit dem linken Foto missachtet wird.

Paul Ha. (Trudchen): Homosexuell, transvestitisch, fühlt sich ganz als Mädchen, hat Erlaubnis, als solches zu gehen und den Namen Gertrud zu fuhren. Starker Feminismus in Wesen und Empfinden, war unglücklich über männliche Geschlechtsmerkmale, verkehrte als Prostituierte und verstand es, normale männliche Partner über ihr eigenes männliches Geschlecht zu täuschen; ließ sich »versuchsweise« einseitig kastrieren. (ebd., S. 433)

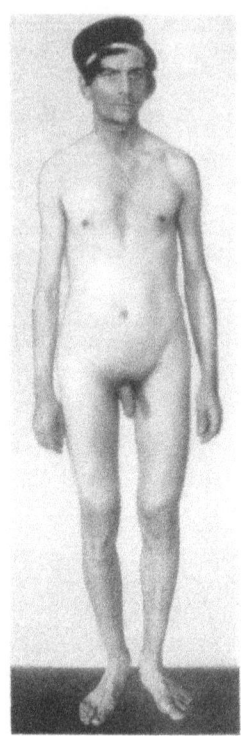

Abb. 45: Zwei im Original nebeneinander gestellte Aufnahmen mit den Bildunterschriften (links) »Ossy« und (rechts) »>Ossy‹. Nach der Kastration«. Bei dem linken Bild könnte es sich um eine Institutsaufnahme handeln – der Balkon mit dem Spalier ist aus anderen Fotos bekannt –, das rechte ist der medizinischen Fotografie zuzuordnen. Die fehlende, explizit weibliche Ausstattung und Darstellung auf beiden Fotos steht im deutlichen Widerspruch zum Text. »Ossy« wirkt nicht »sehr feminin«, sondern vielmehr verschroben und psychopathisch.

Willy We., geboren 1897, homosexuell, geringer Geschlechtstrieb, Transvestit, fühlt sich weiblich und will unter allen Umständen als Dame leben. Sexuelle Erregung, wenn er Damenkleidung trägt, die Erregung ist ihm dabei sehr lästig. Zuweilen heterosexuellen Verkehr mit der Vorstellung, selbst Weib zu sein. Fühlte sich sehr unglücklich in der männlichen Rolle (Selbstmordideen). Wunsch nach Kastration aus Haß gegen das männliche Genitale und aus Sehnsucht nach weiblichem Aussehen, ferner weil die Erregung des Gliedes in Frauenkleidung als sehr lästig empfunden wird. (ebd., S. 434)

Detlef Si., 39 Jahre alt, heterosexuell, Transvestit, kaufmännischer Beamter, verheiratet, 2 Kinder. Ist sehr unglücklich über seinen männlichen Körper; fühlt sich vollkommen als Weib und möchte trotz äußerer Schwierigkeiten (Familie und Beruf) körperlich verweiblicht werden. Wunsch nach Kastration, um männliche Genitalien und männliche Behaarung zu verlieren, könnte sonst nicht weiterleben. Geschlechtstrieb gering, Befriedigung nur bei Vorstellung, selbst Weib zu sein. Reagiert den Kastrationskomplex periodisch in langen brieflichen Ergüssen ab. (ebd., S. 434)

Abb. 46: Diesem, im Stile der Erinnerungs- und Freundschaftsporträts gemachten Foto hat Kankeleit die Legende gegeben: »›Trudchen‹ mit ›ihrem‹ Freund«. Kankeleit scheint es – in Übereinstimmung mit der Erwähnung des Transvestitenscheins und der Namensänderung – wohl tatsächlich zur Demonstration eines verblüffend weiblich wirkenden Mannes verwendet zu haben. Einen Bezug zur Kastration stellt er nicht her.

Über den sechsten und letzten, Kankeleit von Hirschfeld und Giese zur Kenntnis gegebenen männlichen Transvestiten, über den sich auch keinerlei weitere Informationen finden, heißt es:

Erich Schö., Stettin, Beamter (genehmigte Namensänderung: Christel), geboren 1879, heterosexuell, transvestitisch, metatropisch. Hatte als Kind Pollutionen beim Anziehen weiblicher Unterwäsche und beim Gedanken, von einer Frau völlig beherrscht zu werden. Glückliches Verhältnis mit einer Lehrerin, die geistig über ihm stand und ihn führte. Sexualverkehr sehr selten, auch geringes Bedürfnis dazu. [...] Verheiratet, Vater von 4 Kindern. Wunsch, schwanger zu werden, wahnhafte Vorstellungen von menstruationsähnlichen periodischen Wallungen, täuschte Schwangerschaft mit unter den Rock geschobenen Kissen vor, Neigung zu religiösen und spiritistischen Wahnvorstellungen. Berichtet, daß rechts ein Hoden wegen Unfall entfernt wurde und »der linke Teil der Geschlechtsgegend wegen abnormer Sexualempfindung durchschnitten wurde«. Lebt ganz als Frau, sehr weiblicher Habitus. (ebd., S. 435)

179

Abb. 47: Die beiden Porträts tragen die Legenden (links) »Christel« und (rechts) »Christel‹ nach Kastration«, wobei in beiden Inszenierungen perfekter Weiblichkeit kaum graduelle Unterschiede eines »davor« und »danach« erkennbar sind, höchstens kontextuelle Differenzen. Während die Kleidung auf dem linken Foto eher privat-leger wirkt, erscheint die auf dem rechten Foto »offizieller«. Angesichts der sozialen Situation der Beschriebenen scheint die nicht-anonyme Veröffentlichung der Fotos problematisch.

Sodann wird über die einzigen zwei Transvestitinnen, die Kankeleit in diesen Kontext einordnete, berichtet, allerdings ohne entsprechende Abbildungen. Beide waren Institutspatientinnen:

Dora Hie. (Dentistin), geboren 1904, homosexuell, Transvestitin. Lebt seit Jahren als Mann, fühlt sich vollkommen männlich, nur in Männerkleidung Wohlbefinden. Körperlich androgyn (männliche Proportionen, sehr kleiner Uterus, Ovarien nicht fühlbar, doch sind die Brüste gut entwickelt, ziemlich tiefe Stimme), ist sehr unglücklich, wünscht Brustamputation, um männlicher zu sein, hat aber Furcht vor Schmerzen.

Lotte, alias Alex Kre. (Ingenieurdiplom), geboren 1898. Viriler Typus, seit dem 14. Jahre lebt sie als Mann. War Flieger, machte Ingenieurexamen als Mann (hat Erlaubnis). Keinerlei ausgesprochene Sexualität, weder zum Mann noch zur Frau. Empfindet weibliche Merkmale als störend, hat sich einen Hoden transplantieren lassen;[9] Erfolg negativ; ließ sich Brüste amputieren. (ebd., S. 436)

---

[9] Das ist die erste und einzige Mitteilung über eine Hodentransplantation bei einer Frau überhaupt, die eine »Vermännlichung« zum Ziel hatte. Nähere Angaben über den Operateur, den Operationsort und die Herkunft des Transplantats fehlen.

Während die ersten von Kankeleit beschriebenen Transvestiten mehr oder weniger geglückte Versuche unternahmen, ihre Hoden zu verbergen oder zu entfernen, handelt es sich bei der Mehrzahl der von Hirschfeld und Giese mitgeteilten Fälle nicht um vollzogene Selbstverstümmelungen. Doch die spärlichen Informationen lassen kaum Rückschlüsse auf die entsprechende Praxis im Institut zu. Offenbar erfolgten die Eingriffe unabhängig von der sexuellen Orientierung und vom Personenstand, zwei der auf eigenen Wunsch Kastrierten waren verheiratet und Väter mehrerer Kinder. Da die sechs Transvestiten und zwei Transvestitinnen offenbar glaubhaft vermittelten – auch unter Inkaufnahme nicht unbeträchtlicher gesundheitlicher Risiken –, selbst Hand an sich legen zu wollen, veranlassten sie Hirschfeld und seine Mitarbeiter, die medizinische Kastration zu befürworten und sie an entsprechende Chirurgen zu überweisen.

Über einen der Transvestiten, von denen Otto Kankeleit durch Magnus Hirschfeld erfuhr, Rudolf Ri. (Dorchen), wurde im Institut die bereits erwähnte Dissertation von Werner Holz geschrieben. Dabei handelt es sich um eine Einzelfallstudie, die sich vor allem mit dem Wunsch von Transvestiten nach Kastration auseinandersetzt. Es ist die erste größere Arbeit überhaupt, die sich jener Personengruppe widmet, welche Hirschfeld als »extreme« oder »totale« Transvestiten« bezeichnete, weil sie selbst vor radikalen Eingriffen nicht zurückschrecken. Holz zeigt auf, wie stark der Wunsch nach Beseitigung der männlichen Geschlechtszeichen in Dorchens ganzem Denken und ihrer Gefühlswelt verankert war, sowie den sich daraus ergebenden Handlungsdruck auf die Ärzte. Er kolportiert Dorchens Empfindungen über ihre männliche Anatomie wie folgt:

Von jenem Augenblick an [als er sich als Kind des Unterschieds männlicher und weiblicher Geschlechtsorgane bewusst wurde] habe er *bis zum heutigen Tage* einen direkten *Hass* gegen seine Geschlechtsteile bekommen. [...] *Seitdem* wäre sein ganzes Sinnen und Trachten darauf ausgegangen, sich von seinen, ihm so verhassten *Genitalien zu befreien*, die so gar nicht zu seiner seelischen Beschaffenheit passen wollten. Mit 13 Jahren hatte er einmal Warzen durch Abschnüren mit einem Faden zum Schwinden gebracht. Daher kam er auf den Gedanken, sich auf *dieselbe* Art von seinen Genitalien zu befreien, indem er sie mit einem starken Garn abband. Da diese Absicht misslang, soll er ganz niedergeschlagen gewesen sein und danach mehrmals ernstlich daran gedacht haben, seine Genitalien *mit einem Rasiermesser* abzuschneiden. Nur die Furcht, daran verbluten zu können, soll ihn noch im letzten Moment davon abgehalten haben, seine Absicht zu verwirklichen. Auch heute noch würde er *alles* darum geben, wenn er durch eine Operation von seinen Genitalien befreit werden könnte. *Zu diesem Zwecke* sei er auch nach *Berlin* gekommen. (Holz 1924, S. 8, H. i. O.)

Dorchen hatte nicht nur die Absicht, sich kastrieren zu lassen; sie wollte auch den Penis amputiert bekommen. Befragt nach dem Grund, antwortete sie: »Aber dann bin ich doch wenigstens nicht mehr Mann!« (Holz 1924, S. 8). Diese Mitteilung ist um so bedeutsamer, als Dorchen von den Möglichkeiten der experimentellen Geschlechtsumwandlung bereits Kenntnis hatte, mit deren Hilfe sie zu einer »kompletten« Frau gemacht werden könnte. Denn sie erfuhr von der Existenz des Instituts für Sexualwissenschaft durch den *Steinach-Film*, auf den sie wiederum ein Freund aufmerksam gemacht hatte, der hoffte, auch Dorchen könne »durch eine Operation geholfen werden«. Im *Steinach-Film*, der 1922 als populäre Version des wissenschaftlichen Films *Steinachs-Forschungen* produziert und einem breiten Publikum gezeigt wurde, geht es unter anderem um experimentelle Geschlechtsumwandlung bei Tieren und deren Analogisierung mit den Hirschfeldschen sexuellen Zwischenstufen (Herrn 1997, S. 55–65).

Nachdem sich Dorchen seit Mai 1923 im Institut zur Begutachtung befunden hatte und auf die Entscheidung der Ärzte wartete, stellte ihr Heinrich Stabel Ende des Jahres die Kastration in Aussicht. Stabel berichtet darüber, dass nicht nur der Wunsch von vielen männlichen Transvestiten nach Kastration, sondern auch der nach Amputation des Penis geäußert werde. Er habe die »doppelseitige Hodenkastration« – bei ganz ähnlichen Indikationen wie bei Dorchen – zwar vorgenommen, es sei ihm jedoch

> [...] stets gelungen, die betreffenden Patienten von ihrem dringenden Wunsche nach Penisamputation abzubringen, durch eindringliche und ernste Hinweise auf die gefährlichen eventuellen Folgen. Dabei hat sich bisher immer herausgestellt, daß die Patienten nach der Kastration stets eine so große Erleichterung und Befreiung ihres Zustandes empfanden, daß in ihnen das Verlangen nach Amputatio penis mit der Zeit ganz erlosch. Auch in dem vorliegenden Falle ist es mir gelungen, den Patienten so zu beeinflussen, daß er von der Amputatio penis Abstand nehmen will. (Holz 1924, S. 33)

Wie noch zu zeigen sein wird, stellte sich das bei Dorchen einige Jahre später als Irrtum heraus. Doch ihrem aktuellen Wunsch nach ärztlicher Kastration – so Werner Holz – könne, wie bei ähnlich gelagerten Fällen, um so eher entsprochen werden, als bei ihr eine psychotherapeutische Heilung, ebenso wie eine Umstimmung durch die Transplantation »heterosexueller« Hoden, aussichtslos sei. Diese pragmatische Position setzte sich am Institut durch und führte dazu, dass männliche Transvestiten, wie die eingangs von Kankeleit zitierten, auf Wunsch kastriert wurden, jedoch – vor 1929 – ohne Penisamputation. Den Transvestitinnen wurden mit denselben Begründungen Brüste, Gebärmutter und/oder Ovarien amputiert.

An Dorchens Beispiel wird auch nachvollziehbar, warum die spezielle Anwendung der Kastration später als »Notoperation« bezeichnet wird: Es ging darum, den destruktiven Folgen der Selbstverstümmelung zuvorzukommen. So begründet Felix Abraham die medizinische Indikation der Kastration und Penisamputation mit den Sätzen:

> Auch wir haben uns nicht leicht zu den geschilderten Eingriffen entschlossen, aber die Patienten waren nicht nur unabweisbar, sondern sie befanden sich auch in einer Gemütsverfassung, die eine Selbstverstümmelung und damit lebensgefährliche Komplikationen wahrscheinlich erscheinen ließen. Aus anderen Fällen haben wir gelernt, daß sich Transvestiten tatsächlich die schwersten Verletzungen beibringen, falls der Arzt ihrem Wunsche nicht willfährt. Die Vornahme der Operation war daher in diesen Fällen (und wird es wohl in vielen anderen Fällen in gleicher Weise sein) eine Art Notoperation, notwendig, um die Patienten vor schlimmeren eigenmächtigen Eingriffen zu bewahren. (Abraham 1931, S. 225–226)

Den von Kankeleit beschriebenen Transvestiten ging es – mit einer Ausnahme – nicht um die chirurgische Ausformung der Geschlechtsorgane des »anderen«, sondern zunächst »nur« um die Tilgung der sichtbaren Zeichen ihres Herkunftsgeschlechtes. In dieser Hinsicht stimmen seine Berichte mit denen Hirschfelds und Marcuses überein. Einzig der erste von Kankeleit erwähnte Mann ersuchte darum, ihn durch eine »Operation [...] völlig in ein Weib zu verwandeln«. Das ist nach jenem Transvestiten, den Marcuse beschrieb, die zweite schriftlich überlieferte Mitteilung über den konkreten Wunsch nach operativer Geschlechtsumwandlung. Selbst von dem Mann, der 1920/21 operiert wurde, ist der ausdrückliche Wunsch nicht überliefert. Die Kastration wurde in den 20er Jahren zu einem verbreiteten Eingriff, dessen Für und Wider auch ein Thema in den Transvestitenblättern bildete. So wurde im so genannten »Fragekasten« das Problem aufgeworfen: »Soll sich ein Transvestit entmannen lassen?« Der Fragende schreibt dazu:

> Ich habe mich schon seit längerer Zeit mit diesem Gedanken getragen und bin zu der Überzeugung gekommen, daß für mich diese Operation das Beste ist. Auch halte ich diesen Schritt für den echten und einen sich über sein weibliches Innenleben vollkommen aufgeklärten Transvestiten für das Beste. Vielleicht teilen mir die Mitschwestern, die diesen Schritt bereits unternommen haben, ihren Standpunkt hierüber mit. H. G.

Dem unterzeichnenden H. G. zufolge war die Kastration der konsequente Schritt eines »echten«, sich für vollkommen aufgeklärt haltenden Transvestiten, was gleichzeitig unterstellt, dass Transvestiten, die eine Kastration ablehnen,

»unecht« seien. Leider wurde auf das Anliegen des Fragenden in den nächsten Nummern der Zeitung nicht weiter eingegangen, doch zeichnet sich in der Äußerung bereits eine eigene Normativität davon ab, was einen »richtigen« vom »falschen« Transvestiten unterscheide.

6.3 Der Wunsch nach Geschlechtsumwandlung bei »extremen« Transvestiten

In den 20er Jahren artikulierten einige Transvestiten das starke Unbehagen über die Zeichen des Herkunftsgeschlechts immer deutlicher. Mitte der Dekade kamen einige Institutsmitarbeiter zur Einsicht, dass »sich der Wunsch nach Kastration bei der Mehrzahl der Transvestiten, sogar heterosexuell Empfindender, in mehr oder weniger ausgesprochenem Maße« (Holz 1924, S. 30) findet. Mit diesen zunehmend geäußerten Wünschen änderten sich nach und nach die Ansichten über den Charakter des Transvestitismus. So schreibt beispielsweise Lothar Goldmann: »Dem seelisch geprägten Transvestiten schwebt nur die vollständige Geschlechtsumwandlung vor Augen; ihm genügen Kleidung und äußere Form des anderen Geschlechtes nicht allein« (Goldmann 1924/25, S. 347). Weniger generalisierend äußert sich Hirschfeld. Unter den zehn verschiedenen, nunmehr von ihm beschriebenen Untergruppen schränkt er den Wunsch nach körperlicher Geschlechtsumwandlung auf die »extremen Transvestiten«, die äußerste Form des »totalen« Transvestitismus ein. Er schreibt:

Die stärksten Formen des totalen Transvestitismus finden wir bei denen, die nicht nur ihr künstliches, sondern auch ihr natürliches Kleid, ihre Körperoberfläche andersgeschlechtlich umgestalten möchten.[...] Den höchsten Grad dieser körpertransvestitischen Zwangszustände beobachten wir bei denen, die eine mehr oder weniger vollständige Umwandlung ihrer Genitalien anstreben, vor allem also ihre Geschlechtsteile nach ihrer Seele formen wollen. Voran steht bei transvestitischen Frauen die Beseitigung der Menstruation durch Entfernung der Eierstöcke, bei transvestitischen Männern die Kastration. Diese Fälle sind viel häufiger, als man früher auch nur im entferntesten ahnte. (Hirschfeld 1926b, S.592)

1926, als Hirschfeld diese Charakterisierung traf, soll also bei den extremen Transvestiten der Wunsch nach Beseitigung der Zeichen des Herkunftsgeschlechts im Vordergrund gestanden haben. Diese Eingriffe dürfte er mit einer »weniger« vollständigen Umwandlung ihrer Genitalien gemeint haben. Die vollständigere Umwandlung, das heißt die Ausformung der Organe des »anderen« Geschlechts, wird ja erst Ende der 20er Jahre sexualchirurgisch umgesetzt. Das mag auch darauf zurückzuführen sein, dass Hirschfeld diese

Art der Eingriffe zunächst ablehnte, wie er anlässlich eines Interviews im französischen Exil betont: »Am Anfang war ich stark gegen diese Methoden, die ich als sehr gefährlich für die Gesundheit beurteilte und andererseits für unnötig hielt« (Hirschfeld 1933, S. 6). In Übereinstimmung mit den von Werner Holz, Felix Abraham und Heinrich Stabel beschriebenen Erfahrungen änderte Hirschfeld jedoch seine Meinung darüber:

> Aber je mehr ich von diesen Individuen kennen lernte, konstatierte ich, dass einige von ihnen bereit waren, Selbstmord zu begehen, in dem Falle, dass ihre Wünsche nach Transformation ihrer Geschlechtseigenschaften nicht befriedigt werden. Also sagte ich mir, dass ich angesichts dessen mein Zögern aufgeben muss (ebd.).

6.4 Techniken der Geschlechtsumwandlung

6.4.1 Der Bart

Die verschiedenen, Ende der 20er Jahre bei operativen Umwandlungen von Mann-zu-Frau angewendeten medizinischen Eingriffe stammen, wie auch die den Körper verändernden Manipulationen, aus verschiedenen Kontexten und waren – wenn auch zu anderen Zwecken – bereits entwickelt worden. Die Mehrzahl gehört zur ärztlichen Kosmetik, ein seit der Jahrhundertwende expandierender Zweig, der trotz seines schlechten Rufes unter Standesgenossen infolge der Wiederherstellungsmedizin nach dem Ersten Weltkrieg einen Boom erlebte (Gilman, 2000). Um die im einzelnen angewendeten Verfahren einordnen und bewerten zu können, soll der Stand der medizinischen Praxis in drei besonders relevanten Bereichen – Bart, Brust und Genitalien – kurz umrissen werden.

Zur Beseitigung des Bartes existierten verschiedene Verfahren – mechanische, chemische und röntgenologische (vgl. Eitner & Karpelis 1932, S. 56-59). Den Einsatz der Röntgenbestrahlung zur »Bartepilation« bei femininen Männern lehnte Hirschfeld zunächst ab. Noch 1918 äußert er sich sehr kritisch über diese Methode:

> Dem Bartschmuck stehen die Femininen im allgemeinen ablehnend gegenüber; die meisten ziehen es, wenn sie nicht fürchten aufzufallen, bei weitem vor, glattrasiert zu gehen. Sehr vielen ist auch schon das Rasieren sehr unsympathisch. Vor einigen Jahren tauchte in Berlin ein ausländischer Arzt auf, der sich erbot, mittels Röntgenbehandlung alle Haarwurzeln so radikal zu zerstören, daß die Haut dauernd glatt und hell bliebe. Er hatte etwa ein Jahr lang einen sehr starken Zulauf von femininen Männern,

bis man nämlich erkannte, daß die angepriesene Kur nicht nur unzuverlässig, sondern auch keineswegs ungefährlich war. (Hirschfeld 1918, S. 130)

Worin die Gefährlichkeit bestand, teilt Hirschfeld nicht mit. Wahrscheinlich bezieht er sich auf die auch in der Literatur beschriebenen »Frühschäden«, also Haut- und Knochenveränderungen sowie das Unwohlsein und die Kopfschmerzen unmittelbar nach der Bestrahlung, die auch als »Röntgenkater« bezeichnet wurden. Was Hirschfeld – trotz dieser distanzierten Haltung – dazu brachte, diese Form der Behandlung bereits ein Jahr später im Institut von einem Mitarbeiter anbieten zu lassen, bleibt ungewiss (Abb. 48). Tatsache ist jedoch, dass die »Röntgenologische Hautkosmetik«, wozu auch die »Epilation: Entfernung von Körperbehaarung und Bartwuchs« zählte, mit August Bessungers Eintritt ins Institut 1919 zu den Behandlungsofferten gehört (Bessunger 1920, S. 8). Dass dieses Angebot vor allem von Transvestiten angenommen wurde, berichtet Hirschfeld zehn Jahre später. Bei der Beschreibung verschiedener Formen des Transvestitismus weist er darauf hin, dass besonders den »extremen Transvestiten« – also jenen, die nach körperlicher und geschlechtlicher Umwandlung streben – »das tägliche Rasieren seelisch so unbehaglich ist, dass sie nichts unversucht lassen, um durch Epilation [...] davon befreit zu werden – ihnen entsprechen Frauen, die allerlei ›Bartwuchsmittel‹ anwenden, um wenigstens einen ›Bartflaum‹ zu besitzen. In der Röntgenabteilung unseres Instituts für Sexualwissenschaft sind diese epilationssüchtigen Männer seit seiner Gründung eine häufige Erscheinung« (Hirschfeld 1926b, S. 592).

Die Strahlenepilation war, beginnend um die Jahrhundertwende, in den 20er Jahren eine verbreitete Therapiemethode, nicht nur bei Transvestiten. 1927 fragt ein »verzweifelter Transvestit« bei der Zeitschrift *Die Freundin* nach einem »sicheren Mittel« zur »Entfernung [...] des aus verständlichen Gründen so verhassten Bartes«. Die Redaktion schreibt, dass ihnen ein solches nicht bekannt sei, aber: »Viele Transvestiten wenden Bestrahlung an, die die Haarwurzel ausbrennt. Dieses Verfahren ist jedoch nicht zu empfehlen, da hässliche und entstellende Narben entstehen können. Trösten Sie sich mit Ihren vielen Leidensgefährten. Gräfin D. T.« (D. T. 1927, o. S.).

Vor allem wurde die Röntgenepilation zur Beseitigung des »Frauenbartes«, der so genannten Hypertrichose, eingesetzt sowie bei Männern mit Bartflechte (Thedering 1926). Bis Ende der 20er Jahre war es aber besonders die Kurzzeitepilation, die bei verschiedenen Erkrankungen der Kopfhaut weithin zur Anwendung kam, zum Beispiel bei Parasitenbefall. So berichteten zwei Röntgenologen, dass sie zwischen 1927 und 1928 an 1798 Kranken – zumeist Kindern – eine neue Bestrahlungsmethode getestet hatten (Liebersohn & Wassilewsky 1928). Um die Röntgenepilation effizienter zu gestalten, wurden sogar Verfahren entwickelt, die eine gleichzeitige Behandlung mehrerer Personen ermöglichten (Altmann 1923). Und 1929 überprüften zwei Autoren die Vorzüge chemischer und röntgenologischer Epilationsmethoden an Patientengruppen, eine Studie, die in den Folgejahren heftig diskutiert wurde (Hauk & Vonkennel 1929, S. 181-198). Um 1930 vermehren sich die Berichte über diverse Schäden, so dass generelle Zweifel an dieser Praxis laut wurden, was jedoch nicht zur sofortigen Einstellung führte (Hoede 1930).[10] Obwohl im kosmetischen Standardwerk der Zeit wegen der Spätschäden dringend von der Methode abgeraten wurde (Gumbert 1931, S. 136), empfahlen sie manche kosmetische Ärzte weiterhin als das »beste Epilationsmittel« (Eitner & Karpelis 1932, S. 58).

Exkurs: Juristisches Nachspiel, ein Patient prozessiert

Nach bisheriger Kenntnis war August Bessunger der einzige Arzt am Institut, der sich als Röntgenologe bezeichnete. Als dessen Nachfolger wird 1924 der Dermatologe Bernhard Schapiro Abteilungsleiter der »Radiologischen Abteilung«, die folgendermaßen ausgerüstet war: »Röntgeneinrichtung. Apparate für Diathermie, Hochfrequenz, faradische und galvanische Elektrizität« (Hirschfeld 1924a, S. 20). Als Schapiros Heilgehilfe fungierte Ewald Lausch, beide arbeiteten bis zur Institutsschließung dort, werden aber in späteren Veröffentlichungen nur noch der »Abteilung für körperliche Sexualleiden« zugeordnet.

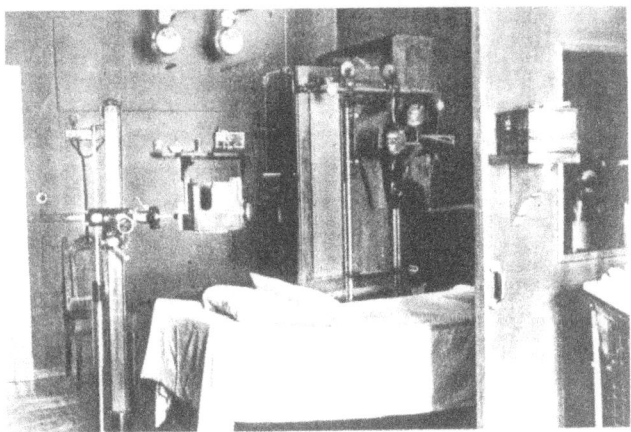

Abb. 48: Foto der röntgenologischen Abteilung des Instituts für Sexualwissenschaft, das die moderne medizinische Ausrüstung und Behandlung dokumentieren soll.

---

[10] Hoede gibt auch einen kurzen Abriss über die Röntgenepilation, ihren Einsatz und die Kritiken, vgl. auch Habermann 1930, sowie Fuhs & Konrad 1931.

Da im folgenden Zeitungsbericht weder ein Arzt noch ein Behandlungster-
min genannt wird, ist ein zwölf Jahre nach Bessungers Ausscheiden stattfin-
dender Prozess keinem der Mitarbeiter eindeutig zuzuordnen.[11] Im April
1932 titelte jedenfalls *Das 12 Uhr Blatt* mit der Schlagzeile: »Dr. Magnus
Hirschfelds Offenbarungseid«. In dem etwas reißerisch abgefassten Beitrag
wird ein am Amtsgericht Berlin-Mitte schwebender Prozess beschrieben:

> Der Handlungsgehilfe Gerhard B. ließ sich eines Tages wegen zu starken Bartwuch-
> ses in dem Institut für Sexualwissenschaften [sic] mit Röntgenstrahlen behandeln.
> Obwohl man ihm vorher mitgeteilt hatte, daß die Behandlung absolut gefahrlos[12] sei,
> führte diese zu so schweren Verbrennungen, daß B. nicht mehr in der Lage war, feste
> Nahrung zu sich zu nehmen. Damit nicht genug, kam es zu Schwindel- und Erstik-
> kungsanfällen und im ganzen waren die Folgen derart, daß B. völlig erwerbsunfähig
> wurde.[13] (E. L. 1932, o. S., H. i. O.)

Die daraufhin angestrengte Klage gegen Hirschfeld wurde mit der Begründung abgewiesen, dass dieser »*nicht Eigentümer des Instituts* sei und er auch
persönlich die Behandlung nicht vorgenommen habe«. Erst die zweite, nun
gegen die Dr. Magnus-Hirschfeld-Stiftung eingereichte Klage, bei der Rechtsanwalt Walther Niemann das Institut vertrat, führte zum Prozess. In dessen
Ausgang wurde die Stiftung zur Zahlung einer monatlichen Unterhaltsrente
von 100 Mark verurteilt. Rechtlich lag die Sache dabei wie folgt: »Im Falle eines
nachgewiesenen Verschuldens des Bestrahlenden (Arztes) haftet strafrechtlich
nur die juristische Person des Bestrahlenden, für fahrlässige Körperverletzung
zivilrechtlich auch der Apparatbesitzer (Arzt oder Krankenanstalt)« (Joseph
1932, S. 215). Da die Zahlung durch die Stiftung nicht erfolgte, kam es zu einer
Pfändung, bei der Hirschfeld die gepfändeten Gegenstände als sein privates
Eigentum reklamierte, so jedenfalls der Bericht. Infolgedessen wurde nun »die
Stiftung zum *Offenbarungseid* geladen«, um dessen Vertagung Walther
Niemann das Gericht bat, »weil Dr. Hirschfeld, der als der Vorstand der

---

[11] Auch Ludwig Levy-Lenz, der sich besonders der kosmetischen Medizin widmete,
scheint für den vorliegenden Fall nicht in Frage zu kommen. Das legt zumindest der
von ihm verfasste Ratgeber für Frauen nahe. Dort empfiehlt er zur wirksamen
Epilation die »Elektrolyse«, die Röntgenepilation wird mit keinem Wort erwähnt
(Levy-Lenz 1928, S. 49–50). Dabei hat Levy-Lenz auch bei vielen Transvestiten
die Epilation durchgeführt (Levy-Lenz 1954, S. 425).

[12] Die Betonung der absoluten Gefahrlosigkeit in dem Zeitungsbericht soll darauf
verweisen, dass der Patient nicht oder nicht korrekt über die möglichen gesund-
heitlichen Folgen der Therapie aufgeklärt wurde, wie es nach den seit 1900 verabschiedeten Therapierichtlinien erforderlich gewesen wäre.

[13] Dieses und die folgenden Zitate sind derselben Quelle (E. L. 1932) entnommen.

Stiftung den Offenbarungseid zu leisten hätte, sich auf einer *Weltreise* befinde [...]«. Über den weiteren Verlauf des Prozesses liegen keine Angaben vor. Solche zur Verhandlung stehenden Schädigungen durch Röntgenstrahlen waren keine Seltenheit, wie auch die Schadenersatzklagen gegen die behandelnden Ärzte (vgl. dazu: Seitz 1924). Obwohl die Haarentfernung zu Bessungers Therapieangeboten zählte, ist es unwahrscheinlich, dass die aufgetretenen Folgen – die Gegenstand der Klage waren – auf seine Behandlung zurückgehen. Denn er beschreibt bereits 1920 einige Schädigungen (Hautverbrennung, Erbrechen, Herzklopfen, Schwindelgefühl), die durch Bestrahlung auftreten können, so dass er wider besseres Wissen gehandelt hätte (Bessunger 1920a). Außerdem zählen die beklagten Beschwerden zu den so genannten Frühschäden (Verbrennungen, Röntgenkater, Übelkeit, Kopfschmerzen), die kurze Zeit nach der Behandlung auftreten, nicht wie die Spätschäden (Fortpflanzungsstörungen oder irreparable Gewebeschäden mit Hautveränderungen und Geschwürbildung) erst Jahre danach. Die ganze Tragweite letzterer wurde auch erst Ende der 20er, Anfang der 30er Jahre erkannt. Aus folgender zeitnaher Veröffentlichung gehen Indikationen, Anwendungen und bekannte Schädigungen bei der Haarentfernung durch Röntgenstrahlen hervor:

Für eine Dauerepilation sind »[...] drei Bestrahlungen desselben Hautfeldes unbedingt das erforderliche Mindestmaß. [...] Wenn das ganze Gesicht befallen ist – praktisch handelt es sich ja so gut wie immer um einen Frauenbart –, erfolgt eine Einteilung in sechs Felder: rechte Wange, linke Wange, rechte Kinngegend, linke Kinngegend, rechte Oberlippe, linke Oberlippe. [...] Zwischen der ersten und der zweiten Bestrahlungsserie ist eine Pause von mindestens 6 bis 8 Wochen, zwischen der zweiten und dritten Bestrahlungsserie eine solche von mindestens 8 bis 10 Wochen erforderlich. In über 50% der Fälle ist nach drei Bestrahlungsserien die Dauerepilation erzielt; bezüglich der Übrigen müssen wir unterscheiden zwischen solchen, bei denen sämtliche Felder neu bestrahlt werden, und solchen, bei denen nur ein Teil der Felder einer weiteren Bestrahlung unterzogen wird. Besonders hartnäckig verhalten sich im allgemeinen die Haare auf der Oberlippe. [...] Was die Schädigungen anbetrifft, so müssen wir diejenigen, die während der Bestrahlung oder im Anschluss an diese auftreten, von denen trennen, die sich evtl. als Spätschädigungen bemerkbar machen bzw. einen irreparablen Charakter haben. Würden die letztgenannten Schädigungen zu verzeichnen sein, dann wäre natürlich der Methode das Grab gegraben; es ist um so erfreulicher, daß bei der heutigen Technik kein einziger derartiger Fall beobachtet worden ist, trotzdem die Fälle zum Teil schon 4 Jahre und darüber hinaus zurückliegen.
Bezüglich der erstgenannten Reaktionen können gewisse Früherscheinungen auftreten, insofern, als die Speicheldrüsen getroffen werden und in der Folge eine Abnahme des Speichelflusses entsteht, ein Trockenheitsgefühl und ein Nachlassen

des Appetits. Diese Erscheinungen zeigen sich im allgemeinen wenige Stunden nach der Bestrahlung, um gewöhnlich in zwei bis vier Tagen wieder verschwunden zu sein. [...] Auch geringe Rötungen der Haut, die manchmal sich zeigen, haben stets einen vorübergehenden Charakter und bieten meist das Bild der Frühreaktion dar. [...]
In früheren Zeiten kam es mitunter auch zu Zahnschädigungen bzw. zu einer Beeinflussung der Kiefernschleimhäute, insofern als die Schleimhäute abblassten, ein Taubheitsgefühl entstand und die Zähne vorübergehend locker wurden. [...] Bei Berücksichtigung all dieser Maßnahmen und Kautelen gelingt es ausnahmslos, jegliche Hypertrichosis zu beseitigen, ohne daß die Gefahr einer dauernden Schädigung in Kauf genommen werden muss. Infolgedessen ist wohl die Behauptung zulässig, daß die systematisch ausgearbeitete und erprobte Methode gegenüber der noch allgemein üblichen schmerzhaften, lang dauernden und unsichere Resultate ergebenden Elektrolyse einen gewaltigen Fortschritt darstellt. Da die ersten Versuche schon in das Jahr 1897 fallen, so möge auch hier das Sprichwort sich bewahrheiten: »Was lange währt, wird gut!«. (Meyer 1923, S. 152)

Da der Behandlungszeitraum des mitgeteilten Falles nicht bekannt ist, muss offen bleiben, ob die Methode noch der gängigen Praxis entsprach. Die spezielle Anwendung jedoch, in deren Folge die unmittelbaren Bestrahlungsschäden viel gravierender waren als die in der Fachpresse beschriebenen, verweist auf eine unfachgemäße Strahlenapplikation, einen auch damals so bezeichneten Kunstfehler. Darunter wurde seit Virchow (1869) »der Verstoß gegen allgemein anerkannte Regeln der Heilkunst« und der »Mangel an gehöriger Aufmerksamkeit und Vorsicht« verstanden (Elkeles 1996, S. 218).
Obwohl die Gründe dafür nicht überliefert sind, ist es angesichts der unbestrittenen Schädigung durch einen Institutsmitarbeiter nicht ohne Brisanz, dass der gerichtlich festgesetzte Unterhaltsbetrag dem nunmehr arbeitsunfähigen Kläger nicht ausgezahlt wurde. Zwar war die strafrechtlich ungeklärte Frage des Verursachers von Relevanz, zivilrechtlich war jedoch das Institut Eigentümer des Röntgenapparates und insofern in jedem Falle zur Zahlung verpflichtet.
Da Hirschfeld von seiner Weltreise nicht zurückkehrte, blieb es bei der von Niemann erbetenen Vertagung des Offenbarungseides. Dennoch, so scheint es, ließ der Geschädigte nicht locker; in der Steuerakte des Instituts beim Finanzamt (LAB: A Rep 093-03 Nr. 54604) findet sich ein Vorgang von 1936, der vermutlich ihn betrifft. Darin wird ein »Gesuch der NSDAP vom 21.1.1936« erwähnt, in dem ein Herr »*Brämsmann*« »ein einziges Mal, nämlich am 26.10.1933 in der vorliegenden Sache an mich [den Berichterstatter Reg. Rat Dr. Morgen] herangetreten« ist:

Der damalige Vorsteher des Finanzamts Hansa, Ober-Reg. Rat *Mix*, hat trotz Anerkennung der schweren Schädigungen, die Brämsmann durch das Hirschfeld-Institut erlitten hat, die Anträge des Verletzten auf Erlangung eines Schadensersatzes in der Weise, dass ihm der Fiskus den Vorrang bei der Befriedigung aus den Pfandstücken ließe, nach dem geltenden Recht ablehnen müssen und Brämsmann auf den Beschwerdeweg verwiesen. Seitdem habe ich von der Angelegenheit Brämsmann bis auf das neuerdings vorgebrachte Gesuch der NSDAP vom 21.1.1936 nichts wieder gehört.

6.4.2 Die Brust

An verschiedenen Stellen dieser Studie wurde bereits berichtet, dass einige Transvestiten versuchten, nicht nur ihre Genitalien, sondern auch ihre Körperformen in die gewünschte Richtung zu verändern. Bei den männlichen Transvestiten standen weibliche Brustformen im Vordergrund. Dazu gab es in der kosmetischen Medizin verschiedene Verfahren:

Paraffininjektionen

Einer der Transvestiten, den Hirschfeld beschreibt, hatte versucht, sich mit Paraffininjektionen eine Brust zu bilden. Damit griff er auf die zu dieser Zeit gängigste Methode der Vergrößerung zurück.

Von verschiedenen Anwendungen »der subkutanen Injektion von Paraffingemischen zur Ausfüllung von Substanzdefekten« wurde noch in den 90er Jahren des 19. Jahrhunderts im Rahmen der »Entstellungs-« oder »Wiederherstellungschirurgie« berichtet.[14] Zum Kaschieren von Operationsnarben wie auch zum Ausfüllen von Gewebe nach Organentnahmen (bei der ersten Anwendung handelt es sich um Hodenimitate nach einer doppelseitigen Kastration infolge Hodentuberkulose) wurden Gemische von Weichparaffin injiziert. Diese Methode ließ sich sogleich auf das Gebiet der Kosmetik übertragen. Insbesondere Gesichtsdeformationen wie die unverwechselbare entstellende Sattelnase bei Syphilitikern zählten zu den bevorzugten Anwendungsgebieten, wie auch die Hebung eingesunkener Narben, eingefallener Wangen und Altersfalten, wofür die plastische Chirurgie keine Alternativen parat hatte. Die Anwendung der Paraffininjektionen zur kosmetischen Korrektur der Brustformen ergab sich offenbar ganz von selbst:

---

14 Angaben zur Geschichte des Paraffineinsatzes in der kosmetischen Chirurgie finden sich in zwei Darstellungen, einer befürwortenden vom Begründer der Methode des Hartparaffineinsatzes (Eckstein 1932) und einer ablehnenden (Krohn 1930).

Der Gedanke, unterentwickelte oder schlaffe Brüste durch eine innere Prothese ohne Operation und Narbenbildung zu heben und zu straffen, war so naheliegend, dass er in der chirurgisch-kosmetischen Praxis alsbald Eingang fand. (Krohn 1930, S. 2772)

Bereits ab 1903, nach der vermehrten Anwendung dieser Methode, wuchs die Zahl der Berichte über ihre unmittelbaren und langzeitig negativen Folgen (Eckstein 1932, S. 660). Da das Weichparaffin einen der Körpertemperatur ähnlichen Schmelzpunkt hat, führte es bei mehreren Frauen zum Tode durch Embolien. Außerdem stellte sich heraus, dass das Weichparaffin in »tiefer gelegene Körperhöhlen und Lymphräume« wanderte oder Gewebezellen der Brüste zerstörte und entstellende Paraffinknoten, die so genannten »Paraffinome«, bildete. Diese konnten ihrerseits zu entzündlichen Rötungen und Schwellungen der Brüste führen und eine Amputation nötig machen. Eckstein schlug deshalb 1903 vor, Hartparaffin mit einem höheren Schmelzpunkt einzusetzen, das nach den Berichten Krohns jedoch langfristig zu ähnlichen histologischen Reaktionen führte und in der Regel »zu einer operativen Entfernung der Paraffindepots zwang« (Krohn 1930, S. 2777).

Trotz alledem wurden Paraffininjektionen weiterhin durchgeführt. Erst aufgrund der negativen Langzeiterfahrungen lehnte sie die Mehrzahl der kosmetischen Ärzte ab. Gumbert kommentiert die gesamte Behandlung mit den Sätzen: »Man kann wohl sagen, daß die Paraffininjektionen jetzt allgemein verlassen sind. Sie sind das warnende Beispiel für eine medizinische Modeverirrung, denn nach den vielen Fällen von Paraffinschädigungen, die wir heute zu Gesicht bekommen, zu urteilen, müssen sie eine Zeitlang in großem Umfange verwandt worden sein« (Gumbert 1931, S. 73). Einzelne, wie Eckstein, verteidigten sie noch 1932.

Ein in der Literatur beschriebener Fall erregte besondere Aufmerksamkeit. Ein »weiblicher« Transvestit – der Autor bezeichnet damit im Unterschied zum üblichen Sprachgebrauch einen Mann, der weibliche Körperformen anstrebt – hatte Suizid begangen. Aufgefunden wurde er mit vergrößerten und geröteten Brüsten. Der Berichterstatter kommentiert das wie folgt:

Bekanntlich erstreben Transvestiten eine möglichst weitgehende Angleichung ihres Körpers an den des weiblichen Geschlechts. Von transvestitischen Männern werden zu diesem Zweck vor allem an den Brüsten mit oft ungewöhnlicher Intensität die verschiedensten sonderbarsten und oft ganz unzulänglichen Manipulationen vorgenommen, damit sie größer und weiblicher werden. [...] Welche Methode von ihm angewandt wurde, lässt sich nicht sicher feststellen. [...] Möglicherweise hat der Mann sich auch Farbstoffe unter die Haut gespritzt und die Haut mit Jod angestrichen, um so, worauf mich Herr Dr. *Abraham*, der Leiter der sexual-forensischen

Abteilung des Instituts für Sexualforschung [sic] in Berlin aufmerksam machte, bei der Betrachtung seines Körpers im Spiegel wenigstens ein »optisches Resultat« zu erzielen und eine stärkere Brust zu sehen. (Weimann 1930, S. 243–244)

Die beschriebenen Veränderungen der Brüste deuten auf Paraffininjektionen; die gleichen Symptome (Rötung, Anschwellen) wurden ja bereits als deren Folge beschrieben (Krohn 1930, S. 273 und 277). Ob jener Mann, wie der bereits früher erwähnte, sich selbst Paraffininjektionen verabreichte oder ob die Behandlung auf einen Arzt zurückgeht, lässt sich freilich nicht mehr ermitteln. Zwar wurde – wie gezeigt – die Paraffininjektion von/bei männlichen Transvestiten angewendet, bei Personen, die eine operative Geschlechtsumwandlung durchliefen, gibt es jedoch keine Belege dafür.

Hormontherapien

Nachweislich wurde bei einigen Transvestiten, die sich operieren ließen, zur »Erzeugung weiblicher Formen« auf die Hormonwirkung gesetzt. Hirschfeld hatte, angeregt durch Steinachs Versuche der experimentellen Geschlechtsumwandlung bei Meerschweinen und Ratten, um 1918 auf diesen Ansatz zurückgegriffen. Er injizierte »weibliche Organpräparate«, nach seinen Berichten im Hinblick auf die Brustentwicklung sogar erfolgreich. Auch die verschiedenen (Selbst-)Behandlungen mit Blochs Präparat Thelygan verfolgten dieses Ziel. Obwohl Hirschfeld vorschlug, die Behandlungen auszubauen, liegen für die 20er Jahre keine Belege vor. Einzelversuche, die in diese Richtung zielten, hat es jedoch gegeben.[15]

In den 20er Jahren wandelten sich die Auffassungen vom Körper, die Körperbilder der Kaiserzeit, welche die Schönheitsideale bestimmt hatten, wichen neuen Vorstellungen von Männlichkeit und Weiblichkeit. Bei Frauen kam die »Androgynität« in Mode. Insofern gingen – in Übereinstimmung mit den Berichten der ärztlichen Kosmetik – die Wünsche eher in Richtung der Brustverkleinerung. Vielleicht liegt hierin begründet, dass in dieser Dekade kaum nach weiteren Methoden zur Brustvergrößerung gesucht wurde.

---

15 1933 berichtet ein in Weißenfels praktizierender Arzt von einem 36-jährigen heterosexuellen männlichen Transvestiten, der zunächst aus therapeutischen Gründen mit »Testishormonen«, später mit »Ovarialhormon« behandelt wurde. Als sich dessen Depressionen bis zu »Suicidideen« steigerten, begann der Arzt, ihm immer höhere Dosen von Nebennierenrindenhormon zu applizieren, was eine körperliche und psychische Vermännlichung bewirkt haben soll (Engelmann 1933). Diese »Behandlungsmethode« wurde für so wichtig erachtet, dass auch andere Zeitschriften darüber referierten (Die medizinische Welt, 7, 1933, 50, S. 1797).

Ludwig Levy-Lenz, einer der nunmehr zahlreichen kosmetischen Ärzte, der diese Operationen – nicht nur – an den Brüsten vornahm, wendete zwar Methoden zur Entfernung des »übermäßigen Fettes« bei »zu dicken Brüsten« an und ebenso »ein sehr kompliziertes Verfahren« der Straffung bei »einem schlaffen Busen«; kosmetisch-chirurgische Brustvergrößerungen erwähnt er 1928 jedoch nicht (Levy-Lenz 1928, S. 66 und 69ff.). Erst Anfang der 30er Jahre kam es zu einem erneuten Wandel der Körperbilder, deren Auswirkungen auf das Ideal der Brustformen im populären »Liebeslexikon« beschrieben sind:

> Es ist für die Macht der Mode bezeichnend, daß hier keinesfalls immer und überall die gleichen Anforderungen gestellt wurden und gerade gegenwärtig befinden wir uns in einer Übergangsperiode, da die Bevorzugung der völlig knabenhaften Schlankheit langsam im Schwinden begriffen ist und eine etwas stärkere Betonung weiblicher Körperformen, also in erster Linie der Brüste und der Hüften, die man ja als die wichtigsten sekundären Geschlechtsmerkmale der Frau betrachtet, durchdringt. (Palkow & Marchand 1933, S. 203-204)

Als Levy-Lenz 1933, fünf Jahre nach dem bereits zitierten ersten Ratgeber für Frauen, erneut die Möglichkeiten der operativen Brustveränderung behandelt, erwähnt er auch wieder Wünsche nach Vergrößerung. Dazu schreibt er: »In anderen Fällen wird man die Operation schon aus dem Grunde ablehnen, weil man gar nicht helfen kann. Das sind die Fälle, in denen wir eine kleine Brust vergrößern sollen; hier muss man sich auf andere Verfahren, besonders auf die Behandlung mit Hormonen und Einspritzungen unter die Haut beschränken« (Levy-Lenz 1933, S. 22). In einem Lehrbuch für kosmetische Medizin von 1932 wird die Vergrößerung sogar an erster Stelle der kosmetischen Brustchirurgie genannt. Dort wird nunmehr empfohlen, die »unterentwickelten« Brüste »mit frei transplantierten Fettlappen zu unterpolstern« (Buschke et al. 1932, S. 185).

Bei drei der noch vorzustellenden Transvestiten, die eine operative Geschlechtsumwandlung durchliefen, wurden Ovarien zur »Verweiblichung« – also auch zur Ausformung der Brüste – implantiert. Von den beiden im Institut Betreuten ist jedoch gerade dieser Eingriff nicht überliefert. Die autoplastische Ovarientransplantation – die »Verpflanzung« der Eierstöcke im eigenen Körper – wurde seit der Jahrhundertwende bei Frauen nach Krebsoperationen mit dem Ziel der »Wiederverweiblichung« ausgeführt. Die homoplastische Operation (von Mensch-zu-Mensch), die Verpflanzung eines Spenderovars in eine Empfängerin oder einen Empfänger (wie bei dem bereits vorgestellten Mann), war jedoch aufgrund von Abstoßungsreaktionen nicht ungefährlich und wurde wegen der vielfältigen Komplikationen kaum mehr ausgeführt. Heteroplastische Operationen (Tier-zu-Mensch) sind in diesem Kontext nicht bekannt.

6.4.3 Das Genitale

Die plastische Ausformung einer »künstlichen« Scheide auf operativem Wege entstand nicht erst im Zusammenhang mit der operativen Geschlechtsumwandlung von Mann-zu-Frau. Diese Eingriffe wurden im Kontext der chirurgischen Gynäkologie, erstmals kurz vor der Wende zum 20. Jahrhundert, bei Frauen nach unterschiedlichen Methoden durchgeführt.[16] Zur Neubildung der Scheide verwendete man zunächst meist Gewebeläppchen der äußeren Haut (Thiersch-sche Methode), was bei Abstoßung oder Nekrotisierung des Transplantats zur Schrumpfung der Scheide führte. Der relativ seltene »angeborene vollständige Defekt der Vagina«, der den penetrierenden Sexualverkehr unmöglich macht, war schließlich Anlass für die Entwicklung von Standardverfahren.

Der amerikanische Chirurg Baldwin verwendete zur Neubildung der Vagina eine Dünndarmschlinge. Eine weitere 1911 publizierte Methode wurde nach ihrem Erfinder »Schubertsche Scheidenplastik« genannt (Schubert 1911). Schubert transplantierte autoplastisch ein wenige Zentimeter langes Stück des Mastdarms in die zuvor gebildete Scheidenöffnung, ein Verfahren, das sich in Deutschland in den Folgejahren durchsetzte. 1931, als eine Reihe anderer Methoden vorlag,[17] waren von verschiedenen Chirurgen bereits 135 Frauen nach ihr operiert worden. Fünf der so Behandelten starben aus verschiedenen Gründen während oder nach dem Eingriff; weitere Patientinnen wurden infolgedessen inkontinent, außerdem kam es zu Fistelbildungen, und schließlich wurde das Auto-Transplantat gelegentlich abgestoßen (Schubert 1931, S. 797). Bei der Methode nach Baldwin, nach der keiner der hier beschriebenen Transvestiten operiert wurde, lag die Mortalität sogar bei über 20 Prozent (Landois 1932, S. 181). Insgesamt war es also für Personen mit dem Wunsch nach operativer Geschlechtsumwandlung nicht ungefährlich, sich einem solchen Eingriff zu unterziehen. Erwin Gohrbandt, der die beiden vom Institut betreuten Transvestiten operierte, nahm – nach der Beschreibung Felix Abrahams – äußere Haut vom Oberschenkel (nach Thiersch) für die Neubildung der Vagina (Abraham 1931, S. 225). Kurt Warnekros, der Lili Elbe (siehe unten) operierte, wendete höchstwahrscheinlich die Schubertsche Methode an.[18]

---

16 Ein Überblick über diese ersten Verfahren findet sich in den beiden Veröffentlichungen von Gotthard Schubert.

17 1927 führte Popoff eine weitere Methode ein, nach der bis 1929 bereits 26 Frauen operiert wurden (Mandelstamm 1929). Auch das von Baldwin entwickelte Verfahren wurde weitergeführt (Frankenberg 1930). Ein Methodenüberblick der verschiedenen Verfahren findet sich bei Landois 1932.

18 Aus der einzigen Veröffentlichung Warnekros' zur operativen Scheidenbildung geht hervor, dass er sich dieser Methode bediente (Warnekros 1931).

Alle hier vorgestellten Methoden, die bei der operativen Geschlechtsumwandlung von Bedeutung sind, gehören zur ärztlichen Kosmetik. Insofern überrascht es nicht, dass sich die Operierenden – Levy-Lenz, Gohrbandt[19], Warnekros[20] und Flesch-Thebesius[21] – auf dieses Gebiet spezialisiert hatten.

6.5 Geschlechtsumwandlungen im Institut für Sexualwissenschaft

6.5.1 Kompetenzen, Möglichkeiten und Grenzen

Im Institut sollen die operativen Geschlechtsumwandlungen von Ludwig Levy-Lenz ausgeführt worden sein, wie er selbst angibt. Er hatte Hirschfeld 1920 persönlich kennen gelernt und begann 1925 in seinem Institut mitzuarbeiten. Levy-Lenz berichtet rückblickend über seine ersten geschlechtsangleichenden Operationen an männlichen Transvestiten:

> In der ärztlichen Sprechstunde waren Transvestiten Dauergäste. Zuerst kam immer die Epilation an die Reihe, d. h. der Bartwuchs im Gesicht sollte unterdrückt werden, gar keine leichte Aufgabe und meist ungeheuer zeitraubend. Dann sollte der Penis amputiert werden, dann kam die Kastration, schließlich wollte ›sie‹ eine künstliche Scheide haben! Ich habe diese und ähnliche Operationen im Institut für Sexualwissenschaft oft vorgenommen – sie sind damals durch die gesamte Tages- und Fachpresse gegangen – und habe tatsächlich ein einer Vagina ähnliches Organ bilden können – niemals habe ich dankbarere Patienten operiert! (Levy-Lenz 1954, S. 425–426)

Bezugnehmend auf diese Passage fährt er fort:

> Als ich [...] von den Transvestiten sprach und davon, daß diese alles daran setzten, ihr Geschlecht zu ändern, habe ich erwähnt, daß mir, dem Chirurgen des Instituts, diese heikle Aufgabe zufiel. Für die Schaffung einer künstlichen Vagina und künstlicher Schamlippen hatten wir auch eine ganz brauchbare Lösung gefunden. Dann aber

---

[19] Gohrbandt profilierte sich in jener Zeit gerade als kosmetischer Chirurg (Gohrbandt 1930, und 1932).

[20] Warnekros hatte sich seit Mitte der 20er Jahre auf die gynäkologische Chirurgie spezialisiert (Warnekros 1926).

[21] Max Flesch, der den Doppelnamen Flesch-Thebesius erst später angenommen haben dürfte, arbeitete Mitte der 20er Jahre als Frauenarzt in Wiesbaden, mit einem deutlichen Interesse für sexualwissenschaftliche Themen, auch für Transvestitismus (vgl. dazu: Flesch 1926).

kamen diese Patienten, die sich unter unseren Händen von Mann zu Frau verwandelt hatten: »Herr Doktor, jetzt bin ich zwar eine Frau, aber selbst wenn ich Frauenkleider trage, sagen die Leute zu mir: Frau Schulze, sie haben eine Nase wie ein Mann.« Einige Patienten wollten das Gesicht verändern, andere wollten verjüngt werden – kurz und gut, ich hatte ein umfangreiches Material, an dem ich meine ersten – nicht immer schön geratenen – Versuche in kosmetischer Chirurgie anstellen konnte. (ebd., S. 454)

Angesichts seiner Angabe, diese Eingriffe »oft« vorgenommen zu haben, mag es überraschen, dass in der zeitgenössischen Literatur kein einziges Beispiel nachweisbar ist, bei dem Levy-Lenz die chirurgische Ausformung einer Scheide bei Mann-zu-Frau-Geschlechtsumwandlungen ausführte. Belegen lassen sich hingegen eine ganze Reihe von Kastrationen und eine Penisamputation, die ins Vorfeld dieses Eingriffs gehören. Möglicherweise hat Levy-Lenz auch die plastische Ausformung der Scheide bei Transvestiten vorgenommen, deren Berichte nur noch nicht gefunden oder über die gar nicht geschrieben wurde. Aber auch über die von anderen Chirurgen nachweislich ausgeführten Umwandlungen konnte trotz intensiver Suche weder in der gynäkologischen noch in der chirurgischen oder der disziplinübergreifenden medizinischen Fachpresse ein Nachweis gefunden werden. Die ersten operativen Geschlechtsumwandlungen, so scheint es, haben dort kaum Spuren hinterlassen. Auch die Operateure, Stabel, Gohrbandt und Warnekros, haben darüber nicht publiziert. Gohrbandt und Warnekros sind jedoch mit zahlreichen anderen – auch ärztlich-kosmetischen – Themen und selbst mit kleinen Wortmeldungen zu nebensächlichen Belangen in der Fachpresse präsent. Warnekros demonstrierte zur selben Zeit, als er Lili Elbe behandelte, ein junges Mädchen, bei dem er eine ähnliche Operation vornahm.

Wahrscheinlich lässt sich die Zurückhaltung bei der Publikation der operativen Geschlechtsumwandlung von Mann-zu-Frau – die ja schließlich eine Grenzüberschreitung darstellt – auf die Brisanz des Themas zurückführen, mit der die Ärzte nur ungern in Verbindung gebracht werden wollten. Doch schließlich wurde Warnekros durch die Veröffentlichung von Lili Elbes Autobiografie einer breiten Öffentlichkeit bekannt, bereits auf dem als Zeitungscollage gestalteten Schutzumschlag (vgl. Abb. 51) wird er als Operateur gleich mehrfach genannt.[22]

Die einzige im Institutszusammenhang entstandene wissenschaftliche Veröffentlichung über operative Geschlechtsumwandlung von Mann-zu-Frau stammt von Felix Abraham, der beabsichtigte, ein Buch darüber zu schreiben

---

22 Obwohl keine diesbezüglichen Publikationen auf dem Gebiet nachgewiesen werden konnten, wird Kurt Warnekros – in Kenntnis des Falles Lilli Elbe – heute in der Medizingeschichte gerade wegen seiner »herausragenden Leistungen auf dem Gebiet der operativen Geschlechtsumwandlungen« gewürdigt (Klimpel 1998, S. 155–156).

(Abraham 1931, S. 224). Darin stellt er zwar kurz zwei in Behandlung befindli-
che Männer vor, erläutert vor allem aber die – bereits anderweitig bekannte –
Operationstechnik zur »Anlage der künstlichen Scheide«. Anlass für Abrahams
Veröffentlichung war aber auch die bereits von Hirschfeld mitgeteilte Erfahrung,
dass sich viele Transvestiten in einer ähnlichen Situation befanden: »Ich wollte hier
nur eine Beschreibung des Eingriffes an sich geben, da ich glaube, daß es eine
unendlich große Anzahl von Patienten gleicher Veranlagung gibt, die ähnliche
Eingriffe anstreben, bislang aber noch nicht Mittel und Wege dazu kannten« (ebd.,
S. 225). Insofern wollte er Operateure wie Transvestiten zu diesem Eingriff ermutigen (Abb. 49). Schließlich wusste Abraham, wovon er sprach: Er war Ende der
20er Jahre zu *dem* Spezialisten für Transvestiten geworden. Angesichts seiner
Äußerung mag es daher überraschen, dass für die nächsten zwei Jahre nur relativ
wenige operative Umwandlungen von Mann-zu-Frau nachweisbar sind.

Während die Chirurgen der Mann-zu-Frau-Umwandlungen sich bei der
Berichterstattung zurückhielten, schrieb Mühsam freimütig über die von ihm
vorgenommenen Eingriffe zur Beseitigung der unliebsamen Geschlechtszeichen bei Transvestitinnen. Vielleicht wurden diese Operationen nicht als
Geschlechtsumwandlungen, also als Grenzüberschreitung, wahrgenommen,
sondern als Neutralisierung? Bei Frauen gab es in dieser Zeit keine vergleichbare plastisch-chirurgische Lösung zur Ausformung männlicher Genitalien;
die Modellierung eines Penis und/oder eines Hodensackes wurde erst in den
1970er Jahren entwickelt. Inwiefern die chirurgischen Möglichkeiten hier
tatsächlich limitierend wirkten oder es doch Vorbehalte waren, eine Frau zu
einem Mann »zu machen«, wäre zu überprüfen.[23] Die Eingriffe an Transvestitinnen beschränkten sich in dieser Zeit jedenfalls auf die Beseitigung der
Brüste, der Gebärmutter und der Ovarien. Levy-Lenz schreibt darüber:

Weibliche Transvestiten sind noch mehr benachteiligt, denn sie können zwar männliche Kleidung tragen, aber eine Möglichkeit, ihre Organe zu verändern, ist uns nicht
gegeben. Wie stark dieser Umwandlungstrieb bei den Transvestiten sein kann, zeigt
folgendes Beispiel: zu uns kam eine 16jährige Transvestitin mit der Bitte, ihr die stark
entwickelten Brüste zu amputieren. Sie hätte bereits eine Stellung als Tischlerlehr-
ling gefunden, und nur ihre Brüste hinderten sie daran, wie die anderen Lehrjungen
zu arbeiten. Wir lehnten die Operation ab, weil wir die psychische Entwicklung des
Mädchens mit 16 Jahren noch nicht als abgeschlossen betrachteten. – Einige Tage
später wurde die Patientin in ausgeblutetem Zustand bei uns eingeliefert: sie hatte sich
– um die Amputation zu erzwingen – selbst schwere und tiefe Schnittwunden in den

---

[23] Marjorie Garber argumentiert, dass »die klinische Vernachlässigung der Frau-zu-
Mann-Transsexuellen [...] wenigstens teilweise auf der Asymmetrie zwischen dem
kulturellen Status von Männern und Frauen« basiert (Garber 1993, S. 147).

Brüsten mit einem Rasiermesser beigebracht. – Durch Blut-Transfusionen und mit größter Mühe gelang es, das Mädchen am Leben zu erhalten – die Brust mussten wir ihr abnehmen. (Levy-Lenz 1954, S. 426)

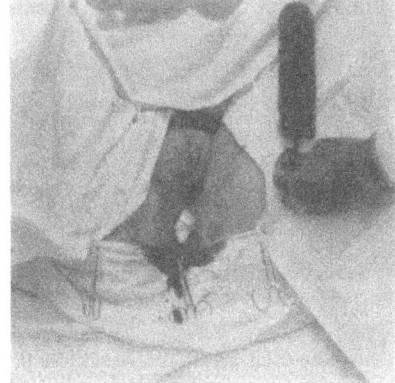

Abb. 1:
Anlage der Scheide unterhalb des Skrotums. In den Stumpf der Harnröhre ist ein Katheter eingeführt.

Seitlich ist ein Schwamm zu sehen, der mit *Thier*schen Läppchen umkleidet, in die neue Scheide eingeführt wird.

Abb. 1

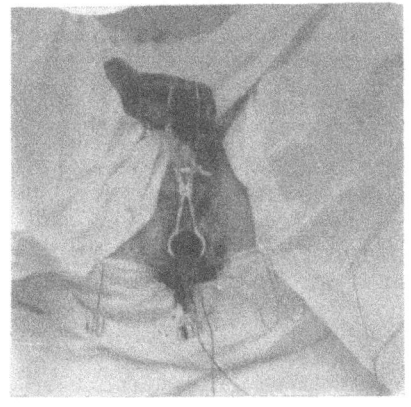

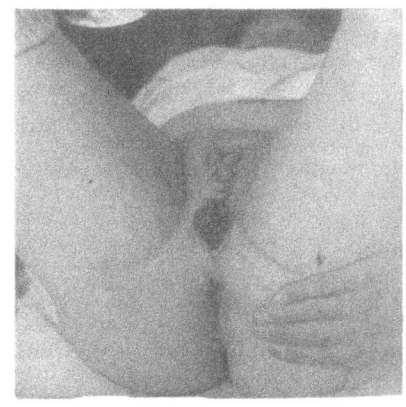

Abb. 2: Die Scheide ausgearbeitet und bereit zur Einführung des Schwammes.

Abb. 3: Abschluß der Operation nach Einführung des Schwammes.

Abb. 49: Fotos, die in Bild und Text die Schritte einer operativen Geschlechtsumwandlung, ausgeführt an einem Institutspatienten, dokumentieren.

Die Transvestitin, um die es sich dabei gehandelt haben dürfte, ist Eva Katter, sie erkannte sich später in dieser Schilderung wieder. Sie bekam einen Transvestitenschein und nach der Amputation die Erlaubnis, ihren Vornamen in Gert zu ändern.

Über die Zahl der Frauen, denen die Brüste, Gebärmutter und/oder die Ovarien im Zuge der Geschlechtsumwandlung in den 20er Jahren amputiert wurden, liegen keine Angaben vor. Magnus Hirschfeld, Hans Abraham und Richard Mühsam beschreiben jedenfalls mehrere solcher Eingriffe (Hirschfeld 1918, S. 132; Abraham 1921, S. 24; Mühsam 1926, S. 455). Außerdem kommen noch jene beiden Transvestitinnen aus dem Institut hinzu, über die Kankeleit im Rahmen der Selbstverstümmelungen geschrieben hatte. Von einer weiteren Frau, die mit Hirschfelds Hilfe die Brüste amputiert bekam und durch seine Gutachten Transvestitenschein und Namensänderung von Herta in Gerd durchsetzte, berichtet er 1930 (Hirschfeld 1930, S. 545-547).

Irrtümlich als Geschlechtsumwandlung bezeichnete Fälle

Die ersten realisierten Geschlechtsumwandlungen sind bei Tieren durchgeführt worden (Lipschütz 1919, S. 261-310; Sand 1923 und 1926). Dabei ging es freilich nicht um die chirurgische Ausformung der Organe des »anderen« Geschlechts, sondern um die Transplantation von Ovarien in männliche und Hoden in weibliche Tiere. Damit sollten Funktionen und Wirkungen des hormonproduzierenden Gewebes überprüft werden. Ab 1910 machte Eugen Steinach mit den entsprechenden Resultaten seiner Geschlechtsumwandlungen in der Fach- und Laienöffentlichkeit Schlagzeilen. Wie bereits gezeigt werden konnte, waren es diese Eingriffe, die überhaupt erst die Möglichkeit der Umwandlung beim Menschen in Aussicht stellten. In der Literatur herrscht im Hinblick auf die ersten solchen Eingriffe beim Menschen Uneinigkeit, da gelegentlich auch so genannte Geschlechtsberichtigungen bei Pseudohermaphroditen dazu gezählt wurden.

So teilt Oskar Scheuer 1930 fälschlich mit, dass dem Wiener Gynäkologen Josef Halban die erste operative Geschlechtsumwandlung zuzuschreiben sei (Scheuer 1930 und 1933). Dabei handelt es sich wahrscheinlich um die Kastration eines so genannten Scheinzwitters und die darauf folgende Implantation eines Ovariums. Halban hatte den Fall am 15. Januar 1926 vor der Ärztlichen Gesellschaft in Wien als »Pseudohermaphroditismus, masculinus, externus et internus von selten reiner Form« vorgestellt (Halban 1926, S. 115). Über eine Ovarienimplantation lassen sich dort jedoch keine Angaben finden. Da ansonsten alle Daten von Halban und Scheuer über die Person übereinstimmen, darf vermutet werden, dass die Transplantation nicht veröffentlicht wurde; Scheuer könnte auf mündlichem Wege – beide lebten in Wien – davon Kenntnis bekommen haben. Außerdem erwähnt Scheuer einige weitere Fälle von Geschlechtsumwandlung bei Scheinzwittern, wie er auch so genannte »Wiederverweiblichungen« als solche bezeichnet. Bei letzteren handelt es sich um das Auftreten »männlicher« Eigenschaften bei Krebspatientinnen; ihnen wurde postoperativ ein Ovarium auto- oder homoplastisch implantiert. Scheuer verweist unter anderen auf einen solchen

Fall von Wiederverweiblichung, der vom Direktor der Universitäts-Frauenklinik in Leipzig, Sellheim, publiziert wurde (Sellheim 1926). Diese Eingriffe wurden – was Scheuer möglicherweise entgangen war – schon seit Beginn des Jahrhunderts gelegentlich ausgeführt. Die zu dieser Zeit bereits vorgenommenen Frau-zu-Mann- wie Mann-zu-Frau-Umwandlungen, die in den vorangegangenen Kapiteln vorgestellt wurden, erwähnt Scheuer in seinem gleichnamigen Beitrag nicht, was nochmals darauf verweist, dass sie selbst in Fachkreisen kaum bekannt waren.

In einer neueren Veröffentlichung wird behauptet, dass die erste »modern surgical intervention« bereits im 19. Jahrhundert vorgenommen worden sei (Bullough & Bullough 1995, S. 255). Sie bezieht sich auf den Fall der Sophia Hedwig, der 1883 aufgrund eines ärztlichen Gutachtens, in dem der »Stadt-physikus Medizinalrat Dr. von Chamisso« »Hypospadie« (Spalthoden) diagnostizierte und »sie« dem männlichen Geschlecht zuordnete, jedoch lediglich die Genehmigung erteilt wurde, die Vornamen »Herrmann Karl« zu führen. Die Personenstandsänderung wurde im Taufschein vermerkt. Diese durchaus nicht seltenen Fälle wurden in jener Zeit zu den irrtümlichen Geschlechtsbestimmungen gerechnet. Von einem chirurgischen Eingriff ist in der Originalveröffentlichung (Haustein 1928/1929, S. 121-122), auf die sich die Autoren ausschließlich beziehen, jedoch nicht die Rede. Einen weiteren Fall, den sie den »other early attempts to change the sexual designation of indi-viduals« zuordnen, betrifft jenen bereits vorgestellten Transvestiten, dem aufgrund eines positiven Abderhaldentests die Vornamensänderung verwehrt wurde. Auch dabei beziehen sich die Autoren auf die hier verwendete Origi-nalquelle, in der es keinerlei Hinweis auf einen chirurgischen Eingriff gibt (Anonym 1929/30).

6.5.2 Die operative Geschlechtsumwandlung wird Routine

Außer der bereits vorgestellten ersten operativen Ausformung weiblicher Genitalien bei einem Mann Anfang der 20er Jahre lassen sich fünf weitere angestrebte operative Umwandlungen von Mann-zu-Frau vor 1933 belegen. Eine davon endete mit der Kastration, weil sich der Patient letztlich doch anders entschied. Bei den vier weiteren waren Hirschfeld und seine Mitarbei-ter direkt oder indirekt beteiligt. Die zeitliche Reihenfolge lässt sich nicht exakt ermitteln, da die Operationstermine nur ungefähr bekannt sind.

Rudolf (Dorchen) Ri. und Arno (Toni) Ebel
Bei den im Institut von Mann-zu-Frau Operierten, die beide als homosexuel-le Transvestiten bezeichnet wurden, handelt es sich zum einen um den bereits mehrfach erwähnten Rudolf Ri. (Dorchen), der als Hausangestellte(r) im Institut arbeitete, sowie um den »Kunstmaler« Arno Ebel (Toni).

Abb. 50: Mit diesem ungewöhnlichen Foto ist ein Interview Hirschfelds mit der französischen Illustrierten *Voilá*, in dem er über die Geschlechtsumwandlung Dorchens berichtet, illustriert. Es hat die Legende »Professor Magnus Hirschfeld zwischen zwei ›Patienten‹. Rechts ›Dorchen‹ ehemals Rudolf Z.« Die links neben Hirschfeld sitzende Person wird nicht benannt. Ungewöhnlich ist das Foto, weil es keine Distanz zwischen Arzt und Patient, wie seinerzeit üblich, erkennen lässt. Weitere Fotos Dorchens finden sich bei Hirschfeld 1930a, S.552.

Der vollständige Name von Rudolf Ri., genannt Dorchen, ist nicht bekannt, am ausführlichsten wurde seine Biografie in der bereits zitierten Dissertation von Werner Holz beschrieben (Holz 1924). Rudolf wurde 1892 als ältestes von sechs Kindern geboren. Holz' Angaben zufolge verlief sein Leben nach Hirschfeldschem Muster in für Transvestiten geradezu klassischer Weise: Schon früh zeigte Rudolf eine Vorliebe für Mädchenkleidung, Mädchenspiele und Mädchengesellschaft sowie eine tiefe Abneigung gegen alles Raue, Derbe und Grobe, das als jungentypisch galt. Nach einer Bäckerlehre veranlasste ihn seine Neigung zu Frauenkleidern, in die Stadt zu ziehen, dort arbeitete er gelegentlich in weiblicher Tracht als Kellnerin, später auch bei einem Wandertheater. Sexuelle Kontakte hatte er zu Männern, manchmal indem er sich – in Frauenkleidern – als Mädchen ausgab. Bei den ersten beiden Musterungen zum Ersten Weltkrieg wurde er dank seines weiblichen Auftretens abgewiesen, erst nach der dritten Musterung 1916 wurde er eingezogen, jedoch kurz darauf wieder entlassen. Nach dem Krieg kehrte er in seinen Heimatort zurück, bis er sich – ermutigt von einem Freund – im Institut für Sexualwissenschaft meldete. Dort lebte und arbeitete er ab 1923, betrieb seine operative Geschlechtsumwandlung sowie die behördliche Anerkennung seines Transvestitismus (Abb. 50).

Toni Ebel, 1881 als Hugo Otto Arno Ebel geboren, wuchs als ältestes von elf Geschwistern in Berlin auf.[24] Wegen seiner Homosexualität verließ er Familie und Berlin. Zunächst arbeitete er in Frauenkleidern in weiblichen Berufen, zum Beispiel als Zofe, und studierte in München Malerei; danach bereiste er – gemeinsam mit einem vermögenden Gönner – die Welt. Später (1911) heiratete er, beging – offenbar deshalb – mehrere Suizidversuche und wurde 1916 zum Kriegsdienst eingezogen. Nach dem Ersten Weltkrieg schloss er sich der Arbeiterbewegung an, malte gelegentlich und verdiente den Lebensunterhalt als technischer Zeichner. In dieser Zeit trug er nur im Privatleben Frauenkleider, besorgte den ehelichen Haushalt und pflegte seine Frau, die schwer erkrankt war. Noch im Frühjahr 1928 bekam er einen Transvestitenschein, nach dem Tod der Ehefrau im selben Jahr begann er, seine Geschlechtsumwandlung zu betreiben. Hirschfeld hatte er durch eine Freundin kennen gelernt. Zwischen 1929 und 1933 lebte er im Institut für Sexualwissenschaft, wo er – ähnlich wie Dorchen – Hilfsarbeiten im Haushalt verrichtete. Seine Operation soll er in Form von Bildern bezahlt haben.

Bei Dorchen wurde die Kastration – wie aufgezeigt – 1923 von Heinrich Stabel im Institut vorgenommen. Die Amputation des Penis und die plastisch-chirurgische Ausformung der Scheide nach Thiersch führte der Direktor der chirurgischen Klinik des Berliner Urbankrankenhauses, Erwin Gohrbandt, aus. Bei der 50jährigen Toni Ebel fanden alle Operationen zeitnah nacheinander statt: »Innerhalb von 2 Jahren machte E. Kastration, Amputation und Scheidenoperation durch« (Abraham 1931, S. 224). Aus den ungenauen Angaben – die Kastration und die Penisamputation übernahm Levy-Lenz, die Ausformung der Scheide wiederum Erwin Gohrbandt – lässt sich schlussfolgern, dass man schon 1929 mit den Eingriffen begann, weil die entsprechende Mitteilung nach erfolgter Geschlechtsumwandlung 1931 veröffentlicht wurde. Bereits seit 1928 soll sich Toni Ebel um diese Operationen bemüht haben, »die man vor zwei Jahren schon einmal an einem Transvestiten, der allerdings zehn Jahre jünger war als ich, vorgenommen hatte« (Rhan 1932, o. S.). Auf wen sich Toni Ebel hier bezieht, geht aus dem Zeitungsinterview nicht

---

[24] Die biografischen Daten sind einem ausführlichen Text über Toni Ebel von Ralf Dose entnommen, der demnächst publiziert werden soll.

hervor. Zählt man die Kastration als ersten Schritt zur operativen Geschlechts-umwandlung, dann erstreckt sich der Zeitraum bei Dorchen von 1923 bis 1930, bei Toni Ebel von 1929 bis 1931.

Lili Elbe

Die einzige einer breiten Öffentlichkeit bekannt gewordene operative Geschlechtsumwandlung aus dieser Zeit wurde 1931 in Form einer Biografie publiziert. Im Dezember 1931 erschien die dänische, 1932 die deutsche Ausga-be unter dem Titel *Ein Mensch wechselt sein Geschlecht* (Abb. 51).[25] Da die Autorin, Lili Elbe, bereits am 15. September 1931, noch vor Erscheinen der dänischen Originalausgabe, in der Dresdener Frauenklinik nach ihrer dritten Operation verstorben war, wurde die begonnene »Lebensbeichte«, so der vorgesehene Untertitel, vom Journalisten Niels Hoyer fertiggestellt. Der Anteil Hoyers, die von ihm vorgenommenen Veränderungen und Ergänzun-gen an Elbes Niederschrift, sind nicht kenntlich gemacht, eine Parallelveröf-fentlichung, die zum Abgleich der Mitteilungen verwendet werden könnte, liegt nicht vor. Insofern ist an verschiedenen Stellen nicht zu entscheiden, ob es sich um die Einfühlung eines Außenstehenden (Hoyer) in eine Geschlechts-umwandlung, also eine Projektion handelt oder um Elbes Empfindungen und Vorstellungen. Besonders die mentalen und körperlichen Folgen der an ihr vorgenommenen Eingriffe klingen höchst unwahrscheinlich und dürften, sofern es Elbes eigene Worte sind, wohl eher ihren Wünschen als der Realität entsprochen haben.[26] Unmittelbar nach der Kastration sei die Stimme zum Sopran mutiert, habe sich die »männliche« Handschrift in eine »weibliche« gewandelt, wie auch das ganze Denken und Fühlen durch und durch »weib-lich« geworden sei (Elbe 1932, S. 109–111). Der operierende Warnekros habe Elbe zum Schreiben ihrer »Lebensbeichte« ermuntert und auch das ihm später vorgelegte Manuskript gutgeheißen, sich jedoch nie schriftlich dazu geäußert.

Lili Elbe hat für alle im Text Erwähnten ein Pseudonym gewählt. Doch dank des Umstandes, dass sie im März 1931 dem Drängen der Presse nach Veröffentlichung ihres Falles nachgab,[27] lassen sich in den darauf folgenden

---

[25] Elbes Buch diente David Ebershoff als Vorlage für seinen allerdings fiktiven Roman *Das dänische Mädchen*, in dem nicht die Geschlechtsumwandlung, son-dern die Ehe, die er 1912 einging, im Mittelpunkt steht.

[26] Zur autobiografischen Konstruktion des Selbst von Transsexuellen vgl.: Runte 1992, S. 1-43.

[27] Diesen Termin nennt Elbe auf S. 22-23 ihres Buches (Elbe 1932). Tatsächlich erschien am 9. März 1931 im *Das 12 Uhr Blatt* ein längerer Bericht unter dem Titel »Aus Mann wird Frau«: Wie aus dem dänischen Maler Einar Wegener eine Frau Lilli Elven wurde« (Anonym 1931a).

Abb. 51: Bereits der als Collage gestaltete Schutzumschlag von Lili Elbes Buch *Ein Mensch wechselt sein Geschlecht* spiegelt die Resonanz ihrer spektakulären Geschlechtsumwandlung in den populären Medien; in der Fachpresse hinterließ sie hingegen kaum Spuren. Obwohl Elbe ihren bürgerlichen Namen im Buch nicht preisgibt, wird er, zusammen mit dem ihrer Ehefrau, bereits auf dem Schutzumschlag der posthum erschienenen Biografie genannt.

Zeitungsmeldungen die realen Namen wenigstens zweier beteiligter Ärzte mit Sicherheit ermitteln. Aus jener Zeitungsmeldung im März, die vor der dänischen Ausgabe des Buches erschien, geht hervor, dass die Operationen vom »bekannten Dresdener Gynäkologen Professor Dr. Warnekros« – dessen Name auch auf dem Schutzumschlag deutlich zu lesen ist – vorgenommen wurden, der zuvor »gemeinsam mit dem Berliner Sexualforscher Dr. Magnus Hirschfeld« zu der Ansicht kam, »daß man hier tatsächlich ein ›Neutrum‹ vor sich hatte«[28] (Das 12 Uhr Blatt 1931).

Einar Wegener, so hieß Lili Elbe vor der Geschlechtsumwandlung – den Nachnamen wählte sie, weil die Operation in Dresden, an der Elbe, durchgeführt wurde –, lebte als Maler mit seiner Frau in Paris. Als die Pariser Ärzte bei einer Zusammenkunft Wegeners Wunsch nach Geschlechtsumwandlung als Symptom der Hysterie oder Homosexualität deuteten, reagierte er aufgebracht:

> Man betrachtete mich während dieser Zusammenfassung ihres tiefschürfenden Urteils mit kaum unterdrückter Ironie: man hielt mich für einen Hysteriker, für einen Simulanten schlechtweg, und der eine von ihnen, der »neue Spezialist«, deutete sogar an, ich sei wohl im Grund – homosexuell. Diese Andeutung brachte mich fast um meine Selbstbeherrschung. Hätte nicht Grete [seine Frau] durch ein helles Auflachen die Situation gerettet und statt meiner diese Vermutung als völlig absurd zurückgewiesen, ich wäre diesem Herrn an die Gurgel gesprungen.[29] (Elbe 1932, S. 92–92)

Um ihn von seiner »Homosexualität« zu heilen, wurde Wegener mit Röntgenstrahlen behandelt (ebd., S. 15, 20, 88). Erst die zufällige Begegnung mit Kurt Warnekros – in der Biografie heißt er Werner Kreutz – eröffnete die Aussicht auf operative Geschlechtsumwandlung, die dann innerhalb weniger Wochen im Frühjahr 1930 schrittweise in Berlin und Dresden erfolgte. In Berlin wurde Elbe zunächst vom »Inquisitor« Magnus Hirschfeld – alias »Dr. Hardenfeld« im »Institut für Seelenkunde« – untersucht, begutachtet und fotografiert. Wie fremd ihm die dort verkehrenden Transvestiten waren, zu denen er sich offenbar nicht zählte, der Begriff taucht in der Biografie nicht auf, belegt die Schilderung dieses Besuches:

---

28 Im übrigen ist in dem von einem anderen Institutspatienten – Gerd Katter – stammenden Buchexemplar am Seitenrand bei der Erwähnung von »Dr. Hardenfeld« handschriftlich »Magnus Hirschfeld« vermerkt (S. 101). Es befindet sich in der Bibliothek der Magnus-Hirschfeld-Gesellschaft.

29 Hier klingt sowohl die traditionelle medizinische Theoriebildung Krafft-Ebings nach, wie sich auch die weit verbreitete starke Abneigung von »Transvestiten« gegenüber Homosexuellen zeigt.

Er spürte ein moralisches Unbehagen. In diesem großen Raum schien sich ein Klub von abnormen Menschen ein Stelldichein zu geben: Frauen, die wie verkleidete Männer aussahen, Männer, von denen man kaum glauben konnte, daß sie Männer seien... Die Art, wie sie sich unterhielten, war widerlich, ihre Bewegungen, ihre Stimmen, die Art ihrer Kostümierung erregte Ekelgefühl... Endlich erschien Dr. Hardenfeld und führte ihn in sein Arbeitskabinett. Stundenlang durchforschte dieser Mann mit Hilfe von tausendfältigen Fragen [Psychobiologischer Fragebogen] Andreas'[30] Seelenzustand. Einer Inquisition unbarmherzigster Art hatte er sich zu unterwerfen. (ebd., S. 39)

Elbes Ablehnung überrascht insofern, als er seit seiner Heirat häufig als Frau im privaten wie öffentlichen Leben auftrat und als solche seiner Ehefrau – einer Porträtmalerin – für viele Bilder Modell stand. Dass er von Hirschfeld als »extremer Transvestit« klassifiziert wurde, kann als sicher gelten. Es ist zu vermuten, dass Elbe Hirschfelds Konzept des Transvestitismus nicht kannte. Jedenfalls machte er sich diese Zuschreibung nicht zu Eigen, wie unter anderem das obige Zitat belegt. Die Selbstdefinition als Transvestit war demnach nicht die Voraussetzung für eine operative Geschlechtsumwandlung.

Nach dem Besuch bei Hirschfeld wurden Blutuntersuchungen durchgeführt, außerdem nahmen »Prof. Gebhard« und sein Kollege »Arns« (ebd., S. 38) die Kastration vor. Die realen Namen sind nicht bekannt, bei Gebhard könnte es sich um Heinrich Stabel, Richard Mühsam oder auch Erwin Gohrbandt handeln, sie alle haben solche Eingriffe nachweislich ausgeführt, bei Arns um Emil Abderhalden, der als »Erfinder einer neuen Methode der Blutuntersuchungen« erwähnt wird.[31]

Wenige Wochen später erfolgten in der Dresdener Frauenklinik zunächst die Penisamputation und eine Ovarientransplantation. Elbes Bericht hierüber ist etwas verwirrend. Mit Sicherheit wurde die Ovarientransplantation vorgenommen, um die Folgen des Hormonausfalls durch die Kastration zu kompensieren und die Patientin zu »verweiblichen«. Dabei dürfte es sich, wie damals üblich, um eine Implantation unter die Bauchdecke gehandelt haben. Elbe war jedoch im Glauben, die Ovarien seien nach der Einheilung funktionstüchtig; sie ging aufgrund der an ihr eingangs vorgenommenen »positiven« Blutuntersuchung – es dürfte sich um den Abderhaldenschen Test gehandelt haben – offenbar davon aus, dass sie von Geburt an eigene Ovarien hatte. Die seien jedoch infolge der Röntgenbestrahlung – zur Behandlung der vermeintlichen

---

[30] Das ist ihr männliches Pseudonym im Buch, bevor sie sich Lili Elbe nennt.

[31] Elbe, die sich aus »Scham vor Schamlosigkeit« (Elbe 1932, S. 39) scheute, die Eingriffe beim Namen zu nennen, beschreibt die einzelnen Schritte am Ende ihres Buches (S. 248).

Homosexualität – beschädigt worden, so dass sie ersetzt werden müssten (ebd., S. 154).

Über die Wirkung der Transplantation schreibt Elbe jedenfalls: »Meine Brust formte sich, meine Hüften veränderten sich, wurden weicher und runder. Und gleichzeitig begannen andere Kräfte sich in meinem Gehirn zu rühren und alles zu überwuchern, was von Andreas noch übrig war. Ein ganz neues Gefühlsleben entstand in mir« (ebd., S. 212). Wie Elbes Körper auf das Ovarien- und das Scheidenimplantat reagierte, ob sie abgestoßen wurden, nekrotisierten oder gar resorbiert wurden – sie berichtet von starken Schmerzen, die Nachoperationen nötig machten –, ist nicht belegt.

Nachdem Elbe im Sommer genesen war, wandte sie sich 1931 erneut nach Dresden, dieses Mal, um einen »natürlichen Auslauf von der Gebärmutter« zur Vagina schaffen zu lassen. Elbe wollte Mutter werden. Der Kinderwunsch wird von vielen männlichen Transvestiten und nahezu allen Männern, die sich einer operativen Geschlechtsumwandlung unterzogen, mitgeteilt. Elbe begründet ihn damit: »Durch ein Kind würde ich mir selbst gegenüber den eindeutigsten Wahrheitsbeweis geben können, Weib von Beginn an gewesen zu sein« (ebd., S. 241). Das deutet darauf hin, dass sie trotz geschlechtsangleichender Operationen Selbstzweifel an ihrem Frausein hatte und auch an das Ergebnis des Abderhaldenschen Tests nicht recht glauben konnte. Der Kinderwunsch, und nicht nur dieser, verweist aber auch auf ein eher konservatives Frauenbild. In einer anderen Szene wird »die neue Frau« als Typus der Moderne – sie heißt dort bezeichnenderweise »Frau Teddybär« – als selbstbewusste berufstätige Ärztin dem traditionellen Frauenbild des »Weibchens«, das Elbe verkörpert, gegenüber gestellt (ebd., S. 168–169 und 183–184). Mit der Bevorzugung eines eher rückwärtsgewandten Frauenbildes steht Elbe nicht allein. Auch die Mehrzahl der von Hirschfeld beschriebenen männlichen Transvestiten lehnte beispielsweise nicht nur die modernen schlichten »Reformkleider« ab, sondern bevorzugte höchst aufwändige, betont feminine Kleidung und Frisuren. Es scheint, dass diese Transvestiten die traditionelle, klar polarisierte binäre Geschlechterordnung des 19. Jahrhunderts gegenüber dem, was sie selbst zu verkörpern schienen, nämlich der so genannten Geschlechtermischung, bevorzugten: Sie wollten »richtige« Frauen sein. Eine Analyse der Geschlechterbilder männlicher und weiblicher Transvestiten wäre ein lohnendes Forschungsprojekt.

Der von Elbe beschriebene Eingriff, die Gebärmutterimplantation, ist für diese Zeit in der medizinhistorischen Literatur nicht nachgewiesen (Schlich 1998, S. 132–152). Dennoch ist es möglich, dass Warnekros eine derartige Operation bei Elbe unternommen hat. Denn auf der 444. Sitzung der Dresdener Gynäkologischen Gesellschaft am 20. November 1930 berichtet er von einem solchen Versuch, der jedoch höchstwahrscheinlich eine andere Patientin betraf (Warnekros, 1931).

Ob Lili Elbe an den Folgen dieser Operation starb, bleibt unklar. Im Buch heißt es: »Eine Herzlähmung hatte ihrem jungen kurzen, so wehen und doch so wunderbaren Frauenleben ein Ende gemacht« (Elbe 1932, S. 251). In einem Nachruf hingegen steht: »Aber in Dresden musste sie sich wieder in die Frauenklinik einlegen lassen, wo Professor Warnekros eine abschließende Operation vornehmen wollte. Diese gelang gut und es hatte den Anschein, als ob sie sich schnell erholen würde. Aber bald zeigte sich, daß sich ein Krebsgeschwür schnell entwickelt hatte, das ihrem Leben ein Ende gemacht hat« (Weber 1931a, o. S.). Eine dritte, allerdings recht plausible Version über den Tod Elbes liefert Hirschfeld. Danach habe sie jedoch – abweichend von ihrer Autobiografie – keine drei, sondern nur zwei Operationen durchgemacht. »Nicht zufrieden mit dieser ersten Geschlechtsumwandlung hat er sich einen Eierstock implantieren lassen um Kinder zu bekommen. Er starb an der Operation, die er nur um ein paar Stunden überlebte« (Hirschfeld 1933, S. 6).

Lili Elbes Rolle

Dass in dieser Zeit bekanntermaßen auch andere Mann-zu-Frau-Geschlechtsumwandlungen ausgeführt wurden, belegt folgende, aus Anlass von Elbes Tod von Paul Weber verfasste Mitteilung:

> In diesem Zusammenhang verdient erwähnt zu werden, dass auch in einem Berliner Krankenhaus ähnliche Operationen wie bei Lili Elbe, an anderen männlichen Transvestiten vorgenommen worden sind, die, soweit mir bekannt, gut ausgefallen sind. Einer dieser Transvestiten, dessen Umwandlung abgeschlossen ist, befindet sich zur Zeit auf einer Erholungsreise, natürlich vollkommen als Dame, und hoffen wir in einer der nächsten Nummern über diese erfolgreiche Operation ausführlicher berichten zu können. (Weber 1931a, o. S.)

Auch dieser Beitrag findet sich in einer Transvestitenzeitschrift, was das vitale Interesse an den Geschlechtsumwandlungen belegt. Daher darf es auch nicht überraschen, dass viele Transvestiten großen Anteil an Lili Elbes Schicksal nahmen, sie wurde vor allem wegen ihrer Popularität (Abb. 51) zur Vorreiterin und Identifikationsfigur. So klagt einer von ihnen:

> O wie beneidete ich diese Lilly [sic], ja doppelt beneidete ich sie, denn erstens konnte Lilly an sich eine Geschlechtsumwandlung vornehmen lassen, die ich mir schon seit Jahren sehnlichst wünsche, aber wegen des fehlenden Geldes wohl auch ewig versagen muss: Zweitens, Lilly durfte sterben, und zwar als Frau sterben, während unser eins sich weiterhin durchquälen muss, weil man zu feige ist, diesem unnützen Dasein ein Ende zu machen [...] (Peters 1931, o. S.).

Möglicherweise waren es die für die Eingriffe nötigen finanziellen Mittel – auch Elbe berichtet über die hohen Kosten –, die jene Transvestiten, über die Abraham schrieb, davon abhielten, ihren Wunsch nach operativer Geschlechtsumwandlung zu realisieren. Nicht zu vergessen ist, dass sich in dieser Zeit die Auswirkungen der Weltwirtschaftskrise empfindlich bemerkbar machten.

Doch nicht für alle Transvestiten war eine operative Umwandlung erstrebenswert. Einige hielten die daraus erwachsenden sozialen Konsequenzen sogar für bedenklich, weil sie ihr Ansehen in der Öffentlichkeit bedroht sahen. So problematisierte Maria Weis 1931 auf der 3. Jahresversammlung der Vereinigung D'Eon, der Felix Abraham und Magnus Hirschfeld im Ehrenkomitee vorstanden, den Heiratswunsch eines Mannes, der, nachdem er die operative Geschlechtsumwandlung und die Namensänderung hinter sich hatte, als Frau lebte:

Ich weiß nicht, ob hier unter uns Artgenossen sind, die solche extremen Wünsche hegen, aber auch auf die Gefahr hin, daß zu extremen Wünschen neigende Artgenossen hier sind, wage ich es, darüber zu sprechen. Ich bitte allerdings, mich nicht mißzuverstehen, ich verurteile solche Wünsche nicht, aber ich bitte zu bedenken, wie manche der hier in Rede stehenden Wünsche auf die außerhalb unserer Veranlagung stehenden Menschen wirken müssen. Kürzlich erzählte mir eine Dame, die übrigens für die transvestitische Veranlagung vollstes Verständnis hat, daß ein Transvestit homosexueller Triebrichtung allen Ernstes die standesamtliche Legalisierung seines Freundschaftsverhältnisses zu erreichen sucht. Abgesehen davon, daß dies ein vergebliches Bemühen ist, dürfen wir unsere Wünsche so weit doch nicht treiben, wenn wir nicht in den Verdacht kommen wollen, daß es sich bei uns um pathologische Menschen handelt. Der gleiche Transvestit hat übrigens alles nur Erreichbare erreicht, er hat durch Operation seinen Körper, soweit dies heute möglich ist, dem weiblichen angeglichen, er wird von der Behörde als Frau bis zu einem gewissen Grade anerkannt, es sind ihm oder ihr die Legitimationspapiere auf einen Frauennamen umgeschrieben worden, so daß eine Behinderung im Erwerb durch die Veranlagung so gut wie nicht besteht. Ich habe diesen Schulfall erwähnt, da er zeigt, daß man sich doch auch eine Grenze in seinen Wünschen auferlegen muss. (Weis 1931, S. 3–4)

Auf welche Person Maria Weis hier anspielt, geht aus ihrem Beitrag nicht hervor. Vielleicht auf Toni Ebel, deren Heiratsabsichten bekannt waren. In einem Zeitungsinterview wird Ebel mit dem Satz kolportiert: »Ich habe einen Freund, den ich sehr gern habe und den ich auch heiraten würde, sowie er eine feste Anstellung hätte« (Rhan 1932, o. S.). Vielleicht meint Weis auch eine weitere, nicht namentlich bekannte Person? Was ihren Aufruf zur Mäßigung so bemerkenswert macht, ist die Einordnung jener »Extremen«, wobei sie sich bei deren Bezeichnung an Hirschfelds Terminologie orientiert. Diese blieben für ihre Umwelt auch nach der chirurgischen Geschlechtsumwandlung das, was sie schon vorher waren: homosexuelle Transvestiten. Also nicht einmal für jene, die sich in einer ähnlichen Lage befanden, wurden sie zu dem, was sie werden wollten: Frauen.

Die rechtliche Absicherung

Die Geschlechtsumwandlungen waren nicht nur in medizinischer, sondern auch in juristischer Hinsicht heikel.[32] Die Kastration war ein strafbarer Eingriff, eine schwerwiegende irreversible Körperverletzung, selbst wenn sie von den Transvestiten als deren Gegenteil angesehen wurde. Das hatte sich bereits in der eugenisch motivierten Sterilisations- und Kastrationspraxis gezeigt. Aber auch der Ausgang der darüber hinausgehenden Operationen war – wie aufgezeigt – nicht ungefährlich. Zu möglichen Schwierigkeiten bei der Penisamputation liegen keine Angaben vor, doch bei der plastischen Ausformung der Scheide kam es häufiger zu Komplikationen, manchmal auch zu Todesfällen. Außerdem konnte die Ovarienimplantation infolge von Abstoßungsreaktionen zur lebensbedrohlichen Gefahr werden. Unabhängig vom medizinischen Verlauf der Eingriffe zeigte sich auch bereits an jenem ersten Beispiel, dass die Operierten nicht zwangsläufig im Wunschgeschlecht »ankamen«. Es war also nicht auszuschließen, dass sie den Arzt nach der Operation für ihre nunmehr ausweglose Situation verantwortlich machten.

Über die rechtliche Absicherung bei den im Institut behandelten Transvestiten liegen keine Hinweise vor. Es ist dennoch davon auszugehen, dass zumindest der Chirurg Erwin Gohrbandt zuvor eine schriftliche Erklärung von den zu Operierenden unterzeichnen ließ; im Falle eines anderen Eingriffs macht er auf die Notwendigkeit einer solchen Absicherung ausdrücklich aufmerksam (Gohrbandt 1930a, S. 977). Lili Elbe erwähnt, vor der Kastration »mit Vergnügen« ein »Schriftstück« unterschrieben zu haben, »das an irgendeine hohe Behörde adressiert war« und besagte, dass sie »auf eignen Wunsch

---

[32] Bis auf die Kastration dürften alle weiteren Eingriffe – wie bereits dargestellt – als kosmetische Operationen betrachtet worden sein. Zu den juristischen Regelungen bei kosmetischen Eingriffen vgl. Josef 1932, S. 213–215. Danach müsse sowohl die Einwilligung des Patienten zum Eingriff vorliegen, wie auch der Operierende seiner »Aufklärungspflicht« nachzukommen hatte, indem er »über die Möglichkeit eines Misserfolges oder von Nebenwirkungen aufmerksam« macht. Weitere Angaben zur rechtlichen Lage bei kosmetischen Operationen finden sich bei Gumbert 1931, insbesondere »Kosmetik im öffentlichen Leben, Recht und Gesetz«, S. 207–213.

und eigne Gefahr operiert werden wolle und daß sie bei einem eventuellen ungünstigen Ausfall Professor Gebhard von jeglicher Verantwortung entbinde...« »Falls ich sterbe, verzichte ich hiermit auf jedes Recht, hinterdrein Schwierigkeiten zu machen...« (Elbe 1932, 107).

Zwei weitere Umwandlungen
Die juristische Absicherung der Chirurgen lässt sich auch in anderen Fällen belegen. 1931 strebten zwei weitere Transvestiten Geschlechtsumwandlungen an. Der Frankfurter Psychiater Walther Riese, mit dem Hirschfeld gemeinsam bereits bei Sexualdelikten gegutachtet hatte und mit dem er als Vertreter der Frankfurter Verhütungsberatung in der Weltliga für Sexualreform eng zusammenarbeitete, stellte die entsprechenden, leider nicht schriftlich überlieferten Indikationen. Er überwies die Transvestiten an den in einem Privatsanatorium in Frankfurt-Sachsenhausen tätigen Chirurgen Max Flesch-Thebesius. Die beiden Transvestiten, ihre Ehefrauen bzw. der gesetzliche Vormund unterschrieben – wie jeder andere, der von ihm kastriert wurde – ein im Wortlaut überliefertes Revers, das nach Auffassung von Flesch-Thebesius besonders notwendig sei, »wenn man das gewonnene Präparat zu Transplantationszwecken verwenden will«. Darin sprachen die Unterzeichnenden sowohl den gutachtenden Psychiater als auch den Chirurgen von jedem Verdacht auf »Nötigung« frei, nahmen nach entsprechender Belehrung, gemäß der Rechtslage, »sogar nachteilige Folgen mit in Kauf« und stellten darüber hinaus die bei der Kastration »gewonnenen« Hoden den Ärzten zur freien Verfügung[33] (Flesch-Thebesius 1932, S. 144–145).

Beim ersten der beiden Patienten, einem 48jährigen Fuhrmann, der »durch das Missverhältnis zwischen seinen inneren Regungen und den äußeren Geschlechtsmerkmalen an schweren seelischen Depressionen litt«, sollte die Kastration und die Ovarienimplantation in zwei Schritten erfolgen (Abb. 52). Nachdem jedoch die Kastration am 23. Juli 1931 vollzogen war und die Ovarienimplantation bevorstand, »erwiderte der Patient zu unserer Überraschung, es sei dies nicht mehr notwendig, denn er fühle sich seit der Operation wieder – als Mann! Er hat seitdem keine Frauenkleider angelegt, hat sich einen Schnurrbart wachsen lassen und bietet jetzt das Aussehen, wie die Abb. [53] zeigt«(ebd., S. 146). Dieser Fall ähnelt zumindest im Ausgang jenem von Mühsam beschriebenen und war auch Anlass für die behandelnden Ärzte, jene Einverständniserklärung unterschreiben zu lassen.

---

[33] Flesch-Thebesius verwendete die Hoden, die rare und daher begehrte Organe waren, indem er sich auf Hirschfelds Kapitel in der Geschlechtskunde berief, zur Transplantation (ebd. S. 148ff).

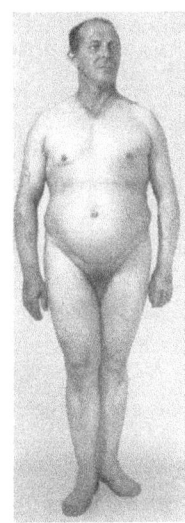

Abb. 52: Das Paradoxe der Text- und Bildargumentation besteht bei diesem Mann in der Konstruktion der Männlichkeit. Die Originallegende für beide Fotos lautet »Transvestit S. vor der Operation«, das rechte zeigt den Patienten nackt (die Geschlechtsteile sind zwischen die Beine geklemmt), das linke in Frauenkleidern. Gemäß der Diagnose des Transvestismus und der ärztlichen Befürwortung der gewünschten Kastration wird der Patient hier als »weiblicher« Mann inszeniert.

Abb. 53: Das Foto ist mit der Bildlegende versehen: »Derselbe 5 Wochen nach erfolgter Kastration«. Der Abgebildete wird nach »Entmannung« mit männlichen Attributen, inklusive Zigarette, ausgestattet, so als habe die Kastration bei ihm einen virilisierenden Effekt gehabt. Der nackte Körper wird daher nicht mehr gezeigt.

Beim zweiten Patienten, einem 34jährigen Transvestiten (Abb. 54), »war von vornherein eine Geschlechtsumwandlung derart vorgesehen, daß in derselben Sitzung wie die Kastration eine Implantation eines Ovars in den Douglas [den Damm] erfolgen sollte«. Diese Operation wurde am 13.10.1931 ausgeführt, »weil wir eine Unterlassung derselben mit Rücksicht auf die immer bedrohlicher werdenden Selbstmordideen des Kranken nicht verantworten zu können glaubten« (ebd., S. 146). Da Flesch-Thebesius beabsichtigte, eine größere – wahrscheinlich nie veröffentlichte – Arbeit über den Fall zu schreiben, findet sich über den Ausgang der Operationen bei ihm nur der vorläufige Hinweis, dass aus dem »vorher tief deprimierten, lebensunlustigen Menschen ein lebensfroher Mensch geworden ist, der sich jetzt allerdings nur noch als Weib fühlt« (ebd., S. 147). Über weitere Operationen dieses Patienten, die Penisamputation und die plastische Ausformung einer Vagina, wurde erst Jahrzehnte später berichtet und ebenso darüber, wer die ersten Eingriffe vermittelt hatte. Dort findet sich auch die zur Kasuistik gehörende »Pathografie«. Da es sich hier zweifellos um eine Ausnahme handelt – die geschlechtsangleichenden Eingriffe wurden in der NS-Zeit ausgeführt –, soll hier weiter über diesen Fall berichtet werden, obwohl er über den zeitlichen Rahmen der Studie hinausgeht.

Nach Angabe der Autoren habe sich jener Transvestit zuerst an Magnus Hirschfeld gewandt, der seinerseits »eine Behandlung bei Riese (damals Frankfurt, jetzt Richmond/Virginia) veranlasste« (Bürger-Prinz et al. 1953, S. 21). Als Walther Riese nach nunmehr fast 20 Jahren zu den Gründen für die Befürwortung der Operationen befragt wurde, teilte er in einem persönlichen Brief an die Autoren vom 8.2.1950 mit:

> Wenn ich mich recht erinnere, habe ich die Diagnose einer paranoiden Form der Schizophrenie oder einer sogenannten überwertigen Idee gestellt. Ich habe mich dem Ansinnen des Patienten gegenüber, eine Geschlechtsumwandlung zu vollziehen, zunächst unzugänglich gezeigt, aber dann doch nachgeben zu sollen geglaubt, zumal die Ehefrau schriftlich ihr Einverständnis gab, der Patient mit Selbstmord drohte und die eigene Frau mich telegraphisch auf den Ernst der Situation hinwies. (ebd., S. 21)

Nachdem man 1930 zunächst erfolglos eine Hormonbehandlung durchgeführt hatte, bekam der Patient 1931 nach der Kastration Ovarien implantiert, jedoch ohne dass der Penis amputiert und eine Scheide angelegt wurde.

Nach Angabe von Bürger-Prinz führte der Transvestit in der Folge akribisch Tagebuch über die postoperativen Veränderungen, über seine Auftritte als Frau in der Öffentlichkeit wie auch über den ersten sexuellen Umgang mit Männern. »Schließlich wurde der Patient 1933 auf der Straße auffällig und von der Polizei in eine Heil- und Pflegeanstalt eingewiesen« (ebd., S. 22). Als er nach einem halben Jahr entlassen wurde, soll er nach Angaben der Autoren folgende Tagebucheintragung gemacht haben:

Unschuldig im Irrenhaus. Furchtbare Aufregung. Keine Hoffnung mehr auf Weiterbehandlung. Zwang, als Mann zu leben. Freitodwünsche. Fluchtvorhaben. Falsche ärztliche Gutachten. Falsche Anschuldigungen. Am Halse braune Flecken. Schwerstes seelisches Leid bei lächelnder Miene. (ebd., S. 22)

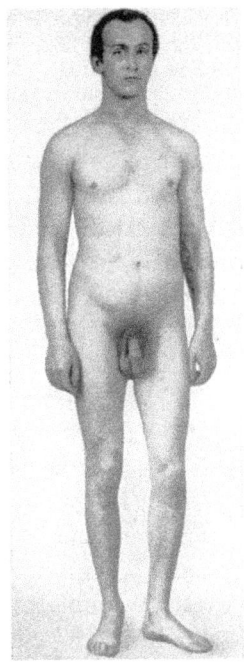 

Abb. 54: Mit »Vor der Operation« untertitelte Fotos des Patienten. Weil – im Unterschied zum vorherigen Patienten – die subjektiv empfundene Zugehörigkeit zum weiblichen Geschlecht durch die Kastration erhalten blieb, erübrigte sich dessen Darstellung nach der Operation.

In der Folgezeit versuchte er Ärzte zu finden, die bereit waren, die weiteren Operationen der Geschlechtsangleichung auszuführen, wie er auch die Umschreibung seines Personenstandes bei den Behörden forcierte. Seine Bemühungen waren – wie bereits im Abschnitt »Transvestiten in der NS-Zeit« beschrieben – tatsächlich erfolgreich. »Im Oktober 1934 erhielt der Patient die Erlaubnis, einen Frauennamen zu wählen (Toni) und durfte auch Frauenkleider tragen« (ebd., S. 23). Weitere fünf Jahre später konnte er/sie auch die angestrebte operative Geschlechtsumwandlung umsetzen. Die Penisamputation erfolgte im März 1939 in der Städtischen Krankenanstalt Mannheim, sodann in einer Universitätsfrauenklinik (wahrscheinlich Frankfurt): »Einpflanzung der Harnröhre am Damm, Vaginalplastik mittels Hautfalte von der restlichen Skrotalhaut. 1940 Anlage einer Vagina artificialis« (ebd., S. 19; zu den Operationsorten S. 23). Leider teilen die Autoren nicht mit, wer die für diese Zeit ungewöhnlichen Eingriffe vornahm und wie sie legitimiert wurden. Die so genannte geschlechtsangleichende Operation wurde also während der NS-Zeit ausgeführt.

Für diese Zeit ist außerdem nur die Entfernung aller »menschlichen Geschlechtsteile« bei einem anderen, bereits erwähnten Mann mit dem Wunsch nach Geschlechtsumwandlung nachgewiesen (Huelke 1949, S. 91–92; Pfäfflin & Junge 1992, S. 390f.). Ein weiterer Transvestit, über dessen Bemühungen – sich einen Uterus und je ein Ovarium seiner Ehefrau und seiner Schwester implantieren zu lassen – kein Ergebnis mitgeteilt ist, wird in der bereits zitierten Dissertation von Voss ausführlich beschrieben.[34] 1946 ließ sich die nunmehrige Frau scheiden und betrieb couragiert verschiedene Verfahren, so stellte sie unter anderem einen »Antrag auf gerichtliche Verfolgung und Bestrafung wegen dem an mir 1933 begangenen Verbrechen...« (Bürger-Prinz et al. 1953, S. 24). 1948 erfolgte dann die Berichtigung der Standesamtsakten mit der merkwürdigen Begründung: »Nach ärztlicher Feststellung ist X. infolge Erkrankung der inneren Blutdrüsen seit dem 13. Oktober 1931 weiblichen Geschlechts« (ebd., S. 19). Der Tag der Kastration und Ovarienimplantation galt somit als Tag der Diagnose der Weiblichkeit, wobei deren Genese nicht erwähnt wurde.

Die Autoren, die über diese Mann-zu-Frau-Umwandlung berichten, bezeichnen den Patienten auch nach seiner operativen Geschlechtsumwandlung und Vornamensänderung nicht als Frau, sondern halten an der Zuordnung »homosexueller Transvestit« und somit an ihrer Diagnose und seinem Ausgangsgeschlecht fest.

Unklare Folgen

Außer über den ersten 1920/21 operierten Mann, der sich letztlich »rückverwandeln« ließ, liegen keine Informationen vor, wie die Personen die

---

[34] Jener verheiratete Vater von zwei Töchtern beantragte 1936 beim Hamburger, später beim Reichsgesundheitsamt die entsprechenden Operationen, mit der Begründung, dass er von seiner »frühen Jugend an das Bedürfnis habe, [s]ich als Frau zu kleiden« und seine »ganze Einstellung dem weiblichen Geschlecht näher steht als dem männlichen«. Während der Antrag vom Hamburger Gesundheitsamt abgelehnt wurde, fehlt der Entscheid des Reichsgesundheitsamts (Voss 1938, S. 28).

Geschlechtsumwandlung langfristig verarbeiteten, körperlich und psychisch. Und selbst bei diesem Mann wurden keine Nachuntersuchungen durchgeführt. Er beschrieb lediglich in einem Brief an den operierenden Chirurgen, Richard Mühsam, seinen Zustand.

Diese unklaren Folgen betreffen sowohl die Frauen, denen Brüste, Gebärmutter und Ovarien entfernt wurden, als auch die Männer, die nach der Kastration und Penisamputation eine künstliche Scheide bekamen. Abraham schreibt lediglich kurz nach den Eingriffen: »Wie gesagt, muss das Resultat, besonders in seiner Wirkung auf den Patienten, noch abgewartet werden« (Abraham 1931, S. 225). Anlässlich eines Interviews für die Boulevardpresse mit Toni Ebel, die dort »Wally, ehemals Leo E.« genannt wird, äußert sich Abraham ein Jahr darauf mit den Sätzen:

Natürlich konnten wir aus dem Mann Leo E. nicht eine Frau machen, die etwa imstande wäre, Kinder in die Welt zu setzen. Immerhin kosmetisch, wenn man das so nennen will, ist Wally E. einer Frau durch die Operation vollkommen ähnlich geworden. Vor allen Dingen sie selbst fühlt sich jetzt als hundertprozentige Frau, und der Mann, der sie liebt, kann mit etwas Illusion und Phantasie auch die Frau in ihr finden, wie er sie sich wünscht. (Rhan 1932, o. S.)

Aus Toni Ebels Lebensäußerungen nach 1945 geht hervor, dass sie zumindest versuchte, ihre Geschlechtsumwandlung zu verheimlichen, was angesichts des moralischen Wandels während der NS-Zeit nicht verwundert. Doch auch ungeachtet dessen liegen über ihr psychisches Befinden, ihre sexuelle und geschlechtliche Selbstzuordnung keinerlei Informationen vor. Dorchens Schicksal nach 1933 ist gänzlich unbekannt, in dem Jahr berichtet Hirschfeld aus dem Pariser Exil über sie:

»Dorchen«, so nannte sich Ex-Rudolf jetzt, fühlt sich vollkommen als Frau. Er ist sehr glücklich und arbeitet in einem Frauenberuf, nachdem er seinen Zivilstand modifiziert hat. Dorchen zeigt keinerlei Symptome von psychischen Störungen, sie ist arbeitsam und intelligent. (Hirschfeld 1933, S. 6)

Diese allerdings recht knappe Mitteilung verweist darauf, dass Hirschfeld annahm, auch die psychische Geschlechtsumwandlung sei restlos gelungen.

Lediglich von dem zuletzt beschriebenen Transvestiten existieren einige Angaben über postoperative psychische Veränderungen, die jedoch nur aus der psychiatrischen Perspektive geschildert und bewertet werden.

Ein weiterer, allerdings recht dürftiger Hinweis über die physiologischen Auswirkungen der operativen Umwandlung von Mann-zu-Frau findet sich in einem Bericht über einen Transvestiten, bei dem in der DDR die Chromosomen auf vermutete Abweichungen hin untersucht wurden. Über ihn teilt die Autorin, eine Ärztin aus der Ost-Berliner Charité, 1966 mit:

Das Verlangen, »den Irrtum der Natur« durch eine Operation korrigieren zu lassen, hatte der Transvestit schon vor einigen Jahrzehnten. Damals wurde er von Professor *Magnus Hirschfeld* behandelt und lernte dort andere, gleichermaßen abwegige Persönlichkeiten kennen. Einige von ihnen hatten Umwandlungsoperationen seinerzeit durchführen lassen, deren Folge zumeist Inkontinenzia urinae war. Dies hatte unseren Patienten bisher von einer operativen Geschlechtskorrektur abgehalten. (Zabel 1966, S. 81, H. i. O.)

Dabei handelt es sich wahrscheinlich um die Spätfolgen des Operationsverfahrens, der Schubertschen Scheidenplastik, für die derartige Auswirkungen bekannt sind.

Insgesamt ist also für die »erste Generation« von Personen, die Geschlechtsumwandlungen durchliefen, festzustellen, dass sich über ihr psychisches und körperliches Befinden und dessen Entwicklung keine sicheren Angaben machen lassen. Die Eingriffe wurden von den Transvestiten wie wahrscheinlich auch ihren Operateuren und den Sexualwissenschaftlern seinerzeit in der Annahme durchgeführt, dass die Betreffenden tatsächlich zu Angehörigen des Geschlechts werden, das sie sich wünschen. Nachuntersuchungen, wie sie heute üblich sind, wurden erst in den 60er Jahren eingeführt (Pfäfflin & Junge 1992).

7. Kapitel

Auswirkungen II: Die undankbaren Erben

Erste Geschlechtsumwandlungen von Frau-zu-Mann wurden, wie beschrieben, an weiblichen Transvestiten seit 1912 ausgeführt, solche von Mann-zu-Frau an einem »Einzelfall« 1920/1921, »routinemäßig« circa ab 1929. Hirschfeld und sein Institut für Sexualwissenschaft spielten sowohl bei der Beschreibung dieser Entwicklung, bei der ernsthaften Wahrnehmung und – nicht unproblematischen – Umsetzung der Wünsche dieses Personenkreises als auch deren chirurgischer Verwirklichung die zentrale Rolle. Ein erstes Konzept dessen, was später als »Transsexualität« bezeichnet wurde, lag Mitte der 20er Jahre mit Hirschfelds Beschreibung der »extremen Transvestiten« vor.

Ohne Bezug auf die in Deutschland durchgeführten operativen Geschlechtsumwandlungen begann in den 50er Jahren in den USA erneut eine Diskussion (Pfäfflin & Junge 1992, S. 153). Harry Benjamin nahm für sich in Anspruch, den Begriff »transsexuality« in einem öffentlichen Vortrag am 18. Dezember 1953 anlässlich eines Symposiums der »Association for the Advancement of Psychotherapy« eingeführt zu haben (Benjamin 1953; und 1966, vgl. dazu: Ekins & King 2001). Ähnlich wie Hirschfeld Personen mit dem Wunsch nach Geschlechtsumwandlung als »extreme Transvestiten«, die »stärkste Form des totalen Transvestitismus« (Hirschfeld 1926b, S. 592) bezeichnet, beschrieb Benjamin »den Transsexualismus als höchsten Grad des Transvestismus« [sic] oder die »Transvestiten als die mildeste Form unter den Transsexuellen« (Benjamin 1964, S. 499).

Benjamin hatte Hirschfeld bereits 1907 kennen gelernt, bevor er in die USA auswanderte (vgl. dazu: Haeberle, 1985). Auch danach trafen sie sich, zum Beispiel aus Anlass des 1921 stattfindenden Institutskongresses »Sexualreform auf sexualwissenschaftlicher Grundlage«. Benjamin pendelte über Jahre zwischen Berlin, Wien und New York. In Wien besuchte er neben Sigmund Freud auch Eugen Steinach mehrfach, studierte dessen an Tieren vorgenommene Geschlechtsumwandlungen und versuchte sogar den *Steinach-Film* in den USA zu promoten. Später arbeiteten Hirschfeld und Benjamin in der Weltliga für Sexualreform zusammen, pflegten einen regen Briefwechsel während Hirschfelds Weltreise, im Zuge derer sie sich wiederum in New York trafen. Dass Benjamin Hirschfelds Arbeiten bestens kannte und von den im Institut vorgenommenen Geschlechtsumwandlungen wie auch der Begriffsverwendung »seelischer Transsexualismus« (Hirschfeld 1923, S. 14) Kenntnis hatte, muss bei solch intensiven Kontakten und seinem speziellen Interesse an dieser Frage vorausgesetzt werden.[1] Dass er dennoch bei der Wahl der Bezeichnung »transsexualism« Hirschfeld als Urheber nicht gebührend würdigt und auf die Institutspraxis der Geschlechtsumwandlungen mit keiner Silbe verweist, ist sehr verwunderlich (vgl. dazu: Pfäfflin, 1997). Dabei war Benjamin ohnehin nicht der erste, der den Begriff »transsexualism« in den USA gebrauchte, sondern David O. Cauldwell, der ihn 1949 in der heutigen Bedeutung benutzte (Cauldwell 1949). Und wie Benjamin kannte auch Cauldwell Hirschfelds Schriften (Ekins & King 2001).

In Deutschland bezeichnete man Personen mit dem Wunsch nach Geschlechtsumwandlung noch bis in die 50er Jahre als Transvestiten. Erst mit der Rezeption von Benjamins Arbeiten in den 60er Jahren wurde, ohne Bezug zur hier beschriebenen Vorläuferdiskussion um Hirschfeld, in beiden deutschen Staaten von »Transsexualismus«, später von »Transsexualität« gesprochen.[2] Selbst als in dieser Zeit in der Bundesrepublik Hans Giese am von ihm neu gegründeten Institut für Sexualwissenschaft an der Universität Hamburg, aber auch andere die Ausstellung von Transvestitenscheinen und die Genehmigung von Vornamensänderungen wieder befürworteten, findet sich kein Hinweis darauf, dass diese Praxis auf eine lange Tradition zurückgeht, die fest mit dem Namen Hirschfeld verbunden ist.

---

[1] Zur Zusammenarbeit von Hirschfeld und Benjamin in der Weltliga sowie dem Kontakt während Hirschfelds Weltreise vgl. Wolff 1986, S. 279, 284.

[2] Zu den ersten Arbeiten, die in Deutschland nach dem Krieg veröffentlicht wurden, in denen der nun von Benjamin aufgegriffene Begriff »Transsexualismus« erscheint, gehört die von Burchard, 1961; vgl. auch die beiden Auflagen von Bürger-Prinz et al. 1953 und die 2. erweiterte Auflage (1966), insbesondere S. 51ff.

8. Literaturverzeichnis

Abraham, Felix (1929): Auf den Spuren des Sexualverbrechens. Die Aufklärung, 1 (8), S. 232–235

Abraham, Felix (1931): Genitalumwandlung an zwei männlichen Transvestiten. Zeitschrift für Sexualwissenschaft, 18, S. 223–226

Abraham, Hans (1920): Einige Bemerkungen über den weiblichen Transvestitismus. Mitteilungen aus dem Institut für Sexualwissenschaft. Mitgeteilt von Dr. med. et phil. A. Kronfeld, Berlin. Sexualreform. Beiblatt zu Geschlecht und Gesellschaft, X (4), S. 53-54

Abraham, Hans (1921): Der weibliche Transvestitismus. Dissertation an der Friedrich-Wilhelm-Universität zu Berlin (unveröffentlicht)

Abderhalden, Emil (1912): Abwehrfermente des tierischen Organismus gegen körper-, blut-, plasma- und zellfremde Stoffe, ihr Nachweis und ihre diagnostische Bedeutung zur Prüfung der Funktion der einzelnen Organe. Berlin (Springer), ab der fünften Auflage erschienen unter: Die Abderhaldensche Reaktion. 5. Auflage, Berlin 1922

Altmann, V. (1923): Gleichzeitige Röntgenepilation mehrerer Köpfe mit einer Röhre. Eine Methode des Massenbetriebes. Strahlentherapie, 15, S. 667–675

A. N. (1929): Lebenslauf eines 65-jährigen Transvestiten. Die Welt der Transvestiten. Die Freundin, 5 (4), o. S.

Anonym (1929): Ein interessanter Transvestit. Kriminalistische Monatshefte, Zeitschrift für die gesamte kriminalistische Wissenschaft und Praxis, 3, S. 63–64

Anonym (1929/30): Ein interessanter Transvestit. Zeitschrift für Sexualwissenschaft und Sexualpolitik, XVI (2), S. 145–146

Ayaß, Wolfgang (1998): »Gemeinschaftsfremde«. Quellen zur Verfolgung von »Asozialen« 1933-1945. Koblenz (Bundesarchiv)

Baumgardt, Manfred (1984): Das Institut für Sexualwissenschaft und die Homosexuellenbewegung in der Weimarer Republik. Berlin Museum (Hg.): Eldorado. Berlin (Frölich & Kaufmann), S. 31–41

Benjamin, Harry (1953a): Transvestism and Transsexualism. International Journal of Sexology, 7, S. 12–14

Benjamin, Harry; Gutheil, Emil A.; Deutsch, Danica; Sherwin, Robert Veit (1954): Transsexualism and Transvestism – A Symposium. American Journal of Psychotherapy, VIII (2), S. 219–244

Benjamin, Harry (1964): Transsexualismus, Wesen und Behandlung. Der Nervenarzt, 35 (11), S. 499–500

Benjamin, Harry (1966): The Transsexual Phenomenon. New York (The Julian Press)

Bessunger, August (1920): Elektrophysikalisch-therapeutische Abteilung des Instituts für Sexualwissenschaft. Berliner Ärztliche Anzeigen 33, vom 12. Juni 1920, S. 8

Bessunger, August (1920a): Röntgenstrahlen und Sexualwissenschaft. Mitteilungen aus dem Institut für Sexualwissenschaft. Mitgeteilt von Dr. med. et phil. A. Kronfeld, Berlin. Sexualreform, Beiblatt zu Geschlecht und Gesellschaft, X (3), S. 36-37

Binder, Hans (1933): Das Verlangen nach Geschlechtsumwandlung. Zeitschrift für die gesamte Neurologie und Psychiatrie, 143, S. 84–174

Binder, W. (1874): Dr. Vollmers Wörterbuch der Mythologie aller Völker. 3. Aufl., Stuttgart (Hoffmann'sche Verlagsbuchhandlung)

Bing, R. & Schönberg, S. (1922): Über Transvestitismus. Schweizer medizinische Wochenschrift, III (51/52), S. 1254–1258

Bloch, Iwan (1907): Das Sexualleben unserer Zeit. 1. Aufl., Berlin (Louis Marcus Verlagsbuchhandlung)

Boyarin, Daniel (1997): Unheroic Conduct. The Rise of Heterosexuality and the Invention of the Jewish Man. Berkeley, Los Angeles, London (University of California Press)

Brand, Adolf (1906): Afterkultur und Homosexualität. Die Gemeinschaft der Eigenen, Flugschrift für Sittenverbesserung und Lebenskunst, 3 (3), S. 29–33

Brand, Adolf (1925): Die Tante. Eine Spott- und Kampfnummer der Kunstzeitschrift: Der Eigene, X (9), S. 408–412

Brandes, [Gustav] (1914): Verwandlung von Männchen in Weibchen. Berliner Tageblatt vom 7. Juni 1914, Nr. 283, 2. Beiblatt, o. S.

Bullough, Vern L. & Bullough, Bonnie (1997): Cross-Dressing, Sex and Gender. 3. Aufl., Philadelphia (University of Pennsylvania Press)

Burchard, Ernst (1914/1915): Sexuelle Fragen zur Kriegszeit. Zeitschrift für Sexualwissenschaft, 1 (10), S. 372–380

Burchard, Johann Maximilian (1961): Struktur und Soziologie des Transvestitismus und Transsexualismus. Beiträge zur Sexualforschung, Heft 21, Stuttgart (Ferdinand Enke Verlag)

Bürger-Prinz, H.; Albrecht, H.; Giese, H. (1953): Zur Phänomenologie des Transvestitismus bei Männern. Beiträge zur Sexualforschung, Heft 3, Stuttgart (Ferdinand Enke Verlag), 2. erw. Aufl., Stuttgart 1966

Buschke, A.; Josef, Alfred; Birkenfeld, Werner (1932): Leitfaden der Kosmetik für die Ärztliche Praxis. Berlin und Leipzig (Walter de Gruyter & Co.)

Cauldwell, David O. (1949): Psychopathia transexualis. Sexology, 16, S. 274–280

D. T. Gräfin (1927): Briefkasten, Verzweifelter Transvestit. Die Freundin, 3 (6), o. S.

Dassmann, Ernst (Hg.) (2001): Reallexikon für Antike und Christentum, Bd. XIX, Stuttgart (Anton Hiersemann)

Dekker, Rudolf & Van de Pol, Lotte (1990): Frauen in Männerkleidern. Weibliche Transvestiten und ihre Geschichte. Berlin (Wagenbach)

Dobler, Jens (2000): Dr. Heinrich Kopp (1871-1941). Archiv für Polizeigeschichte, 11 (1), S. 2–7

Dobler, Jens (2003): Von anderen Ufern. Geschichte der Berliner Lesben und Schwulen in Kreuzberg und Friedrichshain. Berlin (Bruno Gmünder Verlag)

Dobler, Jens (2004): Der Travestiekünstler Willy Pape alias Voo-Doo. Invertito, Jahrbuch für die Geschichte der Homosexualitäten 6, S. 110-121

Dose, Ralf (1989): Magnus Hirschfeld als Arzt. Mitteilungen der Magnus-Hirschfeld-Gesellschaft, 13, S. 9–23, sowie in: Gschwind, Herbert & Gooß, Ulrich (Hg.) Homosexualität und Gesundheit. Berlin (Rosa Winkel) 1989, S. 75-98

E. L. (1932): Dr. Magnus Hirschfelds Offenbarungseid. Der Prozess gegen das Institut für Sexualwissenschaften [sic]. Das 12 Uhr Blatt, 14 (70), vom 1. April 1932, o. S.

Ebertin, Elsbeth [1933]: Mann oder Frau? Das Schicksal einer Abenteurer-Natur. Altona-Elbe (Dreizack-Verlag)

Ebershoff, David (2000): Das dänische Mädchen. München (Goldmann)

Eckstein, H. (1932): Drei Jahrzehnte Paraffinplastik. Archiv für klinische Chirurgie, 169, S. 646-674

Eitner, Ernst & Karpelis, Egon (1932): Kosmetische Therapie. Ein Nachschlagewerk für den Praktiker. Berlin und Wien (Urban & Schwarzenberg)

Ekins, Richard & King, Dave (2001): Pioneers of Transgendering: The Popular Sexology of David O. Cauldwell. The International Journal of Transgenderism, 5 (2) (http://symposium.com/ijt/cauldwell/cauldwell_01.htm)

Elbe, Lili (Hg. Niels Hoyer) (1932): Ein Mensch wechselt sein Geschlecht, Eine Lebensbeichte. Dresden (Carl Reissner Verlag)

Elkeles, Barbara (1996): Die juristische Bewertung des Experiments am Menschen. In: dieselbe: Der moralische Diskurs über das medizinische Menschenexperiment im 19. Jahrhundert. Schriftenreihe Medizin-Ethik Bd. 7, Stuttgart (G. Fischer)

Ellis, Havelock (1914),: Sexo-ästhetische Inversion. Zeitschrift für Psychotherapie und medizinische Psychologie, V, S. 134–162

Ellis, Havelock (1926): Studies in the Psychology of Sex, Volume II, Sexual Inversion. 3. Aufl., Philadelphia (F. A. Davis Publishers Company)

Ellis, Havelock (1931): Week-End Review, 28. Nov. 1931, S. 712, zit. nach: McLaren, Angus (1997): The Trials of Masculinity. Policing Sexual Boundaries 1870–1930. Chicago (University of Chicago Press), S. 224

Engelmann, Fritz (1933): Die konträre Sexualempfindung, ihre Beziehungen zur Intersexualität und ihre Beeinflussungsmöglichkeit durch die Hormone der Nebenniere (zugleich ein Beitrag zum Problem der Vermännlichung resp. Verjüngung). Archiv für Frauenkunde, 19 (2/3), S. 160–167

Es, Lina (1927): Transvestiten. Die Freundin, 3 (4), o. S.

Es, Lina (1929): Wir. Die Welt der Transvestiten. Die Freundin, 5 (15), o. S.

Fachverband Homosexualität und Geschichte e. V. (Hg.) (2001): Homosexualitäten und Crossdressing im Mittelalter. Invertito, Jahrbuch für die Geschichte der Homosexualitäten, 3

Fenichel, Otto (1930): Zur Psychologie des Transvestitismus, Vortrag auf dem XI. Internationalen Psychoanalytischen Kongreß, Juli 1929. Internationale Zeitschrift für Psychoanalyse, XVI (1), S. 21–34

Flesch, Max (1926): Zur Kenntnis des normalen und pathologischen Geschlechtslebens. Archiv für Frauenkunde und Konstitutionsforschung, XII, S. 120–129

Flesch-Thebesius, Max (1932): Sexualbiologie und Chirurgie. Archiv für Frauenkunde, 18 (3), S. 137–150

Fränkel, Hieronymus (1853): II. Homo mollis. Medizinische Zeitung des Vereins für Heilkunde in Preußen, 22, S. 102–103

Frankenberg, B. (1930): Ein Verfahren, aus der Vagina septa nach Baldwin eine der Norm analoge Scheide herzustellen. Zentralblatt für Chirurgie, 57 (45), S. 2792–2796

Fraumann, Luz (1906): Weiberbeute, Ein merkwürdiger Roman. Budapest (Verlag von M. W. Schneider)

Friedländer, Benedikt (1904): Die Renaissance des Eros Uranios. Die physiologische Freundschaft, ein normaler Grundtrieb des Menschen und eine Frage der männlichen Gesellungsfreiheit. Schmargendorf-Berlin (Verlag »Renaissance« Otto Lehmann)

Friedländer, Benedikt (1909): Die Liebe Platons im Lichte der modernen Biologie. Treptow bei Berlin (Berhard Zack's Verlag)

Fuhs, H. & Konrad, Josef (1931): Über Spätschädigungen nach Röntgenbestrahlung von Dermatosen und Folgerungen bezüglich des Bestrahlungsmodus. Strahlentherapie, 40, S. 254–271

Garber, Marjorie (1993): Verhüllte Interessen, Transvestismus und kulturelle Angst. Frankfurt/M. (S. Fischer), engl. Originalausgabe: Vested Interests. Cross-Dressing & Cultural Anxiety. New York 1992 (Routledge), übersetzt von H. Jochen Bussmann

Gathorne-Hardy, Jonathan (2004): Kinsey. Sex The Measure of all Things. Bloomington (Indiana University Press)

Geuter, Ulfried (1994): Homosexualität in der deutschen Jugendbewegung. Frankfurt/M. (Suhrkamp Verlag)

Giese, Karl (1930): Transvestitismus und Eheberatung. Die Aufklärung, 2 (3), S. 66–68

Gilman, Sander, L. (1993): Freud, Race and Gender. Princeton (Princeton University Press)

Gilman, Sander (2000): Das Gesicht wahren. Zur ästhetischen Chirurgie. In: Schmölders, Claudia & Gilman, Sander (Hg.): Gesichter der Weimarer Republik. Köln (Dumont), S. 96-112

Goldmann; Lothar (1924/25): Über das Wesen des Umkleidungstriebes. Geschlecht und Gesellschaft. XII, S. 281-296 und S. 334–378

Gohrbandt, Erwin (1930): Allgemeine Gesichtspunkte für die chirurgische Kosmetik. Die medizinische Welt, 4 (5), S. 162–163

Gohrbandt, Erwin (1930a): Die Appendektomie als schwere Körperverletzung vor Gericht. Die medizinische Welt, 4 (27), S. 977

Gohrbandt, Erwin (1932): Geleitwort. In: Buschke, A.; Joseph, Alfred & Birkenfeld, Werner: Leitfaden der Kosmetik für die ärztliche Praxis. Berlin und Leipzig (Walter de Gruyter & Co.), S. 1–2

Grossmann, Atina (1995): Reforming Sex. The German Birth Control and Abortion Reform, 1920-1950. New York und Oxford (Oxford University Press)

Gumbert, Martin (1931): Die gesamte Kosmetik (Entstellungsbekämpfung). Ein Grundriss für Ärzte und Studierende. Leipzig (Georg Thieme)

Gutheil, Emil (1923): Analyse eines Falles von Transvestitismus. In: Stekel, Wilhelm: Der Fetischismus. Berlin & Wien (Urban und Schwarzenberg), S. 535–570

H.[ahm], L.[otte] (1930): Die Transvestitengruppe: Transvestiten-Modenschau. Die Freundin, 6 (42), o. S.

Hahm, Lotte: Achtung Transvestiten! Vortragsabend über das Thema: Umkleidungstrieb und Sexualempfinden des Transvestiten. Die Welt der Transvestiten. Die Freundin, 6 (1930) 13, o. S.

Habermann, R. (1930): Röntgenschädigung nach Epilation eines Kinderkopfes mit Schwermetallfilterung und ihre forensische Beurteilung. Strahlentherapie, 35; S. 123–129

Halban, Josef (1926): Mitteilung Wiener klinische Wochenschrift, 39 (4), S. 115

Haeberle, Erwin (1985): Der transatlantische Pendler. Ein Interview mit Harry Benjamin. Sexualmedizin, 1, S. 44–47

Handbuch über den Preußischen Staat (1922): Bd. 128, Berlin

Hauk, W. & Vonkennel, J. (1929): Thallium oder Röntgenepilation der Kopfmykosen? Strahlentherapie, 31, S. 181–198

Hauptvorstand (1929): Die Welt der Transvestiten, Sonderteil der Zeitschrift »Die Freundin«, 5 (7), o. S.

Haustein, Hans (1928/1929): Transvestismus und Staat am Ende des 18. und im 19. Jahrhundert. Zeitschrift für Sexualwissenschaft, 15, S. 116–126

Hergemöller, Bernd-Ulrich (2001): Mann für Mann. Ein biographisches Lexikon. Frankfurt/M. (Suhrkamp)

Hergemöller, Bernd-Ulrich (2004): Hirschfeld und Blüher. Kontakte und Konflikte 1912-1922. In: Schoeps, Julius H. & Kotowski, Vera-Elke (Hg.): Der Sexualreformer Magnus Hirschfeld. Ein Leben im Spannungsfeld von Wissenschaft, Politik und Gesellschaft. Berlin (bebraverlag), S. 117–136

Herrn, Rainer (1995): Vom Geschlechtumwandlungswahn zur Geschlechtsumwandlung. In: KulturInitiative '89 e.V. und Kulturwissenschaftliches Institut der

Humboldt-Universität zu Berlin (Hg): Differente Sexualitäten. Mitteilungen aus der kulturwissenschaftlichen Forschung, 18 (36), S. 197–207; auch in: derselbe (1995): Vom Geschlechtsumwandlungswahn zur Geschlechtsumwandlung. profamilia magazin, 2, S. 14–18

Herrn, Rainer (1997): Die Darstellung des Arztes in zwei frühen Sexualaufklärungsfilmen. In: Hausheer, Cecilia & Phillips-Krug, Jutta (Hg.): Frankensteins Kinder. Zürich (Cantz Verlag), S. 55–65

Herrn, Rainer (2002): Sexualwissenschaft und -politik bei Magnus Hirschfeld. In: Jellonek, Burkhard & Lautmann, Rüdiger (Hg.): Nationalsozialistischer Terror gegen Homosexuelle. Paderborn (Ferdinand Schöningh), S. 317–328

Herrn, Rainer (2002a): Geschlechtsübergänge und Naturgesetze der Liebe. Mitteilungen der Magnus-Hirschfeld-Gesellschaft, 33/34, S. 52–56

Herrn, Rainer (2004): Vom Traum zum Trauma. Das Institut für Sexualwissenschaft. In: Schoeps, Julius H. & Kotowski, Vera-Elke (Hg.): Der Sexualreformer Magnus Hirschfeld. Ein Leben im Spannungsfeld von Wissenschaft, Politik und Gesellschaft. Berlin (bebraverlag), S. 173–199

Herrn, Rainer & Dose, Ralf (in Vorbereitung): Magnus Hirschfelds Institut für Sexualwissenschaft (1919–1933). Eine Monografie

Herrn, Rainer (2005): Das Geschlecht ruht nicht im Körper, sondern in der Seele - Magnus Hirschfelds Strategien bei Hermaphroditengutachten. In: NGBK (Hg.): 1-0-1 Intersex. Das Zwei-Geschlechter-System als Menschenrechtsverletzung. Berlin (NGBK), S. 55-71

Herzer, Manfred (1997): Das Wissenschaftlich-humanitäre Komitee – Vom Institut für Sexualwissenschaft bis zur Selbstauflösung. In: Schwules Museum und Akademie der Künste, Berlin (Hg.): Goodbye to Berlin? 100 Jahre Schwulenbewegung. Berlin (Rosa Winkel), S. 83–88

Herzer, Manfred (2001): Magnus Hirschfeld – Leben und Werk eines jüdischen, schwulen und sozialistischen Sexologen. 2. Aufl. Hamburg (MännerschwarmSkript)

Hiller, Kurt (1910/1911): Sprechsaal. Die Transvestiten. Monatsschrift für Kriminalpsychologie und Strafrechtsreform, 7, S. 613–615

Hirschauer, Stefan (1993): Die soziale Konstruktion der Transsexualität. Frankfurt/M. (Suhrkamp)

Hirschfeld, Magnus (1899): Die objektive Diagnose der Homosexualität. Jahrbuch für sexuelle Zwischenstufen, 1, S. 1–35

Hirschfeld, Magnus (1904): Berlins Drittes Geschlecht. Großstadtdokumente Bd. 3, Berlin und Leipzig (Hermann Seemann Nachfolger G.m.b.H.)

Hirschfeld, Magnus (1905): Geschlechts-Übergänge. Mischungen männlicher und weiblicher Geschlechtscharaktere (sexuelle Zwischenstufen). Erweiterte Ausgabe eines auf der 76. Naturforscherversammlung zu Breslau gehaltenen Vortrages. Leipzig (Verlag der Monatsschrift für Harnkrankheiten und sexuelle Hygiene, W. Malende), 2. Aufl., Leipzig (Verlag von Max Spohr, Inh. Ferdinand Spohr) 1913

Hirschfeld, Magnus (1906), Berliner Tageblatt, 11. Dez., zit. nach: Monatsbericht des Wissenschaftlich-humanitären Komitees, VI (1907) 1, S.18–19

Hirschfeld, Magnus (1910): Die Transvestiten. Eine Untersuchung über den erotischen Verkleidungstrieb. Berlin (Alfred Pulvermacher & Co.), 2. Aufl. Leipzig 1925 (Verlag »Wahrheit« Ferdinand Spohr)

Hirschfeld, Magnus (1910a): Die Zwischenstufen-„Theorie«. Sexualprobleme, 6 (2), S. 116–136

Hirschfeld, Magnus (1912): Geschlechts-Umwandlungen (Irrtümer in der Geschlechtsbestimmung). Beiträge zur forensischen Medizin 1 (2), Berlin (Adler-Verlag)

Hirschfeld, Magnus (1912a): Komitee-Mitteilungen. Jahrbuch für sexuelle Zwischenstufen, XII (4), S. 450–451

Hirschfeld, Magnus & Burchard, Ernst (1912): Zur Kasuistik des Verkleidungstriebs. Ärztliche Sachverständigen-Zeitung, 18 (23), S. 477–479, Fortsetzung (24), S. 497–501

Hirschfeld, Magnus & Burchard, Ernst (1912a): Spermasekretion aus einer weiblichen Harnröhre. Ein Mann mit vollkommen weiblichen äußeren Genitalien. Deutsche medizinische Wochenschrift, 37, S. 2425–2428

Hirschfeld, Magnus & Tilke, Max (1912): Der erotische Verkleidungstrieb (Die Transvestiten). Illustrierter Teil. Berlin (Alfred Pulvermacher & Co.)

Hirschfeld, Magnus (1913): Geschlechts-Übergänge. Mischungen männlicher und weiblicher Geschlechtscharaktere (sexuelle Zwischenstufen). Erweiterte Ausgabe eines auf der 76. Naturforscherversammlung zu Breslau gehaltenen Vortrages. 2. Aufl., Leipzig (Verlag von Max Spohr, Inh. Ferdinand Spohr) 1913

Hirschfeld, Magnus & Burchard, Ernst (1913): Ein Fall von Transvestitismus bei musikalischem Genie. Neurologisches Centralblatt 52, S. 946–950

Hirschfeld, Magnus (1914): Schreiben des Wissenschaftlich-humanitären Komitees an die Mitglieder vom 1. Oktober 1914. Anhang zum Jahrbuch für sexuelle Zwischenstufen, XIV (3), S. 2

Hirschfeld, Magnus (1914a): Die Homosexualität des Mannes und des Weibes. Berlin (Louis Marcus Verlagsbuchhandlung)

Hirschfeld, Magnus (1915): Das W.-h. Komitee zur Kriegszeit. Jahrbuch für sexuelle Zwischenstufen, XV (1), S. 3–35

Hirschfeld, Magnus (1918): Sexualpathologie, Sexuelle Zwischenstufen, Das männliche Weib und der weibliche Mann. Bd. II, Bonn (A. Marcus & E. Webers Verlag)

Hirschfeld, Magnus (1919): Das Institut für Sexualwissenschaft. Jahrbuch für sexuelle Zwischenstufen, XIX (1/2), S. 51–61

Hirschfeld, Magnus (1920): Bericht über das erste Tätigkeitsjahr (1. Juli 1919 bis 30. Juni 1920) des Instituts für Sexualwissenschaft. Jahrbuch für sexuelle Zwischenstufen, XX (1/2), S. 54–74

Hirschfeld, Magnus (1922): Komitee-Mitteilungen. Jahrbuch für sexuelle Zwischenstufen, XXII (1/2), S. 95–114

Hirschfeld, Magnus (1923): Die intersexuelle Konstitution. Jahrbuch für sexuelle Zwischenstufen, XXIII, S. 3–27

Hirschfeld, Magnus (1923a): Jahresbericht 1922/23. Jahrbuch für sexuelle Zwischenstufen, XXIII, S. 202–204

Hirschfeld, Magnus (1924): Sexualität und Kriminalität. Wien, Berlin, Leipzig, New York (Interterritorialer Verlag »Renaissance« (Erdtracht))

Hirschfeld, Magnus (1924a): Unsere Arbeit. Berlin (Selbstverlag)

Hirschfeld, Magnus (1926): Ein Transvestit. In: Levy-Lenz, Ludwig (Hg.): Sexualkatastrophen. Bilder aus dem modernen Geschlechts- und Eheleben. Leipzig (A. H. Payne), S. 6–18

Hirschfeld, Magnus (1926a): Ärztliche Eheberatung. Die Ehe, 1 (1), S. 3–6

Hirschfeld Magnus (1926b): Geschlechtskunde, Band 1. Stuttgart (Julius Püttmann)

Hirschfeld, Magnus (1927): Psychische Milieutherapie. Vortrag auf dem zweiten allgemeinen ärztlichen Kongress für Psychotherapie in Bad Nauheim. Die Medizinische Welt, 1, S. 691–692

Hirschfeld, Magnus (1928): Geschlechtskunde. Bd. II, Stuttgart (Julius Püttmann)

Hirschfeld, Magnus (1930): Geschlechtskunde. Bd. III, Stuttgart (Julius Püttmann)

Hirschfeld, Magnus (1930a): Geschlechtskunde, Bilderteil. Stuttgart (Julius Püttmann)

Hirschfeld, Magnus (1930b): Querschnitt durch die Zeitgeschichte mit Randbemerkungen von M. H. [Magnus Hirschfeld], 15. Behördlich anerkannter Transvestitismus. Die Aufklärung, 2 (3), S. 81

Hirschfeld, Magnus: L'Amour et la Science. Voilà, 3 (119) vom 1. Juli 1933, S. 6

Hoede, Karl (1930): Röntgenschädigung nach Epilationsbestrahlung bei Hypertrichosis. Strahlentherapie, 36, S. 727–731

Holz, Werner [o. J., 1924]: Kasuistischer Beitrag zum sogenannten Transvestitismus (erotischer Verkleidungstrieb) mit besonderer Berücksichtigung der Ätiologie dieser Erscheinung. Diss. Friedrich-Wilhelm-Universität Berlin (unveröffentlicht)

Huelke, Hans Heinrich (1949): Ein Transvestit (Der Fall Hinrich B.). Kriminalistik, Zeitschrift für die gesamte kriminalistische Wissenschaft und Praxis, 3 (7/8), S. 91–92

Internationaler Transvestiten-Bund (1930): Die Freundin, 6 (19), o. S.

J. G. F. (Lehrer) (1900): Ein Fall von Effemination mit Fetischismus. Jahrbuch für sexuelle Zwischenstufen, II, S. 324–344

Jahresverzeichnis der Deutschen Universitätsschriften (1921): 1921, Universitäten, Medizinische Fakultäten, Berlin. Bd. 37, Berlin, o. S.

Joseph, Alfred (1932): Kosmetik und Rechtslage. In: Buschke, A.; Joseph, Alfred & Birkenfeld, Werner: Leitfaden der Kosmetik für die Ärztliche Praxis. Berlin und Leipzig (Walter de Gruyter & Co.), S. 213–216

Justiz-Ministerial-Blatt für die preußische Gesetzgebung und Rechtspflege, 82 (1920) S. 166, Allgemeine Verfügung vom 21. April 1920 – betreffend die Erteilung der Ermächtigung zur Änderung von Vornamen

Justiz-Ministerial-Blatt für die preußische Gesetzgebung und Rechtspflege, 83 (1921) S. 522-523, Allgemeine Verfügung vom 3. Oktober 1921 über die geschäftliche Behandlung der Gesuche um Namensänderung

Kankeleit, [Otto] (1927): Über Selbstbeschädigungen und Selbstverstümmelungen der Geschlechtsorgane (mit Lichtbildern). Archiv für Psychiatrie und Nervenkrankheiten, 79, S. 475–484

Kankeleit, [Otto] (1927a): Selbstbeschädigungen und Selbstverstümmelungen der Geschlechtsorgane. Zeitschrift für die gesamte Neurologie und Psychiatrie, 107, S. 414-481

Karlen, Arno (1971): Sexuality and Homosexuality, A New View. New York (W. W. Norton)

Katz, Jonathan Ned (1983): Gay/Lesbian Almanac. A New Documentary. New York (Harper & Row Publishers)

Keilson-Lauritz, Marita (1997): Die Geschichte der eigenen Geschichte. Literatur und Literaturkritik in den Anfängen der Schwulenbewegung am Beispiel des *Jahrbuches für sexuelle Zwischenstufen* und der Zeitschrift *Der Eigene*. Berlin (Verlag rosa Winkel)

Kennedy, Hubert (2000): Magnus Hirschfeld. In: Murphy, Timothy F. (Hg.): Reader's Guide to Lesbian and Gay Studies. Chicago (Fitzroy Dearborn), S. 282–284

Klimpel, Volker (1998): Dresdener Ärzte. Historisch-Biographisches Lexikon. Dresden (Hellerau-Verlag)

Knack (1927): Über den krankhaften Verkleidungsdienst [sic] Transvestitismus. Kriminalistische Monatshefte, Zeitschrift für die gesamte Kriminalistische Wissenschaft und Praxis, 1, S. 47

Krafft-Ebing, Richard von (1894): Psychopathia sexualis. Mit besonderer Berücksichtigung der conträren Sexualempfindung. 9. verbesserte und teilweise vermehrte Auflage, Stuttgart (Verlag von Ferdinand Enke)

Krauss, Friedrich S. (1908): Selbstentmannung, eine Umfrage. Sexualprobleme, 4, S. 424–428 sowie S. 737–739

Krohn, Karl-Heinrich (1930): Über Paraffinome der Mamma. Zentralblatt für Chirurgie, 57 (45), S. 2772–2781

Kroneberg, Käthe (1929): Bericht über die Transvestitenversammlung am 11. Oktober. Gründung einer Transvestitengruppe Berlin. Die Welt der Transvesten, Sonderteil der Zeitschrift »Die Freundin«, 5 (18), o. S.

Kronfeld, Arthur (1920): Kastration bei einer besonders schweren Sexualneurose. Mitteilungen aus dem Institut für Sexualwissenschaft. Mitgeteilt von Dr. med. et phil. A. Kronfeld, Berlin. Sexualreform. Beiblatt zu Geschlecht und Gesellschaft, X (3), S. 37-38

Kronfeld, Arthur (1922): Ein Transvestit über seine Eigenart. Sexualreform. Mitteilungen aus dem Institut für Sexualwissenschaft. Mitgeteilt von Dr. med. et phil. A. Kronfeld, Berlin. Sexualreform. Beiblatt zu Geschlecht und Gesellschaft, XI (11), S. 167–169

Kronfeld, Arthur (1923): Sexualpsychopathologie. Separatdruck aus: Aschaffenburg, Gustav (Hg.): Handbuch der Psychiatrie. Leipzig und Wien (Franz Deuticke)

Kronfeld, Arthur (1923a): Transvestitismus. In: Marcuse, Max (Hg.): Handwörterbuch der Sexualwissenschaft. Bonn (A. Marcus & E. Webers Verlag), S. 459-460, 2. Aufl. 1926, S. 776

Kronfeld, Arthur (1924): Psychotherapie. Charakterlehre – Psychoanalyse – Hypnose – Psychagogik. Berlin (Springer)

Kupffer, Elisar von (1900): Lieblingsminne und Freundesliebe in der Weltliteratur. Berlin-Neurahnsdorf (Adolf Brand's Verlag)

Leidinger, Christiane (2003): Theo A[nna] Sprüngli (1880-1953) alias Anna Rüling/Th. Rüling/Th. A. Rüling – erste biographische Mosaiksteine zu einer zwiespältigen Ahnin lesbischer herstory. Mitteilungen der Magnus-Hirschfeld-Gesellschaft, 35/36, S. 25–42

Landois, F. (1932): Über Scheidenplastiken bei angeborenem Vaginaldefekt. Archiv für klinische Chirurgie, 170, S. 178–187

Lelever, Hans (1918): Ein Fall von Transvestitismus mit starkem Abbau von Ovarium im Blutserum. Deutsche Medizinische Wochenschrift, 44 (18), S. 490–491

Levy-Lenz, Ludwig (1928): Die aufgeklärte Frau. Berlin-Charlottenburg (Man Verlag)

Levy-Lenz, Ludwig (1933): Schönheitsoperationen. Die Ehe, 8 (3), S. 20–22

Levy-Lenz, Ludwig (1954): Erinnerungen eines Sexualarztes. 5. Aufl., Baden-Baden (Wadi-Verlagsbuchhandlung)

Liebersohn, J. & Wassilewsky, M. (1928): Die Dreifelder-Epilationsmethode bei parasitären Erkrankungen der behaarten Kopfhaut. Strahlentherapie, 30, S. 746–750

Lipschütz; Alexander (1919): Die Pubertätsdrüse und ihre Wirkung. Bern (Ernst Pircher Verlag)

Lissmann, Paul (1919): Die Wirkungen des Krieges auf das männliche Geschlechtsleben. München (Verlag der Aerztlichen Rundschau Otto Gmelin)

Magnus-Hirschfeld-Gesellschaft (Hg.) (2002): Institut für Sexualwissenschaft (1919–1933). CD-ROM, Berlin; sowie online: *www.magnus-hirschfeld.de/Institut*

Mak, Geertje (1998): Hirschfeld und die Transvestitinnen. Warum es nie was geworden ist zwischen Frauen in Männerkleidern und der Sexualwissenschaft. In: Herzer, Manfred (Hg.): Dokumentation einer Vortragsreihe in der Akademie der Künste. 100 Jahre Schwulenbewegung. Berlin (Rosa Winkel), S. 157–169

Mandelstamm, Alexander (1929): Künstliche Scheidenbildung nach Popoff. Archiv für Gynäkologie, 138, S, 739–746

Marcuse, Max (1916): Ein Fall von Geschlechtsumwandlungstrieb. Zeitschrift für Psychotherapie und medizinische Psychologie, VI, S. 176–192

McLaren, Angus (1997): The Trials of Masculinity. Policing Sexual Boundaries 1870–1930. Chicago (University of Chicago Press)

Mendel, Kurt (1919): Kriegsbeobachtungen. XII. Transvestitismus und Homosexualität. Neurologisches Zentralblatt, 38 (1), S. 13–20

Meyer, Fritz (1923): Die bisherigen Ergebnisse der Dauerentfernung von Haaren durch Röntgenstrahlen. Deutsche Medizinische Wochenschrift, 49 (5), S. 152, auch: derselbe: Strahlentherapie, 16 (1924), S. 1142–1143

Mildenberger, Florian (2002): ... in der Richtung Homosexualität verdorben. Psychiater, Kriminalpsychologen und Gerichtsmediziner über männliche Homosexualität 1850-1970. Hamburg (MännerschwarmSkript)

Moll, Albert (1891): Die conträre Sexualempfindung. Berlin (Fischers Medicinische Buchhandlung H. Kornfeld)

Moll, Albert (1898): Untersuchungen über die Libido Sexualis. Bd. 1, Berlin (Fischers Medicinische Buchhandlung H. Kornfeld)

Moll, Albert (Hg.) (1926): Handbuch der Sexualwissenschaften. Bd. II, 3. Aufl., Leipzig (Verlag von F. C. W. Vogel)

Mühsam, Richard (1921): Der Einfluß der Kastration auf Sexualneurotiker. Deutsche medizinische Wochenschrift, 47 (6), S. 155–156

Mühsam, Richard (1923): Die Sexualkonstitution in der Chirurgie. Archiv für Frauenkunde und Eugenetik, 9, S. 163–172

Mühsam, Richard (1926): Chirurgische Eingriffe bei Anomalien des Sexuallebens. Therapie der Gegenwart, 67, S. 451–455

Müller, Klaus (1991): Aber in meinem Herzen sprach eine Stimme so laut. Homosexuelle Autobiographien und medizinische Pathographien im neunzehnten Jahrhundert. Berlin (Verlag Rosa Winkel)

Näcke, Paul (1910/1911): Referate. Psychiatrisch-Neurologische Wochenschrift, 10 (33), S. 321

Näcke, Paul (1912): XIV. Kriminologische und sexologische Studien. I. Zum Kapitel der Transvestiten nebst Bemerkungen zur weiblichen Homosexualität. Archiv für Kriminal-Anthropologie und Kriminalistik, 47 (3/4), S. 237–252

Neumann, R. K. (1910): Chronik. Die Transvestiten. Dokumente des Fortschritts, 3 (September), S. 595

Nieden, Susanne zur (2004): »Heroische Freundesliebe« ist »dem Judengeiste fremd«. Antisemitismus und Maskulinismus. In: Schoeps, Julius H. & Kotowski, Vera-Elke (Hg.). Der Sexualreformer Magnus Hirschfeld. Ein Leben im Spannungsfeld von Wissenschaft, Politik und Gesellschaft. Berlin (bebraverlag), S. 329-342

Niemann, Walther (1920): Salomonisches Urteil. Jahrbuch für sexuelle Zwischenstufen, XX (3/4), S. 145-146. Die gleichlautende Veröffentlichung findet sich in:

Niemann, Walther (1920): Salomonisches Urteil. Mitteilungen aus dem Institut für Sexualwissenschaft. Mitgeteilt von Dr. med. et phil. A. Kronfeld, Berlin. Sexualreform. Beiblatt zu Geschlecht und Gesellschaft, X (4), S. 54–55

Oehmig, Ossian (1913): Beitrag zur Lehre vom Transvestitismus. Zeitschrift für die gesamte Neurologie und Psychiatrie, 15, S. 190–204

Palkow, Hannelore von & Marchand, André (Hg.) (1933): Liebeslexikon von A-Z. Mährisch-Ostrau und Leipzig (Verlag J. Buchsbaum), S. 875–876

PEM [Pseud. Paul E. Marcus] (1962): Heimweh nach dem Kurfürstendamm. Berlin (Lothar Banvalet Verlag), S. 48–49, zit. nach: Sternweiler, Andreas (1997a), S. 125

Peters, K. (1931): Gedanken eines Transvestiten. Die Welt der Transvestiten, Die Freundin, 7 (43), o. S.

Pettow, Ralph (1912): Zur Psychologie der Transvestie [sic.]. Archiv für die gesamte Psychologie, XXII, S. 249–266

Pfäfflin, Friedemann & Junge, Astrid (1992): Nachuntersuchungen nach Geschlechtsumwandlung. Eine kommentierte Literaturübersicht 1961–1991. In: Dieselben (Hg.): Geschlechtsumwandlung. Abhandlungen zur Transsexualität. Stuttgart-New York (Schatthauer), S. 149–457

Pfäfflin, Friedemann (1997): Sex Reassignment, Harry Benjamin, and Some European Roots. The International Journal of Transgenderism, 1 (2)

Placzek, Siegfried (1922): Das Geschlechtsleben des Menschen. Ein Grundriß für Studierende und Ärzte. Leipzig (Verlag von Georg Thieme)

Placzek, Siegfried (1927): Vom Transvestitismus. Ein Beitrag zur Abderhaldenschen Abbaureaktion. Deutsche medizinische Wochenschrift, 53 (36), S. 1509–1511

Polizei Präsidium Abt. IV (1922): Behandlung der sogenannten »Transvestiten«. Tagesbericht, 6. Juni, Nr. 45, S. 347

Pretzel, Andreas (1997): Zur Geschichte der »Ärztlichen Gesellschaft für Sexualwissenschaft« (1913-1933) – Dokumentation und Forschungsbericht. Mitteilungen der Magnus-Hirschfeld-Gesellschaft, 24/25, S. 35–122

Pretzel, Andreas (2000): Erst dadurch wird eine wirksame Bekämpfung ermöglicht. Polizeiliche Ermittlung. In: Pretzel, Andreas & Roßbach, Gabriele (Hg.): Wegen der zu erwartenden hohen Strafe. Homosexuellenverfolgung in Berlin 1933–1945. Berlin (Verlag Rosa Winkel), S. 43–73

Redaktion (1929): Achtung Transvestiten! Die Freundin, 5 (20), o. S.

Redaktion und Friedrich Radszuweit-Verlag, Berlin S 14 (1929): Transvestiten! Zur gefl. Beachtung! Die Welt der Transvestiten, Sonderteil der Zeitschrift »Die Freundin«, 5 (19), o. S.

Reinhart, Kirsten (2000): Frauen und Sexualreform 1897–1933. Herbholzheim (Centaurus)

Rhan, L. (1932): Gespräch mit einer Frau, die einmal ein Mann war. Das 12 Uhr Blatt, 2.8.1932, o. S.

Runte, Annette (1992): Verschriftete Spiegelbilder. Über autobiografische Diskurse Transsexueller 1930-1990. In: Pfäfflin, Friedemann & Junge, Astrid: (Hg.): Geschlechtsumwandlung. Abhandlungen zur Transsexualität. Stuttgart New York (Schatthauer), S.1–43

Sadger, Isidor (1921): Die Lehre von den Geschlechtsverirrungen (Psychopathia sexualis) auf psychoanalytischer Grundlage. Leipzig & Wien (Franz Deuticke)

Sand, Knut (1926): Geschlechtsumwandlung. In: Marcuse, Max (Hg.): Handwörterbuch der Sexualwissenschaft. Bonn (A. Marcus & E. Webers Verlag), S. 174–176, 2. Aufl. 1926, S. 250-254

Scheinmann, Hans (1929): Psychologie des Transvestitismus, Seine Ursachen, Symptome und Auswirkungen, Teil II. Ehekultur, 1, S. 2–6

S. [Oskar Scheuer] (1930): Geschlechtsumwandlung. In: Institut für Sexualforschung (Hg.): Bilder-Lexikon Sexualwissenschaft. Wien und Leipzig (Verlag für Kulturforschung), S. 339–340

Scheuer, Oskar (1933): Geschlechtsumwandlung. In: Palkow, Hannelore von & Marchand, André (Hg.): Liebeslexikon von A–Z. Mährisch-Ostrau und Leipzig (Verlag J. Buchsbaum), S. 875–876

Schlich, Thomas (1998): Die Erfindung der Organtransplantation. Erfolg und Scheitern des chirurgischen Organersatzes (1880-1930). Frankfurt/Main (Campus Verlag)

Schmersahl, Katrin (1998): Medizin und Geschichte – Zur Konstruktion der Kategorie Geschlecht im medizinischen Diskurs des 19. Jahrhunderts. Opladen (Leske + Budrich)

Schmidt, Franz von (1960): Nachtseiten der Liebe. Von Verirrungen des Geschlechtslebens. Aus den Akten der Kriminalpolizei. Rüschlikon-Zürich, Stuttgart, Wien (Albert Müller Verlag), S. 225–226

Schubert, Gotthard (1911): Über Scheidenbildung bei angeborenem Vaginaldefekt. Zentralblatt für Gynäkologie, 35 (28), S. 1017–1022

Schubert, Gotthard (1931): Dauererfolge der Schubertschen Scheidenplastik. Der Chirurg, 3, S. 796–801

Seeck, Andreas (Hg.) (2003): Durch Wissenschaft zur Gerechtigkeit? Textsammlung zur kritischen Rezeption des Schaffens von Magnus Hirschfeld. Münster (LIT Verlag)

Seitz, Ludwig (1924): Röntgen- und Radiumbehandlung. In: Halban, Josef & Seitz, Ludwig: Biologie und Pathologie des Weibes. Bd. II, Berlin und Wien (Urban & Schwarzenberg), insbesondere das Unterkapitel »XII Röntgenschädigungen«, S. 390–400

Sellheim, Hugo (1926): Weibliche Entwicklungsantriebe und Möglichkeiten der Geschlechtsumkehr. Archiv für Frauenkunde und Konstitutionsforschung, XII, S. 433–445

Sigusch, Volkmar (1992): Geschlechtswechsel. Hamburg (Kleinverlag)

Simon, Toni (1929): Angeklagter in Frauenkleidern. Die Welt der Transvestiten. Die Freundin, 5 (13), o. S.

Slotopolsky, Benno (1925): Sexualchirurgie. Zeitschrift für Sexualwissenschaft, XII (4), S. 105-115 und (5), S. 143-157

Soden, Kristine von (1988): Die Sexualberatungsstellen in der Weimarer Republik 1919-1933. Berlin (Edition Hentrich)

Starke, Alex (1930): An alle Transvestiten. Die Welt der Transvestiten, Die Freundin, 6 (15), o. S.

Steakley, James, D. (1989): Iconography of a Scandal: Political Cartoons and the Eulenburg Affair in Wilhelmin Germany. In: Duberman, Martin; Vicinus, Martha; Chauncey, George: Hidden from the History. New York (Meridian), S. 233–263

Stekel, Wilhelm (1910/1911): Rezension zu »Die Transvestiten.« Zentralblatt für Psychoanalyse, 1, S. 55–58

Stekel, Wilhelm (1921): Onanie und Homosexualität. (Die homosexuelle Neurose). Berlin und Wien (Urban & Schwarzenberg)

Steinkühler, Manfred (1992): Geschlechtswechsel in nichtklinischer Zeit: Der Chevalier d'Eon. In: Pfäfflin, Friedemann & Junge, Astrid: (Hg.): Geschlechtsumwandlung. Abhandlungen zur Transsexualität. Stuttgart New York (Schatthauer), S. 45-54

Sternweiler, Andreas (1997): Leben in der Unterdrückung. In: Schwules Museum und Akademie der Künste, Berlin (Hg.): Goodbye to Berlin? 100 Jahre Schwulenbewegung. Berlin (Rosa Winkel), S. 70–74

Sternweiler, Andreas (1997a): Schwules Selbstbewusstsein. In: Schwules Museum und Akademie der Künste, Berlin (Hg.): Goodbye to Berlin? 100 Jahre Schwulenbewegung. Berlin (Rosa Winkel), S. 123–128

Sternweiler, Andreas (2000): Der Transvestit Fritz Kitzing. In: Müller, Joachim & Sternweiler, Andreas (Hg.): Homosexuelle Männer im KZ-Sachsenhausen. Berlin (Rosa Winkel), S. 59–63

Sykora, Katharina (2004): Umkleidekabinen des Geschlechts. Sexualmedizinische Fotografie im frühen 20. Jahrhundert. Fotogeschichte, 24 (92), S. 15–30

Talmey, Bernhard S. (1914): Transvestism. A Contribution to the Study of the Psychology of Sex. New York Medical Journal, XCIX (8), S. 362–368

Tange, R. A. & van Trotsenburg, J. A. (1911): Ein merkwürdiger Fall von Selbstverstümmelung. Sexualprobleme, 7, S. 391–400

Thedering, Franz (1926): Bartflechte und Röntgenenthaarung. Strahlentherapie, 23, S. 143–147

Ulrichs, Karl Heinrich (1864): »II. Inclusa.« Leipzig (Selbstverlag), S. 13ff., zit. nach der faksimilierten Ausgabe von Kennedy, Hubert (Hg.): Forschungen über das Rätsel der mannmännlichen Liebe. Berlin (Rosa Winkel) 1994

Ulrichs, Karl Heinrich (1864a): I. »I. Vindex.« Leipzig (Selbstverlag), S. 2, zit. nach der faksimilierten Ausgabe von Kennedy, Hubert (Hg.): Forschungen über das Rätsel der mannmännlichen Liebe. Berlin (Rosa Winkel) 1994

Ulrichs, Karl Heinrich (1868): VII. »Memnon« Abtheilung I. Schleiz (Hübscher'sche Buchhandlung), S. 10-11, zit. nach der faksimilierten Ausgabe von Kennedy, Hubert (Hg.): Forschungen über das Rätsel der mannmännlichen Liebe. Berlin (Rosa Winkel) 1994

Usborne, Cornelie (1994): Frauenkörper – Volkskörper. Geburtenkontrolle und Bevölkerungspolitik in der Weimarer Republik. Münster (Westfälisches Dampfboot)

Vereinigung D'Eon (1930): An die Mitglieder und Interessenten der Vereinigung ›D'Eon‹. Frauenliebe, 5 (18), S. 5

Vereinigung D'Eon (1930a): Bericht über die am 4. Oktober 1930 im Institut für Sexualwissenschaft stattgefundene Zusammenkunft der transvestitischen Interessengemeinschaft ›D'Eon‹. Der Transvestit, Garçonne, 5 (1), S. 14

Vereinigung D'Eon (1930b): Bericht über die Veranstaltung der transvestitischen Interessengemeinschaft D'Eon. Der Transvestit. Garçonne, 5 (6), S. 10

Vereinigung D'Eon (1931): Bericht über die 4. Mitgliederversammlung im Café Dorian Gray. Der Transvestit. Garçonne, 6 (7/8), S. 12

Vollmer, Hans (Hg.) (1933): Allgemeines Lexikon der bildenden Künstler von der Antike bis zur Gegenwart, begründet von Ulrich Thieme und Felix Becker. Bd. 33, Leipzig (E. A. Seemann)

Voss, Ferdinand Hermann (1938): Ein Beitrag zum Problem des Transvestitismus. Dissertation an der medizinischen Fakultät der Hansischen Universität, Marburg (Buchdruckerei Hermann Bauer)

W. S., Dr. med. (1901): Vom Weibmann auf der Bühne. Jahrbuch für sexuelle Zwischenstufen, III, S. 313–325

Wagner, Patrick (1996): Volksgemeinschaft ohne Verbrecher. Konzeptionen und Praxis der Kriminalpolizei in der Zeit der Weimarer Republik und des Nationalsozialismus, Hamburg (Christians)

Warnekros, Kurt (Hg.) (1926): Operative Gynäkologie. I. Allgemeiner Teil. München (J. F. Bergmann)

Warnekros, [Kurt] (1931): 444. Sitzung der Gynäkologischen Gesellschaft zu Dresden am 20. November 1930, Demonstration einer Scheidenplastik nach Schubert mit sekundärer Einpflanzung des Uterus. Zentralblatt für Chirurgie, 55 (45), S. 3263

Weber Paul (1931): Aus Mann wird Frau. Die Welt der Transvestiten. Die Freundin, 7 (13), o. S.

Weber, Paul (1931a): Lili Elbe ist tot! Die Freundin, 7 (39), o. S.

Weimann, Waldemar (1930): Über eine eigenartige künstliche Veränderung der Brüste bei einem Transvestiten. Archiv für Kriminologie, 87, S. 243–245

Weis, Maria (1930): Transvestitismus und Gesellschaft. Frauenliebe, 5 (12), S. 1

Weis, Maria (1930a): Die Aufgaben der Vereinigung D'Eon. Der Transvestit, Garçonne, 5 (4), S. 10

Weis, Maria (1930b): Veranstaltung der transvestitischen Interessengemeinschaft D'Eon. Der Transvestit, Garçonne 5 (3), S. 10

Weis, Maria (1931): Über die inneren Voraussetzungen der Anerkennung des transvestitischen Menschen seitens der Öffentlichkeit. Vortrag von Maria Weis, gehalten in der 3. Mitgliederversammlung der Vereinigung ›D'Eon‹. Garçonne, 6 (2), S. 3–4

Weis, Maria (1931a): Transvestitismus? Der Transvestit, Garçonne, 6 (7), S. 12

Westphal, Carl (1870): Die conträre Sexualempfindung. Archiv für Psychiatrie und Nervenkrankheiten, 2 (1), S. 73–108

Wettley, Annemarie (1959): Von der »Psychopathia sexualis« zur Sexualwissenschaft. Beiträge zur Sexualforschung, 17. Stuttgart (Ferdinand Enke Verlag)

Wilhelm, Eugen (1909): Die rechtliche Stellung der (körperlichen) Zwitter de lege lata und de lege ferenda. Juristisch-psychiatrische Grenzfragen, VII (1), Halle (Carl Marhold Verlagsbuchhandlung)

Wilhelm, Eugen (1914): Die Transvestiten und das Recht. Sexualprobleme, 10, S. 393–408 und 495–503

Wilhelm, Eugen (1914a): I. Geschlechtsbestimmung der (körperlichen) Zwitter. II. Zwitter und Standesregister. Vierteljahresschrift für gerichtliche Medicin und öffentliches Sanitätswesen, 48, S. 260–280

Wolfert, Raimund (1997): Toni Simon. In: Schwules Museum und Akademie der Künste, Berlin (Hg.): Goodbye to Berlin? 100 Jahre Schwulenbewegung. Berlin (Rosa Winkel), S. 236

Wolff, Charlotte (1986): Magnus Hirschfeld. A Portrait of a Pioneer in Sexology. London, Melbourne, New York (Quartet Books)

Wolter, Gundula (1994): Hosen, weiblich. Kulturgeschichte der Frauenhose. Marburg (Jonas Verlag)

Wolters, Emi von (1931): Die Welt der Transvestiten. Die Freundin, 7 (26), o. S.

Zabel, Rosi (1966): Chromosomenstudien bei Intersexualität. Abhandlungen über die Pathophysiologie der Regulationen, Heft 10, Jena (VEB Gustav Fischer Verlag)

Ziehen, Theodor (1911): Psychiatrie für Ärzte und Studierende. Vierte, vollständig umgearbeitete Auflage, Leipzig (Verlag von S. Hirzel)

Anonyme Zeitungsartikel:

Berliner Börsen-Kourier (1913), vom 18. März, zit. nach: Hirschfeld, Magnus: Transvestiten und andere Formen der Geschlechtsübergänge. Jahrbuch für sexuelle Zwischenstufen, XIV, 1914 (2), S. 218

Berliner Tageblatt (1911): Die Frau in Männerkleidern. Berliner Tageblatt, 40 (132), vom 13. März 1911, Montagsausgabe, 1 Beiblatt, o. S.

Berliner Tageblatt (1911a): Der Hosenrock polizeilich verboten. Berliner Tageblatt, 40 (131), vom 12. März 1911, Sonntagsausgabe, 1 Beiblatt o. S.

Berliner Tageblatt (1912) vom 27. Feb., zit. nach: Jahrbuch für sexuelle Zwischenstufen XII (3), S. 322

Der Montag (1905) 2. Okt., zit. nach: Monatsberichte des Wissenschaftlich-humanitären Komitees, VI (1905) (11), S. 13

Deutsche Strafrechts-Zeitung (1916), zit. nach: Hirschfeld, Magnus (Hg.): Sittengeschichte des Weltkrieges. Bd. 1, Leipzig 1930, S. 285

Deutsche Strafrechts-Zeitung (1922): Über die Behandlung der sog. Transvestiten. 9 (5/6), S. 172

Die Aufklärung (1930): Transvestiten! 2 (8/9), S. 165

Die Freundin (1932), 8 (27), o. S., Werbung für das 5. Heft, Das 3. Geschlecht

Die Zeit (1912) vom 8. Nov., zit. nach: Jahrbuch für sexuelle Zwischenstufen, XIV, 1914, (2), S. 212-213

Frauenliebe (1930), 5 (14), S. 4

Pester Lloyd (1914) vom 28. Mai., zit. nach: Jahrbuch für sexuelle Zwischenstufen, XIV, 1914, (3), S. 324-326

Tägliche Rundschau (1906) vom 11. Dez., zit. nach: Monatsbericht des Wissenschaftlich-humanitären Komitees, VI (1907) 1, S. 18

Das 12 Uhr Blatt (1931) vom 9. März. Aus Mann wird Frau. Wie aus dem dänischen Maler Einar Wegener eine Frau Lilli Elven wurde. Zit. nach: Garçonne, 6 (11/12), S. 12

Abkürzungen:

Landesarchiv Berlin: LAB
Geheimes Staatsarchiv Preußischer Kulturbesitz: GStA
Wissenschaftlich-humanitäres Komitee: WhK
Bund für Menschenrecht: BfM

9. Abbildungsverzeichnis

Umschlag: Hirschfeld, Magnus (1930): Geschlechtskunde IV. Band, Stuttgard (Julius Püttmann), Tafel XXXV

Abb. 1 Verbrecheralbum (1876): Foliant 71-82, Abteilung: Fälscher, Hochstapler und Schwindler, Kriminalhistorische Sammlung des Berliner Polizei Museums, o. S.

Abb. 2 Lombroso, Cesare (1880er Jahre): Turin, Istituto della Medicina Legale/Museo die Psichiatria e Antropologia Criminale. Reproduziert aus: Baumunk, Bodo-Michael & Rieß, Jürgen (Hg.): Darwin und der Darwinismus, Eine Ausstellung zur Kultur- und Naturgeschichte. Berlin (Akademie Verlag) 1994, S. 153

Abb. 3 Hirschfeld, Magnus (1899): Die objektive Diagnose der Homosexualität. Jahrbuch für sexuelle Zwischenstufen, 1, S. 22

Abb. 4 J. G. F., Lehrer (1900): Ein Fall von Effemination mit Fetischismus. Jahrbuch für sexuelle Zwischenstufen, 2, S. 336

Abb. 5 Hirschfeld, Magnus (1913): Geschlechts-Übergänge. Mischungen männlicher und weiblicher Geschlechtscharaktere (sexuelle Zwischenstufen). Erweiterte Ausgabe eines auf der 76. Naturforscherversammlung zu Breslau gehaltenen Vortrages. 2. Aufl., Leipzig (Verlag von Max Spohr, Inh. Ferdinand Spohr) 1913, Tafel XXXII

Abb. 6 Hirschfeld, Magnus (1913): Geschlechts-Übergänge. Mischungen männlicher und weiblicher Geschlechtscharaktere (sexuelle Zwischenstufen). Erweiterte Ausgabe eines auf der 76. Naturforscherversammlung zu Breslau gehaltenen Vortrages. 2. Aufl., Leipzig (Verlag von Max Spohr, Inh. Ferdinand Spohr) 1913, Tafel XXV

Abb. 7 Hirschfeld, Magnus (1913): Geschlechts-Übergänge. Mischungen männlicher und weiblicher Geschlechtscharaktere (sexuelle Zwischenstufen). Erweiterte Ausgabe eines auf der 76. Naturforscherversammlung zu Breslau gehaltenen Vortrages. 2. Aufl., Leipzig (Verlag von Max Spohr, Inh. Ferdinand Spohr) 1913, Tafel XXIII

Abb. 8 Hirschfeld, Magnus & Tilke, Max (1912): Der erotische Verkleidungstrieb (Die Transvestiten), Illustrierter Teil. Berlin (A. Pulvermacher), Tafel XIX

Abb. 9 Hirschfeld, Magnus & Tilke, Max (1912): Der erotische Verkleidungstrieb (Die Transvestiten), Illustrierter Teil. Berlin (A. Pulvermacher), Tafel XXII

Abb. 10 Hirschfeld, Magnus & Tilke, Max (1912): Der erotische Verkleidungstrieb (Die Transvestiten), Illustrierter Teil. Berlin (A. Pulvermacher), Tafel XXVI

Abb. 11 Hirschfeld, Magnus & Tilke, Max (1912): Der erotische Verkleidungstrieb (Die Transvestiten), Illustrierter Teil. Berlin (A. Pulvermacher), Tafel XXXV

Abb. 12 Hirschfeld, Magnus & Tilke, Max (1912): Der erotische Verkleidungstrieb (Die Transvestiten), Illustrierter Teil. Berlin (A. Pulvermacher), Tafel XXIII

Abb. 13 Hirschfeld, Magnus & Tilke, Max (1912): Der erotische Verkleidungstrieb (Die Transvestiten), Illustrierter Teil. Berlin (A. Pulvermacher), Tafel XVI

Abb. 14 Hirschfeld, Magnus & Tilke, Max (1912): Der erotische Verkleidungstrieb (Die Transvestiten), Illustrierter Teil. Berlin (A. Pulvermacher), Tafel XVIII

Abb. 15 Hirschfeld, Magnus (1918): Sexualpathologie, Sexuelle Zwischenstufen, Das männliche Weib und der weibliche Mann. Bd. II, Bonn (A. Marcus & E. Webers Verlag), S. 144

Abb. 16 Hirschfeld, Magnus (1930a): Geschlechtskunde. Bilderteil, Stuttgart (Julius Püttmann), S. 588

Abb. 17 Mendel, Kurt (1919): 5. Kriegsbeobachtungen. XII. Transvestitismus und Homosexualität. Neurologisches Zentralblatt, 38 (1), S. 17

Abb. 18 Mendel, Kurt (1919): 5. Kriegsbeobachtungen. XII. Transvestitismus und Homosexualität. Neurologisches Zentralblatt, 38 (1), S. 19

Abb. 19 Hirschfeld, Magnus (1930a): Geschlechtskunde. Bilderteil, Stuttgart (Julius Püttmann), S. 565

Abb. 20 Hirschfeld, Magnus: (1918): Sexualpathologie, Sexuelle Zwischenstufen, Das männliche Weib und der weibliche Mann. Bd. II, Bonn (A. Marcus & E. Webers Verlag), S. 170

Abb. 21 Spanisches Prospekt für das vom Institut getestete Potenzmittel »Titusperlen« (Archiv der Magnus-Hirschfeld-Gesellschaft)

Abb. 22 Foto: Willy Römer, Quelle: Agentur für Bilder zur Zeitgeschichte

Abb. 23 Unveröffentlichtes Privatfoto aus dem Besitz der ehemaligen Institutsmitarbeiterin Adelheid Schulz, Archiv der Magnus-Hirschfeld-Gesellschaft

Abb. 24 Abraham, Hans: Der weibliche Transvestitismus. Diss. (unveröffentlicht) Berlin 1921, o. S.

Abb. 25 Das Kriminalmagazin (1929), 1 (5)

Abb. 26 Sammlung Gerd Katter, Archiv der Magnus-Hirschfeld-Gesellschaft

Abb. 27 Giese, Karl (1930): Transvestitismus und Eheberatung. Die Aufklärung, 2 (3), S. 67

Abb. 28 Giese, Karl (1930): Transvestitismus und Eheberatung. Die Aufklärung, 2 (3), S. 68

Abb. 29 Deutscher Reichsanzeiger und Preußischer Staatsanzeiger, Nr. 222, 1. Oktober 1920, o. S.; Nr. 235, 16. Okt. 1920, o. S.; Nr. 262, 18. Nov. 1920, o. S.

Abb. 30 LAB A Rep. 341-04, Acc. 4360, Nr. 1087

Abb. 31 Goldmann, Lothar (1924/25): Über das Wesen des Umkleidungstriebes. Geschlecht und Gesellschaft. XII (12), Tafel 1

Abb. 32 Sammlung Gerd Katter, Archiv der Magnus-Hirschfeld-Gesellschaft

Abb. 33 Sammlung Gerd Katter, Archiv der Magnus-Hirschfeld-Gesellschaft

Abb. 34 Bing, R. & Schönberg, S. (1922): Ueber Transvestitismus. Schweizer medizinische Wochenschrift III (51/52), S. 1255

Abb. 35 Die Freundin (1928), 4 (5), o. S.

Abb. 36 Die Freundin (1928), 4 (5), o. S.

Abb. 37 Links: Die Freundin (1927) 3 (14), o. S.; Rechts: Die Freundin (1927), 3 (4), o. S.

Abb. 38 Goldmann, Lothar (1924/25): Über das Wesen des Umkleidungstriebes. Geschlecht und Gesellschaft. XII (12), Tafel III

Abb. 39 Die Freundin (1929), 5 (8), o. S.

Abb. 40 Hirschfeld, Magnus: L'Amour et la Science. Voilà, 3 (119) vom 1. Juli 1933, S. 6 (Schwules Museum, Berlin)

Abb. 41 Frauenliebe (1930), 5 (12), S. 3

Abb. 42 Huelke, Hans Heinrich (1949): Ein Transvestit (Der Fall Hinrich B.). Kriminalistik, Zeitschrift für die gesamte kriminalistische Wissenschaft und Praxis, 3 (7/8), S. 91

Abb. 43 Mühsam, Richard (1936): Chirurgische Eingriffe bei Anomalien des Sexuallebens. Therapie der Gegenwart, 67, S 453

Abb. 44 Kankeleit, [Otto] (1927a): Selbstbeschädigungen und Selbstverstümmelungen der Geschlechtsorgane. Zeitschrift für die gesamte Neurologie und Psychiatrie, 107, S. 432

Abb. 45 Kankeleit, [Otto] (1927a): Selbstbeschädigungen und Selbstverstümmelungen der Geschlechtsorgane. Zeitschrift für die gesamte Neurologie und Psychiatrie, 107, S. 433

Abb. 46 Kankeleit, [Otto] (1927a): Selbstbeschädigungen und Selbstverstümmelungen der Geschlechtsorgane. Zeitschrift für die gesamte Neurologie und Psychiatrie, 107, S. 433

Abb. 47 Kankeleit, [Otto] (1927a): Selbstbeschädigungen und Selbstverstümmelungen der Geschlechtsorgane. Zeitschrift für die gesamte Neurologie und

Psychiatrie, 107, S. 435

Abb. 48 Arbeiter Illustrierte Zeitung (1928) 13, S. 13

Abb. 49 Abraham, Felix (1931): Genitalumwandlungen an zwei männlichen Transvestiten. Zeitschrift für Sexualwissenschaft, 18, S. 226

Abb. 50 Hirschfeld, Magnus: L'Amour et la Science. Voilà, 3 (119) vom 1. Juli 1933, S. 6

Abb. 51 Elbe, Lili (Hg. Niels Hoyer) (1932): Ein Mensch wechselt sein Geschlecht, Eine Lebensbeichte. Dresden (Carl Reissner Verlag), Schutzumschlag

Abb. 52 Flesch-Thebesius, Max (1932): Sexualbiologie und Chirurgie. Archiv für Frauenkunde, 18 (3), S. 145

Abb. 53 Flesch-Thebesius, Max (1932): Sexualbiologie und Chirurgie. Archiv für Frauenkunde, 18 (3), S. 146

Abb. 54 Flesch-Thebesius, Max (1932): Sexualbiologie und Chirurgie. Archiv für Frauenkunde, 18 (3), S. 147

Hinweis:
Wir haben uns um die Rechte für die Abbildungen bemüht. Sollten Rechteinhaber nicht ermittelt worden sein, bitten wir um Verständnis und nachträgliche Mitteilungen an den Autor oder den Verlag.

2005 · 244 Seiten · Broschur
EUR (D) 24,90 · SFr 43,00
ISBN 3-89806-482-4

Sigusch gewährt mit dieser Sammlung seiner besten verstreut publizierten Essays Einblicke in die Fragen, mit denen sich die Sexualwissenschaft befasst. Können Säuglinge einen Orgasmus haben? Wie sieht heute die Jugendsexualität aus? Ist der klitoridale Orgasmus reifer als der vaginale? Wie ist Aids vergesellschaftet worden? Welche Erkenntnisse haben sexuelle Experimente im Labor erbracht? Was ist natürlich am Sexuellen? Ist die Homosexualität angeboren oder erworben? Wie funktioniert die Paartherapie? Kann die Sexualität definiert werden? Was heißt Geschlechtswechsel?

Besonders reizvoll an diesem Buch ist die Spannung, die dadurch erzeugt wird, dass Sigusch neben leicht lesbaren Traktaten, wie »Von der Kostbarkeit Liebe«, theoretisch anspruchsvolle Beiträge, wie den »Satz vom ausgeschlossenen Geschlecht«, präsentiert. Ein lustvolles Lesevergnügen.

P🔲V
Psychosozial-Verlag

BEITRÄGE ZUR SEXUALFORSCHUNG

Hertha Richter-Appelt,
Andreas Hill (Hg.)
Geschlecht zwischen
Spiel und Zwang

PSYCHOSOZIAL-VERLAG

2004 · 300 Seiten · Broschur
EUR (D) 29,90 · SFr 52,20
ISBN 3-89806-362-3

In den Theorien zur psychosexuellen Entwicklung unterscheidet man bezüglich des Begriffs ›Geschlecht‹ mittlerweile auch im Deutschen zwischen Sex und Gender – Geschlecht im biologischen und im psychosozialen Sinn. Ob und wie sehr sich eine Person – abgesehen von ihren körperlichen Merkmalen – als Mann oder Frau erlebt, sich sexuell verhält oder fantasiert, fortpflanzt, bzw. zu Männern oder Frauen hingezogen fühlt, ist ein hochkomplexer Prozess. Dieser Band stellt einen interdisziplinären Zugang zu Fragen der Geschlechts- und sexuellen Identität dar. Thematisch reichen die hier vereinigten Texte von der Sichtweise der Genetik und Evolutionsbiologie über die Entwicklungspsychologie bis hin zur Soziologie. Nach einer Auseinandersetzung mit Geschlecht als Konstruktion stellen die Beiträger evolutionspsychologische, biologische und sexualwissenschaftliche Ansätze zur Betrachtung von Geschlecht und sexueller Identität vor. Auch bislang wenig behandelte Themen wie Transsexualität und Intersexualität finden dabei Beachtung. Ein weiterer Teil des Bandes betrachtet homo- und heterosexuelle Beziehungsgestaltungen zu Beginn des 21. Jahrhunderts.

P⊞V
Psychosozial-Verlag

BEITRÄGE ZUR SEXUALFORSCHUNG

Jannik Brauckmann

Die Wirklichkeit
transsexueller Männer

Mannwerden und
heterosexuelle Partnerschaften
von Frau-zu-Mann-Transsexuellen

PSYCHOSOZIAL-VERLAG

2002 · 564 Seiten · Broschur
EUR 25,90 · SFr 45,30
ISBN 3-89806-135-3

Transsexuelle erlangen zunehmend öffentliche Aufmerksamkeit. Zwei wesentliche Bereiche aber wurden bisher kaum beleuchtet: die Partnerschaften von Transsexuellen und ihr Verständnis von Mannsein und Frausein. Diese beiden Lücken schließt diese Studie. Gerade Frau-zu-Mann-Transsexuelle führen oft dauerhafte, überwiegend heterosexuelle Beziehungen, die oft schon vor den geschlechtsangleichenden Eingriffen aufgenommen wurden. So sind die Partnerinnen meist die ersten, die das Mannsein des Transsexuellen akzeptieren und sich dabei nicht auf körperliche Beweise angewiesen fühlen. In vertrauensvollen Gesprächen geben elf Paare Auskunft über ihre Partnerschaften und sein Mannsein. Die betroffenen Männer beschreiben, was sie so sicher macht, Mann zu sein, wie sie sich mit ihren weiblichen Seiten und ihrem Körper arrangieren. Und ihre Partnerinnen erzählen, wie sie sein Mannsein erleben, wie seinen Körper und die sexuelle Begegnung. Die dokumentierten Gespräche eröffnen neue Sichtweisen auf diese Partnerschaften und decken Zusammenhänge auf zwischen geschlechtlicher Identität, Geschlecht des Körpers, sexueller Orientierung und sozialem Mannsein. Durch eine verständliche Sprache und anschauliche Darstellung sind diese Erkenntnisse nicht nur für Fachleute wichtig und nachvollziehbar, sondern auch für Betroffene und Interessierte.

P☷V
Psychosozial-Verlag

Milton Keynes UK
Ingram Content Group UK Ltd.
UKHW011832210624
444498UK00001B/42